内容简介

  《中国研究生教育研究进展报告（2020）》坚持"汇聚研究生教育研究成果、展现研究生教育研究状态、引导研究生教育研究方向、提高研究生教育研究水平"的指导思想，科学客观地对 2019 年度我国研究生教育研究的进展进行了梳理。希望能够帮助读者从宏观的视角认识中国研究生教育研究的主要领域和重点问题，准确把握当前研究生教育研究的内容、热点和趋势。

  本报告分为研究生教育基本理论问题研究进展、研究生教育质量研究进展、研究生培养研究进展、研究生导师队伍建设研究进展、研究生招生与就业研究进展、研究生德育研究进展、学科建设研究进展、研究生教育管理研究进展、"双一流"建设研究进展 9 个专题。各专题聚焦研究主题，系统梳理文献，全面反映了我国研究生教育 2019 年度研究成果。同时，在分析文献分布情况的基础上，归纳了年度研究热点、研究方法、作者群特点，指出相关专题的研究空白领域，并对 2011—2019 年研究生教育研究进展情况进行了历史分析。

  本报告可以为有关学者和研究生提供研究信息，也可为研究生教育管理者提供相关的参考资料。

Abstract

By collecting the outcomes of the graduate education research, demonstrating current status, guiding the research direction and promoting the development, the report reveals the progress of Chinese graduate education research in 2019 with an intention to help readers cognize main fields and key issues of China's graduate education research from a macro perspective, and have an accurate grasp the contents, hotspots and trends of current graduate education research.

9 subjects are included in the report, which are researches on theory, quality research, talent cultivation, graduate supervisors construction, enrollment and employment, moral education research, discipline construction, management issues, and "Double World – class" construction. Each subject focuses on research theme, sorts out the literature, fully reflects the achievements of Chinese graduate education research in 2019. Meanwhile, on the basis of the analyzing the distribution of literature, the report sums up the annual research hotspots, research methods, author group characteristics, point out the research gaps of relevant subjects, and 2011—2017 historical analysis of the progress of graduate education research in the year, 2018, and 2019.

This report can provide research information and clues for relevant scholars and graduate students, as well as provide relevant reference for graduate education managers.

中国研究生教育研究进展报告 2020

Chinese Graduate Education Research Progress Report 2020

中国学位与研究生教育学会进展报告编写组　编著

中国科学技术出版社

·北 京·

图书在版编目（CIP）数据

中国研究生教育研究进展报告. 2020/中国学位与研究生教育学会进展报告编写组编著. —北京：中国科学技术出版社，2020.10

ISBN 978 – 7 – 5046 – 8858 – 3

Ⅰ. ①中… Ⅱ. ①中… Ⅲ. ①研究生教育 – 教育研究 – 研究报告 – 中国 – 2020 Ⅳ. ①G643

中国版本图书馆 CIP 数据核字（2020）第 202677 号

策划编辑	王晓义
责任编辑	王晓义
封面设计	孙雪骊
责任校对	张晓莉
责任印制	徐　飞

出　　版	中国科学技术出版社
发　　行	中国科学技术出版社有限公司发行部
地　　址	北京市海淀区中关村南大街 16 号
邮　　编	100081
发行电话	010 – 62173865
传　　真	010 – 62179148
投稿电话	010 – 63581202
网　　址	http://www.cspbooks.com.cn

开　　本	720mm×1000mm　1/16
字　　数	270 千字
印　　张	14
版　　次	2020 年 10 月第 1 版
印　　次	2020 年 10 月第 1 次印刷
印　　刷	北京荣泰印刷有限公司
书　　号	ISBN 978 – 7 – 5046 – 8858 – 3/G·879
定　　价	59.00 元

编 委 会

从虚拟现实技术管窥新兴工科人才培养
（代序）

一个国家和民族的人才培养需要优化的、充满活力的、与时俱进的教育体系和人才培养机制。它包括基础教育、本科教育、研究生教育，涉及第一课堂、第二课堂、第三课堂，以及基础课程、专业课程等方面。近年来，随着社会对新兴工科人才需求日趋旺盛，新工科建设及其人才培养也引起各级政府和越来越多的高校的重视。

虚拟现实是多学科交叉融合形成的新兴技术领域，作为战略性新兴产业的生长点，近年来进入快速发展期。虚拟现实在战略前沿、学科交叉、产教融合等方面的特点，满足新工科的发展理念与共识。下面就从虚拟现实科学技术领域入手，谈一谈对新工科人才培养方面的思考。

一、虚拟现实技术

虚拟现实（Virtual Reality，VR）的目标是以计算机技术为核心，结合相关科学技术，生成与一定范围真实/构想环境在视、听、触觉等方面高度近似的数字化环境，用户借助必要的装备与数字化环境中的对象进行交互作用，相互影响，产生亲临相应真实/构想环境的感受和体验。从实现技术、呈现方式和应用对象的不同，虚拟现实还可细分出增强现实（Augmented Reality，AR）、增强虚拟（Augmented Virtual，AV）和混合现实（Mixed Reality，MR）等。为论述方便起见，本文不做区分，统称为虚拟现实技术。

虚拟现实是随着计算机技术，特别是高性能计算、计算机图形学和人机自然交互技术的发展，人类在模拟真实世界方向上达到的最新境界。现在云计算、边缘计算、人工智能，还有5G的发展，都将赋能虚拟现实技术，推动虚拟现实技术及其应用的进一步快速发展。

虚拟现实是一项可能的颠覆性技术。它致力于突破2D显示，实现各种机制的三维显示；突破键盘鼠标输入方式，实现手、眼、行协调的自然交互；突破显示屏幕的物理尺寸限制，实现 360 度全景显示；突破时空局限，使体验者沉浸在历史、未来、宇观和微观的逼真环境中。

虚拟现实技术的上述颠覆性会对未来产生重大影响，是继个人电脑、智能手机之后的又一新的计算平台，是各行业发展的新的信息支撑平台，是新的媒体形态，是互联网未来的新入口和新环境，可以带来新的发展思维和新的技术路线。未来人类面临的将是现实和虚拟两个世界，或者是虚实混合的新世界。

虚拟现实的概念出现于 20 世纪 60 年代，经过几十年的发展，在军事、航空航天、装备制造、智慧城市、医疗、教育等许多行业取得令人瞩目的应用成果，成为行业发展的新的信息技术平台，"VR ＋"成为发展的趋势。同时，虚拟现实快速进入大众消费领域，如游戏、旅游、电子商务等，具有广阔的应用前景。

构建一个虚拟现实系统大体包括四方面技术：数据获取、分析建模、绘制呈现、传感交互。每一方面又都包含几个领域技术：芯片与核心器件包括 GPU、PPU、专用芯片、传感器等；硬件设备包括数据采集、头戴显示、裸眼 3D、定位跟踪、体感自然交互等设备；软件特别是平台软件与研发工具软件，包括图形引擎、物理引擎、建模、视频图像处理等。由此可见，虚拟现实是一个多学科高度交叉融合的科学技术领域。

随着虚拟现实技术和应用的发展，会形成三类 VR 新型产业。一是行业类 VR 产业，将会出现大量行业 VR 应用系统，助推各行业实现升级换代式的发展。二是大众消费类 VR 产业，形成 VR 游戏娱乐、VR 旅游、VR 电商等大众消费的新领域。三是专业化 VR 产业，如 VR 芯片与器件产业，显示与交互设备产业，数据、模型和 VR 服务产业等。虚拟现实技术和产业需求决定了虚拟现实人才培养的内容。

二、一类新兴工科的特点

新兴工科的产生主要有两个渠道。一是从母学科成长分化而来，例如计算机学科产生于电子学科和数学（计算机软件）；二是由多学科交叉融合形成新兴学科，环境科学、虚拟现实、人工智能等学科大致如此。

多学科交叉融合形成的新兴学科主要呈现以下特点。

1. 以新兴技术为核心

新兴技术经过几十年发展，逐步成熟，开始显现应用效果和市场潜力，带来旺盛的人才需求，使得早期以培养硕士、博士为主的科学研究方向，转化为培养较大规模，包括本科、专科在内的多层次人才的新兴学科专业。从人才培养的角度来看，新兴技术一定要成为相应新工科专业的核心知识和核心课程体系，比如虚拟现实的核心就是计算机图形学、自然人机交互等；人工智能则要以启发式搜索、机器推理、机器学习等为核心知识和核心课程体系。

2. 具有"＋"的特点

多学科交叉融合形成的新兴学科具有一定的通用性，对人类生活和经济、社会许多行业的发展带来深刻影响，具有"×××＋"的特征。前文已经介绍了"VR＋"的相关情况，同时还可以看到"智能＋"，实际上芯片也有"＋"的特征。新兴学科"＋"的特点正在有力支撑和快速促进各行各业的发展。这一特点也与人才培养的课程设计有关，因而对新工科专业人才的知识面和复合性提出了要求。

3. 计算技术是支撑

计算技术是这些新兴学科领域的支撑技术，因此一般性计算机知识和软件编程能力应当是这些学科专业人才的基本要求。

4. 技术发展迅速

新兴技术都处于发展阶段，学科专业的知识更新迭代迅速，要求人才有比较强的学习、创新和适应能力。

以上四方面的特点，对新工科人才培养提出了一定的基本要求。广大教师要充分利用已有的丰富教学经验，发挥第一课堂、第二课堂、第三课堂的育人作用，共同推动人才培养质量提升。

三、需要处理好的几个关系

1. 通识教育和专业教育的关系

在改革开放之前，本科教育是我国教育的最高层次，因此，各行业的高层次人才，包括高校教师和科技人员基本都是本科毕业生。改革开放之后，我国设立学位制度，增加了硕士和博士两类高层次人才培养，本科教育成为高等教育的基础。本科教育既要向社会输送优秀专业人才，又要向研究生教育输送优质生源，还要具有较高的人文素养，新兴工科专业也是如此。因此，不同高校要明确自己新兴工科本科教育的培养目标，把握好通识与专业教育课程的布局、设置和安排。

2. 新兴/交叉学科与母学科的关系

虚拟现实涉及和源自计算机、控制、光学、机械等学科。今天的人工智能是早期人工智能、模式识别、智能控制、自然语言处理等方向的统称。新兴/交叉学科源自不同的学科，有各自的特点和应用领域，其发展与母学科的发展密切相关。是从母学科分离出来单独设立新的学科，还是依然各自在母学科中由不同学科合作进行科学研究和人才培养，这是值得认真思考的问题。各高校的校情不同，人才培养的模式和机制选择也应有所不同，不宜一刀切。

3. 系统集成与学科交叉的区别和关系

一般装备，大到飞机、舰船，小到手机、VR 头戴显示器，都是不同专业产品的集成，涉及集成创新，这不同于学科交叉融合。也有许多产品是不同学科交叉融合创新的结果，学科交叉融合是创新的重要源泉。因此，新兴工科专业建设和人才培养，需要考虑系统集成与学科交叉的区别和关系。

4. 学科交叉科学研究与交叉学科人才培养的区别和关系

学科交叉研究是不同学科的专家围绕一个共同的对象和目标进行合作研究，交叉学科人才培养是要培养具有不同学科知识的复合型人才。两者都应主要靠机制解决。各高校采取的模式、体制可以是多样化的，都应该追寻各具特色的发展道路。

综上所述，在新工科专业建设与人才培养过程中，要遵循学科发展规律、人才培养规律和办学规律，因校而异，夯基础、重特色，多样化培养高素质高质量新兴工科人才。

中国学位与研究生教育学会原会长　赵沁平

（原载于《中国大学教学》2019 年第 9 期）

目　　录

Contents

文献概述

文献概述主要反映 2019 年度研究生教育研究的总体进展。采用文献计量的方法，从关键词、期刊、作者、发文机构、论文引用等角度，描述文献的分布特点。本部分以 2019 年度统计为主，也兼顾了文献分布的纵向比较，保证了数据的连续性。

第一节　文献范围确定与检索方式

一、数据来源

本报告涉及的研究文献类型为公开发表的期刊论文、学位论文、学术著作和报纸文章，起止时间为 2019 年 1 月 1 日至 2019 年 12 月 31 日。

为了更好地展现国内研究生教育研究的动态，期刊文献来源于南京大学中国社会科学研究评价中心的《中文社会科学引文索引（CSSCI）来源期刊（2019—2020）》中的教育学期刊及其扩展版，北京大学《中文核心期刊要目总览（2017 年版）》中的教育学期刊。期刊文献的全文来自中国知网（CNKI）期刊全文数据库和万方数据平台；学位论文来自 CNKI 中国博士学位论文全文数据库、中国优秀硕士学位论文全文数据库，万方数据平台，清华大学、北京大学、中国人民大学、北京理工大学、北京航空航天大学等高校学位论文数据库；学术著作来自读秀学术搜索引擎图书数据库；报纸文章来自中国知网中国重要报纸全文数据库。

二、检索方法

期刊论文检索继续沿用目录定刊、词语定文、人工鉴别三个步骤。具体如下。

1. 目录定刊

期刊文献来源有两类，一是南京大学中国社会科学研究评价中心的《中文社会科学引文索引（CSSCI）来源期刊（2019—2020）》中的教育学期刊及其扩展版，共有 51 个；二是北京大学《中文核心期刊要目总览（2017 年版）》中的教育学期刊，共有 48 个。两类数据库合并去除重复项，共确定了 57 个来源期刊（表 0-1）。

表 0-1　2019 年研究生教育研究文献来源期刊

序号	期刊名称	序号	期刊名称	序号	期刊名称
1	北京大学教育评论	20	江苏高教	39	外国中小学教育
2	比较教育研究	21	教师教育研究	40	现代大学教育
3	大学教育科学	22	教育发展研究	41	现代教育管理
4	当代教育科学	23	教育科学	42	现代教育技术
5	当代教育论坛	24	教育科学研究	43	现代远程教育研究
6	当代教育与文化	25	教育理论与实践	44	现代远距离教育
7	电化教育研究	26	教育学报	45	学前教育研究
8	复旦教育论坛	27	教育学术月刊	46	学位与研究生教育
9	高等工程教育研究	28	教育研究	47	学校党建与思想教育
10	高等教育研究	29	教育研究与实验	48	研究生教育研究
11	高教发展与评估	30	教育与经济	49	远程教育杂志
12	高教探索	31	开放教育研究	50	中国大学教学
13	高校教育管理	32	课程·教材·教法	51	中国电化教育
14	国家教育行政学院学报	33	清华大学教育研究	52	中国高等教育
15	河北师范大学学报·教育科学版	34	全球教育展望	53	中国高教研究
16	黑龙江高教研究	35	数学教育学报	54	中国高校科技
17	湖南师范大学教育科学学报	36	思想教育研究	55	中国教育学刊
18	华东师范大学学报·教育科学版	37	思想政治教育研究	56	中国特殊教育
19	基础教育	38	外国教育研究	57	中国远程教育

2. 词语定文

第一步，由专家确定 2019 年度与研究生教育相关的检索关键词，并编制检索式。检索关键词分为核心关键词和辅助关键词两类，核心关键词包括"学位""研究生""硕士""博士"以及与"双一流"建设相关的 3 个核心关键词"世界一流大学""世界一流学科""双一流"，辅助关键词包括"导师"和"学科"。第二步，在 CNKI 期刊数据库以及万方数据平台中通过"专业检索"方式在 57 种来源期刊范围内，进行关键词的二次检索。

3. 人工鉴别

第一步，由编写组两名秘书对全部检索文献进行人工鉴别，剔除与研究主题无关的题录信息，完成初步筛选。第二步，将初步筛选的有效文献信息汇总发送至报告编写组全体成员，进行二次筛选、甄别，确定 2019 年度研究生教育研究领域的文献。

报纸文章、学位论文、学术著作的检索同样采用与检索期刊文章一样的检索关键词，分别在 CNKI 中国重要报纸全文数据库、CNKI 中国博士及优秀硕士学位论文全文数据库、万方中国学位论文数据库、读秀学术搜索引擎图书数据库，以及清华大学、中国人民大学、北京大学、北京理工大学、北京航空航天大学、厦门大学、天津大学等高校博硕士学位论文数据库中进行检索，并通过两次人工鉴别的方式确定最终文献。

经过检索，汇总得到 2019 年研究生教育研究文献检索情况，如表 0－2 所示。

表 0－2　2019 年研究生教育研究文献来源统计

文献类型	数　据　库	数量/（篇/部）	比例/%
期刊论文	CSSCI（2019—2020）来源期刊目录（含扩展版）、中文核心期刊	1219	58.58
学位论文	CNKI、万方中国博士学位论文全文数据库	19	0.91
	CNKI、万方中国优秀硕士学位论文全文数据库	321	15.43
学术著作	读秀学术搜索引擎（图书数据库）	94	4.52
报纸文章	CNKI 中国重要报纸全文数据库	428	20.57
总　　　计		2081	100.00

表 0－3 和图 0－1 是 2012—2019 年研究生教育研究文献的分布比较。2019 年期刊论文数量较 2018 年有较大幅度提升。

表 0－3　2012—2019 年研究生教育研究文献分布　　（单位：篇/部）

年份	期刊论文	博士论文	硕士论文	学术著作	报纸文章	总计
2012	676	21	479	31	47	1253

续表

年份	期刊论文	博士论文	硕士论文	学术著作	报纸文章	总计
2013	721	38	395	38	111	1303
2014	985	13	365	53	211	1627
2015	884	10	344	41	25	1304
2016	707	16	436	60	61	1280
2017	817	18	341	41	73	1290
2018	1200	19	296	58	74	1961
2019	1219	19	321	94	428	2081

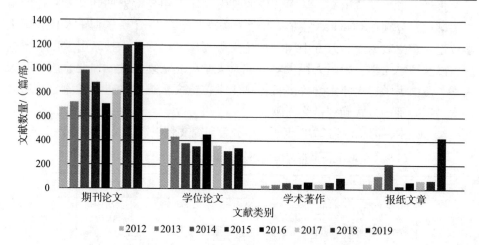

图 0-1 2012—2019 年研究生教育研究文献分布

第二节 文献分布

本节主要从关键词、期刊来源、作者、机构、引用率等维度，对 2019 年的研究生教育研究文献进行统计分析，展现文献分布的总体情况。

一、期刊论文

期刊是研究成果最主要的发表阵地和学术影响力最重要的传播平台。CSSCI

收录的中文期刊与中文核心期刊上发表的论文，总体水平较高，涉及的研究领域也比较全面。选取 CSSCI 期刊及中文核心期刊论文进行分析，可以较好地反映年度研究生教育研究的概况。

（一）按关键词统计

论文的关键词反映了文章的理论基础、关键问题、主要方法与核心观点等方面的信息。表 0 – 4 列出了期刊论文中出现 20 次及以上的关键词，共计 14 个。

表 0 – 4　2019 年研究生教育研究期刊论文的关键词统计

排序	关键词	频次	排序	关键词	频次
1	"双一流"建设	103	8	高等教育	35
2	研究生教育	97	9	一流学科	30
3	研究生	59	10	立德树人	28
4	"双一流"	56	11	学科	25
5	世界一流大学	55	12	跨学科	23
6	学科建设	44	13	核心素养	21
7	人才培养	37	14	学科核心素养	20

与往年相比，"双一流"建设、"研究生教育""研究生"依然是期刊文献的最主要关键词。但 2019 年度期刊文献中，"立德树人""学科核心素养"等关键词的频次显著增加，相较往年是新出现的高频关键词。

图 0 – 2 是 2019 年度研究生教育期刊论文出现频次 20 次及以上的关键词文字云，直观地展现了各关键词的热度。

图 0 – 2　2019 年研究生教育研究关键词文字云

（二）按期刊发文统计

表 0-5 列出了 2019 年研究生教育领域刊文数量 40 篇及以上的期刊。《学位与研究生教育》和《研究生教育研究》的发文数量继续高居前两位。载文数量排在前五位的还有《黑龙江高教研究》《中国高等教育》《中国高校科技》。2019 年，排序前十位的期刊载文量合计达到 651 篇，占到了总数的 53.4%。

表 0-5　2019 年刊载研究生教育研究论文的期刊统计

序　号	期刊名称	篇　数	序　号	期刊名称	篇　数
1	学位与研究生教育	146	6	中国高教研究	58
2	研究生教育研究	87	7	现代教育管理	53
3	黑龙江高教研究	61	8	江苏高教	43
4	中国高等教育	60	9	高教探索	42
5	中国高校科技	59	10	教育理论与实践	42

（三）按作者统计

2019 年，参与研究生教育领域相关主题研究并发表 5 篇及以上文章的作者达到了 21 位，说明已经有越来越多的学者关注研究生教育及双一流建设的相关问题、开展研究生教育理论与实证研究，研究生教育研究队伍日益壮大。从表 0-6 学者发文数量统计表来看，北京理工大学大学王战军，北京大学沈文钦、陈洪捷，清华大学杨佳乐、王传毅，北京航空航天大学马永红等人的发文数量较多，达到了 7 篇及以上。

表 0-6　2019 年发表 5 篇以上研究生教育研究论文的作者列表
（不计论文署名顺序）

篇数	作　　者
17	王战军
16	沈文钦
11	陈洪捷
9	杨佳乐
8	王传毅
7	李润州、罗英姿、马永红
6	王顶明

篇数	作者
5	冯用军、高耀、胡万山、李澄锋、林杰、马陆亭、王建华、王宇、武建鑫、杨旭婷、周光礼、周文辉

注：发文数量相同的作者按姓氏拼音排序

单独署名和两人合作署名仍是期刊论文发表的两种主要形式。在统计作者署名情况的1219篇论文中，以单独署名的情况最多，共有478篇论文，占被统计论文的39.21%。有463篇论文属于两人合作发表，占比为37.98%。两项合计共占77.19%。5人及以上合著署名的论文数量较少，合计占比2.95%。研究生教育期刊论文作者署名情况见表0-7。

表0-7　研究生教育期刊论文作者署名数量情况

署名人数/人	发文数/篇	占比/%
1	478	39.21
2	463	37.98
3	178	14.61
4	64	5.25
5人及以上	36	2.95

（四）按作者机构统计

表0-8是2019年度在研究生教育领域发表期刊论文20篇及以上的第一作者机构统计。可以看出，北京师范大学是年度研究生教育研究期刊论文方面的最高产单位。

表0-8　2019年发表20篇以上研究生教育研究论文的第一作者机构统计

篇数	机构名称	篇数	机构名称
69	北京师范大学	27	厦门大学
64	华东师范大学	27	华中科技大学
48	清华大学	26	天津大学
47	北京大学	24	中国人民大学
38	北京理工大学	23	西南大学
37	东北师范大学	22	南京大学

篇数	机 构 名 称	篇数	机 构 名 称
25	南京师范大学	21	华中师范大学
28	浙江大学	20	首都师范大学、华南师范大学

（五）关键词共线网络关系

图0-3是期刊论文关键词共线网络关系图。可以发现，2019年研究生教育研究形成了三个重点领域：一是以"双一流"建设为中介中心的研究领域，这与国家高等教育领域的重大政策符合；二是以"研究生教育"为中介中心的传统研究领域；三是以"学科建设"为中介中心的传统研究领域。

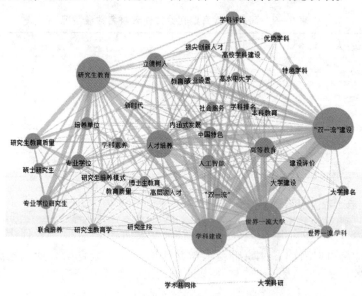

图0-3 期刊论文关键词共线网络关系图

2019年，"双一流"建设和研究生教育成为中介中心，显示了研究者对研究生教育国家战略与政策热点的持续关注与跟踪。同时，"学科建设""世界一流大学""人才培养""高等教育""高校评价""跨学科""新工科"等作为研究生教育研究的传统经典议题研究热度不减，显示出高等教育学科的研究范畴趋于稳定；"立德树人""核心素养"等概念也随着国家、高校对立德树人根本任务的高度重视和落实而引起研究者的高度关注，"人工智能""创新创业教育"等经济社会发展中的热门概念也一并成为2019年研究的热点概念。从总体上看，高等教育研究领域呈现出热点议题与传统议题并重的特点。

（六）按文章被引频次统计

在中国知网引文数据库中，将发表时间段设置为2011—2019年、被引时间段设置为2011—2020年，学科类别限定为社会科学Ⅱ辑，以教育学CSSCI期刊为期刊来源，以"研究生""博士""硕士""学位""导师"为被引关键词进行专业检索（检索时间：2020年6月15日），以引用率进行排序，经过人工筛选可得到9年间研究生教育研究领域被引频次排前10名的期刊文章，如表0-9所示。

从研究主题上看，被引较高的文献研究主要围绕"专业学位""研究生教育培养""研究生教育创新能力"等关键词展开，这也可以反映出7年来我国研究生教育研究的热点。同时，《高等教育研究》《学位与研究生教育》是7年间我国研究生教育研究领域高被引文献的主要来源期刊。

二、学位论文

2019年涉及"研究生教育"的学位论文除了来自CNKI中国博硕士学位论文全文数据库与中国万方数据库，还新增了清华大学、中国人民大学、北京大学、北京理工大学学位论文全文资料库。经过人工筛选，最终共得到340篇学位论文。在340篇学位论文中，博士学位19篇，硕士学位论文321篇。较2018年，博士学位论文数量没变，硕士学位论文数量增加了25篇。

（一）关键词统计

学位论文的关键词往往指出了论文的研究领域、内容、范围，研究的问题、方法及核心观点等内容。通过对2019年筛选出的340篇学位论文中关键词统计得出，全部论文共出现809个关键词，篇均标注关键词2.38个。表0-10列出了研究生教育学位论文中出现频次5次及以上的关键词，2019年有25个。

从整体上看，2019年关于"研究生教育"的关键词使用频次排前两位的仍然是"研究生"和"硕士研究生"。近几年，围绕这两大核心词，衍生了越来越多的使用频次相对较高的关键词，表明研究生教育的研究人员在明确研究的宏观领域和范围之后，开始逐渐走向深入，更加关注对研究生教育中的中观层面和微观层面内容的研究与探讨。

表 0-9 2011—2019 年被引频次前 10 名的期刊论文统计

序号	被引题名	被引作者	被引来源	出版年（期）年	被引频次
1	我国研究生创新能力的现状及其影响机制	朱红，李文利，左祖晶	高等教育研究	2011（2）	220
2	研究型大学全日制专业学位研究生培养状况调查研究	张东海，陈曦	高等教育研究	2011（2）	194
3	临床医学专业学位研究生教育与住院医师规范化培训"双轨合一"的难点及对策研究	胡伟力，陈地龙，陈怡婷，汪玲，谢鹏	学位与研究生教育	2013（2）	144
4	全日制硕士专业学位研究生导师队伍建设现状调查与分析	施亚玲，向兴华，李若英，肖远亮	学位与研究生教育	2011（12）	127
5	临床医学专业学位研究生培养与住院医师规范化培训并轨的探索与思考	刘洁	学位与研究生教育	2014（6）	113
6	全日制专业学位研究生培养模式运行状况的调查研究——基于全国14所重点高校问卷数据	耿有权，彭维娜，彭志越，曹蕾	现代教育管理	2012（1）	109
7	全日制教育硕士专业学位研究生实践教学模式研究	邵光华	教师教育研究	2012（2）	103
8	我国研究生创新能力的调查与分析	董泽芳，何青，张惠	学位与研究生教育	2013（2）	102
9	关于专业学位研究生教育改革的若干思考	郑湘晋，王莉	学位与研究生教育	2012（4）	90
10	对于专业硕士研究生教育与培养模式的思考与探索	曹洁，张小玲，武文洁	清华大学教育研究	2015（2）	88

表 0 - 10　2019 年研究生教育学位论文的关键词统计

频次	关　键　词
55	硕士研究生
27	研究生
14	影响因素
11	导师、学术型硕士研究生、研究生教育
9	学科
8	硕士生、跨学科、核心、全日制、培养模式
7	素养
6	硕士生导师、大学、学位、硕士专业学位、专业学位研究生
5	教育硕士、学习投入、培养质量、研究生培养、专业认同、汉语、高校

按照关键词的含义及具体指向，大体可以把表 0 - 9 涉及的关键词划分为三类：①研究群体："研究生""硕士研究生""学术型硕士研究生""专业学位研究生""导师""教育硕士"；②培养环节："培养模式""学习投入""培养质量"；③研究问题："学科""研究生教育""跨学科""专业学位""学位""研究生培养""高等教育""学科建设"。在这三类关键词中，涉及培养环节和研究问题的关键词最多，在一定程度上反映了国内研究生教育对培养环节的重视以及对问题的研究愈加深入。

总体而言，2019 年"研究生教育"研究紧紧围绕"研究生"和"硕士研究生"两个核心关键词，对有关研究生教育的学科建设、学位论文、人才培养等内容进行了深入研究。

（二）按学位授予机构统计

表 0 - 11 是 2019 年度研究生教育领域学位论文在 5 篇及以上的机构统计。2019 年关于"研究生教育"的学位论文涉及 124 所研究生培养单位。其中，学位论文数量在 5 篇及以上的培养单位共 21 所，占全部培养单位的 16.94%，涉及论文 171 篇，占所有论文总数的 50.29%。其中，天津大学以 19 篇的数量位居第一名，华中师范大学以 16 篇的数量位居第二名，北京理工大学以 13 篇排名第三位。在学位论文 5 篇及以上的培养单位中，师范类大学共 7 所，综合性大学 14 所。

表 0 - 11　2019 年研究生教育学学位论文在 5 篇以上的机构统计

篇数	机 构 名 称
19	天津大学
16	华中师范大学
13	北京理工大学
12	湖南师范大学
10	北京大学
9	山东师范大学、华南理工大学
8	华中科技大学、广西师范大学
6	中国人民大学、北京航空航天大学、浙江师范大学、云南大学、南昌大学
5	清华大学、河北大学、上海师范大学、厦门大学、湖南大学、西南大学、重庆师范大学

注：发文数量相同的机构按学校代码排序

三、著作和报纸

除了期刊论文和学位论文，著作也是研究生教育研究文献的重要组成部分，体现着研究生教育研究的综合水平和实力。另外，新闻媒体也时刻关注研究生教育的时事热点，报纸的快速报道也吸引了社会公众的眼球。

（一）著作

2019 年，共检索到 94 部研究生教育及"双一流"建设领域的专著和译著，比 2018 年有所增加。这些著作中，研究对象涉及硕士、博士，也有博士后；其中，硕士层次既包括专业学位硕士，也包括学术型硕士。研究内容涉及研究生教育质量、研究生培养模式、研究生管理、学科建设、"双一流"建设等方面。这些著作既有研究专著，也有研究报告；既有国内学者著作，也有译著；既有宏观政策方面的研究，也有微观人才培养环节方面的探讨。2019 年研究生教育及"双一流"建设领域著作一览表见附录二。

从研究生教育研究著作的出版地分布状况来看，94 部著作出版于全国 19 个城市，其中排名第一的城市仍为北京，共计出版 44 部；第二名是上海，出版了 15 部。对比 2012—2019 年著作发表情况，可以发现，目前国内学者王战军、赵沁平，以及研究生教育质量报告编研组、《中国学位与研究生教育发展年度报告》课题组连续出版研究生教育报告。

（二）报纸

2019 年，国内各大报纸继续对研究生的相关内容进行了广泛而深入的报道。其中，较为突出的是《中国科学报》。作为国家级报刊，该报全面、准确、及时宣传党和国家的教育方针、政策及工作部署，传播教育改革与发展的信息和经验，对我国研究生教育改革发展情况进行了集中报道。另外，《中国社会科学报》《光明日报》《科技日报》《新华日报》《中国青年报》等也对我国研究生教育的重大事件进行了深入报道（表 0 - 12）。

表 0 - 12　2019 年刊登 10 篇及以上研究生教育新闻报道的报纸

篇数	报 纸 名 称	篇数	报 纸 名 称
47	中国科学报	14	科技日报
27	中国社会科学报	11	新华日报
18	光明日报	10	中国青年报

报纸文章的作者既有清华大学、北京大学、中国人民大学、厦门大学等高校教师，也有教育部研究生教育管理者。他们分别从不同角度，对国内研究生教育相关问题发表了看法。

第三节　研究者学术影响力分析

学者是科学研究的主体，也是学科发展的关键因素，对研究生教育领域内的核心研究者进行文献计量分析研究，了解研究生教育学者研究现状，将有助于未来更系统地开展学术研究。学术影响力是反映学者学术水平、科研实力的重要方面，很大程度上能体现其在学术共同体中的地位。尽管学者学术影响力由多种因素决定，但基于代表性学术成果的评价是其中应用较为广泛、认可度较高的一种方式。本节主要基于学者的学术成果，从发文数量和发文被引情况两方面来分析研究生教育领域研究者的学术影响力。

一、发文数量

发文量是文献计量学中量化评价指标之一，代表了学者的科研活跃度及学术产出水平。为了解研究生教育领域作者发文量情况，本节统计了 2011—2019

年中国知网数据库收录的相关期刊文献。以"研究生""博士""硕士""导师""学位"为关键词进行精准检索，期刊来源类别限定为 CSSCI（检索时间：2020 年 6 月 15 日），得到中国知网收录的文献总数 8372 篇，经过人工鉴别，去除无作者文献、非学术研究类文献及非教育学类研究文献，共得到 2011—2019 年研究生教育领域有效期刊论文 5141 篇。将 5141 篇有效文献运用 Note Express 软件进行分析，得到了 9 年间总发文量超过 20 篇的研究者，共有 14 位（表 0 – 13）。

表 0 – 13　2011—2019 年高发文量研究者一览（论文署名不计先后）

作　者	年　　　　份									总计
	2011	2012	2013	2014	2015	2016	2017	2018	2019	
王战军	3	6	2	2	4	3	7	6	17	50
沈文钦	6	1	2	5	0	5	7	6	16	48
马永红	3	1	1	6	3	6	7	7	7	41
罗英姿	0	3	3	3	5	7	6	7	7	41
王传毅	0	0	10	4	6	5	4	4	8	41
梁传杰	2	4	1	4	4	5	2	6	3	31
袁本涛	3	3	6	2	5	3	4	4	0	30
赵世奎	8	1	4	5	3	2	2	4	1	30
王顶明	0	2	1	3	1	2	7	5	6	27
张淑林	4	3	5	3	2	2	4	2	1	26
陈洪捷	1	0	1	0	0	4	7	1	11	25
周文辉	1	2	4	3	1	2	3	4	5	25
高耀	0	0	1	0	0	4	9	5	5	24
包水梅	1	4	4	1	5	4	0	1	3	23
总计	23	23	39	34	35	46	57	50	57	364

其中，北京理工大学的王战军发文量最高，达到了 50 篇。沈文钦、马永红、罗英姿、王传毅、梁传杰、袁本涛、赵世奎 7 名研究者各自的发文总量超过了 30 篇，是研究生教育研究领域活跃度非常高的学者。

从作者连续发文数量来看，这些高产作者中既有持续关注研究生教育问题的研究者，如王战军、马永红、沈文钦、袁本涛、赵世奎、张淑林等，也有近几年开始致力于研究生教育实证研究并取得突出成果的研究者，如王传毅、高耀等。

从各年度的发文总量来看，核心作者的发文总量已经从 2011 的 23 篇增长到 2019 年的 57 篇，虽然 2018 年的发文总量相较 2017 年略有下降，但总体趋势在上涨。这一方面反映了我国研究生教育核心研究群体人数的扩张，另一方面也反映了我国研究生教育核心研究群体研究力度的深入。这也符合前文所述的我国研究生教育领域文献总量逐年递增的发展趋势。

从 2011—2019 年的发文总量来看，超过 20 篇的高产作者到了 364 篇，占据了 8 年间发文总量的 7.1%，已经构成了我国研究生教育研究领域的重要组成部分。

总的来说，我国研究生教育研究领域已经形成了较为稳定的研究队伍，未来的研究成果将更加可期。

二、发文被引情况

如果说发文量衡量了学者的科研活跃度及科研产出量，那么文章被引情况则很大程度上反映了学者研究成果的质量和价值。一般而言，研究者发表论文的被引频次越高，说明受关注度和受重视程度越高。加菲尔德（Carfield）利用 1961 年 SCI 的引文数据进行分析，发现诺贝尔奖获得者人均被引用次数和被引用论文数分别是所有被引作者人均的 30 倍和 17 倍。这一研究结果从一个侧面说明，被引率越高，论文质量越高。同发文量相比，文献的被引用情况更能够反映学术影响力，表明了该学者的研究成果受关注的程度及其对学科研究的影响程度。因此，被引率作为考量文献水平的一个重要标准是毋庸置疑的。

为了解近年来研究生教育研究者的学术影响力，在中国知网引文数据库中的期刊库内，就作者被引情况进行检索，将发表时间段设置为 2011—2019 年、被引时间段设置为 2011—2020 年，学科类别限定为社会科学Ⅱ辑，数据来源限定为 CSSCI，以"研究生""博士""硕士""学位""导师""双一流"为被引关键词进行专业检索（检索时间：2020 年 6 月 15 日），共得到中国知网引文数据库收录的文献 4868 篇。在此基础上，利用引文数据库中的被引文献分析工具对已检索的 4868 篇文献进行作者分析，按作者被引频次排序并选择总被引频次排名靠前的部分研究者，得到表 0 – 14。

从 2011—2020 年的总被引频次来看，总被引频次超过 300 的共有 10 余位学者。其中，总被引频次最高的研究者是王战军，达到 582 次，显著领先于其他研究者。周文辉、赵世奎、沈文钦、袁本涛、李明磊 5 位研究者 9 年的总被引频次均在 400 以上，是研究生教育领域影响力较高的学者。

从高被引作者的研究领域来看，表 0 – 14 罗列了作者的部分代表性被引文

表 0-14 2011—2019 年被引频次超 300 次的部分研究者统计

序号	被引作者	被引作者单位	总被引频次	总被引文献数	被引代表性文章/被引频次
1	王战军	北京理工大学、清华大学	582	46	1. 构建研究生教育质量保障体系——理念、框架、内容，研究生教育研究，2015/36 次 2. 研究生质量评估：模型与框架，高等教育研究，2012/33 次
2	周文辉	北京理工大学、学位与研究生教育杂志社	528	22	1. 基于高校调查的研究生培养质量保障机制研究，教育研究，2013/76 次 2. 我国研究生教育满意度调查——基于在读研究生的视角，学位与研究生教育，2012/12 次
3	赵世奎	北京航空航天大学	434	31	1. 研究生参与科研现状及其对培养质量的影响——基于部分高校和科研单位的调查研究，学位与研究生教育，2014/35 次 2. 博士生导师制度的比较分析，学位与研究生教育，2011/16 次
4	沈文钦	北京大学	482	48	1. 中国博士生培养质量：成就，问题与对策，学位与研究生教育，2011/37 次 2. 研究生参与科研现状及其对培养质量的影响——基于部分高校和科研单位的调查分析，学位与研究生教育，2014/35 次
5	袁本涛	清华大学	423	29	1. 中国研究生教育规模究竟大不大——基于中、美、英等的历史数据比较，高等教育研究，2012/34 次 2. 专业学位人才培养模式特征探究——基于分类的视角，高等工程教育研究，2015/29 次
6	李明磊	清华大学	409	29	1. 研究生质量评估：模型与框架，高等教育研究，2012/38 次 2. 基于高校调查的研究生培养质量保障机制研究，中国高教研究，2016/55 次
7	别敦荣	厦门大学	379	20	1. 普及化高等教育的基本逻辑，研究生教育研究， 2. 论我国专业学位研究生教育人才培养模式改革，2011/52 次

续表

序号	被引作者	被引作者单位	总被引频次	总被引文献数	被引代表文章/被引频次
8	王应密	华南理工大学	345	14	1. 全日制工程硕士研究生培养状况的调查与分析——以Z大学为例, 学位与研究生教育, 2012/57次 2. 全日制工程硕士案例教学资源库建设探析, 高等工程教育研究, 2013/53次
9	马永红	北京航空航天大学	339	47	1. 师生关系对博士生创新能力影响的路径分析——学术兴趣的中介作用, 清华大学教育研究, 2019/40次 2. 专业学位研究生教育质量指数研究, 研究生教育研究, 2019/5次
10	张乐平	华南理工大学	329	11	1. 全日制工程硕士研究生培养状况的调查与分析——以Z大学为例, 学位与研究生教育, 2012/57次 2. 研究型大学全日制专业学位硕士研究生培养特性及矛盾分析, 学位与研究生教育, 2013/29次
11	罗英姿	南京农业大学	328	43	1. 博士生创新能力的影响因素分析——基于江苏省五所大学资深博导的访谈结果, 学位与研究生教育, 2012/5次 2. 博士生招生"申请—考核"制下的行为选择与制度安排, 教育发展研究, 2016/36次
12	耿有权	东南大学	322	23	1. 全日制专业学位研究生培养模式运行状况的调查研究——基于全国14所重点高校问卷数据, 现代教育管理, 2012/95次 2. 我国学术型研究生培养模式运行状况的调查研究——基于全国14所重点高校问卷数据, 研究生教育研究, 2011/32次

注：①总被引频次、总被引文献数不区分论文署名顺序；②被引代表文章是被引频次最高的前两篇，以第一作者身份发表的被引频次最高的前两篇

献，这些文献主要集中于研究生教育质量保障、专业学位研究生教育、研究生培养三方面，说明 2011—2020 年，研究生教育的广大研究者对这三个领域的关注度较高，这也反映了近 10 年我国研究生教育研究的重点领域，符合近 10 年我国研究生教育改革与发展的实践情况。

本报告将文献研究的内容分为 9 个专题，包括研究生教育基本理论问题研究进展、研究生教育质量研究进展、研究生培养研究进展、研究生导师队伍研究进展、研究生招生与就业研究进展、研究生德育研究进展、学科建设研究进展、研究生教育管理问题、"双一流"建设研究进展等。各专题将主要采用内容分析法，对研究文献进行提炼和总结。总体上，"双一流"建设、研究生培养和研究生德育研究是 2019 年研究者最关注的三个主题；同时，研究生教育基本理论问题、研究生教育质量、导师队伍建设、招生与就业、学科建设、研究生教育管理等主题也受到研究者的广泛关注。围绕这些主题，研究者采用文献分析、历史分析、案例分析、问卷调查、国际比较等方法开展了研究，提出了一些新观点、新方法、新思路和新建议。研究对象涉及个体、课程、专业、学科、院校、区域、国家和国际各个层次，将对我国的研究生教育改革实践起到一定的促进作用。其中的一些研究会引发新的理论思考和学术争论。总之，上述研究为研究生教育研究的自身发展奠定了良好的基础。

专题一 研究生教育基本理论问题研究进展

本专题聚焦研究生教育基本理论问题，重点呈现围绕研究生教育、研究生教育学、学科、学位等问题开展的基本概念、范畴、理论、判断、推理等相关研究。2019 年，本专题共收录了 78 篇相关研究文献。从文献研究主题分布看，2019 年度研究生教育基本理论问题研究专题主要由四部分组成，分别是研究生教育学理论研究、研究生教育规模与结构、学科建设基本问题和学位制度。

第一节　研究生教育学理论研究

伴随研究生教育规模的扩大和社会对研究生教育重视程度的提升，研究生教育基本理论问题得到了学界的关注。一些研究者分析了中华人民共和国成立以来我国研究生教育的发展历程，对研究生教育的本质、规律、属性、价值取向等问题进行了探讨。

一、70 年研究生教育发展历程

2019 年是中华人民共和国成立 70 周年，也是我国研究生教育事业探索与发展的 70 周年。北京理工大学王战军等系统回顾了中华人民共和国成立 70 年来研究生教育的发展历程[1]、路径与成效[2]、贡献与成就[3]，并在此基础上分析

① 王战军，等. 中国研究生教育 70 年［M］. 北京：中国科学技术出版社，2019.
② 王小栋，王战军，蔺跟荣. 中国研究生教育 70 年发展历程、路径与成效［J］. 中国高教研究，2019（10）：33 - 40.
③ 王战军，杨旭婷. 中国研究生教育 70 年：贡献与成就［J］. 中国高等教育，2019（19）：4 - 6.

了中国研究生教育的发展规律与启示①。70 年间，中国研究生教育经历了探索与波折，恢复招生、建章立制与研究生教育体系初步建成，适应社会主义市场经济以服务社会发展需求，建设研究生教育大国服务国家转型，建设研究生教育强国服务中华民族复兴 5 个发展阶段。在人才培养方面，实现了从规模增长到类型调整的转变；在社会服务方面，实现了从产业发展到科技创新的转变；在国际合作方面，实现了"走出去、引进来"的单轨发展向"协同共赢"发展的转变，走出了一条中国研究生教育特色化发展之路。70 年间，研究生教育与国家发展和民族进步同呼吸、共命运，在服务需求中走过了从无到有、从小到大、从弱到强的不平凡历程，建立起独立、完整的研究生教育体系，形成了有中国特色的高层次人才培养模式，已经成为国家建设和社会发展的重要支撑。新时期，研究生教育要以社会需求为导向，强化创新引领，加快推动研究生教育大国向研究生教育强国的转变，奋力迈出现代化建设新步伐。

山西师范大学卫建国等基于历史制度主义视角分析了 1949 年 10 月以来研究生教育政策的变迁。70 年间，我国研究生教育政策经历了"以苏为师"，封闭单一；全面恢复，走向开放多元；快速发展，追求质与量的协调；实践取向，重视应用型人才培养；深化改革，全面优化质量 5 个变迁阶段。我国研究生教育政策变迁中存在很强的路径依赖色彩，存在制度微调、制度置换、制度转换和制度断裂现象，通过制度创新克服路径依赖是我国研究生教育改革的重大课题。②

江苏省教育厅洪流分析了改革开放以来江苏省研究生教育的改革与发展。研究发现，江苏省研究生教育规模不断扩大、基础不断夯实、改革不断深入。面向未来，江苏省研究生教育工作更加坚定地走内涵式发展之路，聚焦立德树人根本任务，坚持服务需求根本导向，抓住提高质量根本目标，为实现中华民族伟大复兴的中国梦、建设"强富美高"新江苏省，提供更加坚强有力的人才保障和智力支持。③

浙江大学周文文等分析了中华人民共和国成立以来我国研究生学制的历史演变。国际接轨需要、国家政策支持、经济社会推动、高校竞争发展、导学关系冲突等是触发研究生学制变革的主因，社会对不同层次人才的需求是研究生学制变革遵循的逻辑，重视培养环节、尊重学校办学自主权是研究生学制变革

---

① 王战军，张微. 70 年探索奋斗：中国研究生教育发展规律与启示［J］. 学位与研究生教育，2019（9）：43-48.

② 卫建国，秦一帆. 建国 70 年研究生教育政策的变迁分析——基于历史制度主义视角［J］. 研究生教育研究，2019（6）：1-7.

③ 洪流. 江苏研究生教育 40 年回顾与未来展望［J］. 江苏高教，2019（3）：9-12.

的主要特点。①

湘潭大学廖湘阳等从坚持立德树人根本任务、加快"双一流"建设和扩大研究生培养规模、建立更高水平的培养体系、建立与完善各种共享平台与公共支撑体系等方面对 2018 年中国学位与研究生教育改革发展热点进行了总结。提出从经验集成、学理支撑和理论概括 3 个层面对中国研究生教育 40 年改革发展成果进行总结分析，把中国特色社会主义道路自信、理论自信、制度自信、文化自信转化为办好中国特色世界一流大学的自信和建设研究生教育强国的自信。②

二、研究生教育基本理论问题

2019 年度关于研究生教育理论的研究在往年研究基础上进一步深入。研究者围绕研究生教育的本质、规律、属性、价值取向，以及研究生教育学学科建设等方面进行了探索。

北京理工大学王战军等撰写并出版了我国第一部系统介绍研究生教育的教学用书《研究生教育概论》。该书突出理论与实践相结合，详细阐述了研究生教育的基本概念、基本特征、主要内容，以及研究生教育发展的历史，研究生教育与本科教育的区别，研究生教育与社会的关系等理论问题，描述了研究生招生、研究生培养、研究生教育管理、研究生教育评估、学科建设、学位制度与学位授予、研究生教育研究方法等研究生教育的主要内容，介绍了国际研究生教育概况，以及美国、英国、德国、法国、日本等国家的研究生教育发展状况。③

云南大学董云川等运用"研究生教育的品相"这一概念来分析研究生教育的本质与规律。认为研究生教育的内涵发展与质量提升离不开对教育常识的回归与对教育品相的坚守。研究生教育的品相内含着对研究生教育"是什么""不是什么""像什么"，以及"做什么"的思考与回答。研究生教育在理论上应满足研究性、教育性和高深性三大内在规定，而在实践中务必兼顾高深知识的生产与应用、高深学问的探究与求索、完善之人的向往与培育三大方面。④同时，从"研究生教育生命力"这一命题出发，探讨了研究生教育的现状与问

---

① 周文文，余倩，倪加旎. 我国研究生学制的历史演变、现实问题与改革建议 [J]. 研究生教育研究，2019（6）：42 – 46 + 81.

② 廖湘阳，孙瑜. 2018 年中国学位与研究生教育发展热点述评 [J]. 学位与研究生教育，2019（5）：1 – 9.

③ 王战军，周文辉，马永红. 研究生教育概论 [M]. 北京：北京理工大学出版社，2019.

④ 董云川，李保玉. 研究生教育的品相 [J]. 研究生教育研究，2019（2）：12 – 18 + 25.

题。认为研究生教育的可持续发展有赖于教育内在的生命力。当下，研究生教育不同程度地存在着教学活力不足、学术理想淡漠、校园生活功利等现象；从生命哲学视角辨析，研究生教育应当具有发展性、创造性和情感性特质；而富于生命活力的研究生教育，必须坚持学术理想，包容多元价值并重拾人文情怀。①

武汉大学胡甲刚等探讨了研究生教育的属性、价值取向等问题。认为教育属性是研究生教育的本质属性，育人为本是研究生教育价值的本质要求。在我国研究生教育改革发展中，出现了培养环节虚置、教育属性削弱、考核评价机制错位等偏离育人为本价值取向的问题。提出为了肩负起新时代培育高层次创新人才的根本使命，我国研究生教育必须牢固树立育人为本的价值观，建立健全育人为本的资源配置机制、制度体系和考核评价机制。②

一些学者从微观环节入手，分析了研究生教育在人才培养过程中所蕴含的独特属性。湖南大学柳礼泉等分析了学术沙龙在研究生教育中的价值意蕴。学术沙龙以弘扬科学精神、增强师生情感、培养创新人才为目的，是培养研究生的学习平台、思想阵地和德育场域，是研究生教育的有效载体。学术沙龙有利于研究生在专攻博览的学术实践中求知问学，有利于研究生在理论争鸣的学术氛围中答疑解惑，有利于研究生在立德进业的学术生活中学以成人。③ 上海第二工业大学郑世良等基于新制度主义视角对专业学位教育中的"应用导向"的"学术漂移"现象做了分析。认为"制度同构"是解释专业学位研究生教育向"学术"扩展的理论，强制机制、模仿机制和规范机制是专业学位研究生教育偏离"应用导向"的动因。应把握专业学位研究生教育的"应用导向"，完善研究生教育的分类与多元治理框架；超越路径依赖，构造适切于专业学位研究生教育的创新制度矩阵；变革知识价值观，构建专业学位研究生教育组织场域实践共同体。④

部分学者着重分析了研究生教育学学科建构的问题。北京理工大学王战军等从教育学新领域的视角审视研究生教育学，认为研究生教育学是一门分析研究生教育现象和问题、揭示研究生教育规律及其运用特征的学科。它是在教育实践发展和教育知识积累与分化基础之上形成的新领域，是对教育学的继承与

---

① 董云川，唐艳婷. 试论研究生教育的生命力 [J]. 研究生教育研究，2019 (6)：8–14.

② 胡甲刚，刘亚敏. 研究生教育应坚守育人为本的价值取向 [J]. 学位与研究生教育，2019 (3)：8–12.

③ 柳礼泉，杨葵. 学术沙龙在研究生教育中的价值意蕴 [J]. 学校党建与思想教育，2019 (24)：91–93.

④ 郑世良，李丹. 专业学位研究生教育的学术漂移：表征、成因及治理 [J]. 研究生教育研究，2019 (6)：54–59.

创新。研究生教育学以研究生教育为研究领域，以研究生教育发展和育人规律为研究内容，以多学科视野和多元方法为研究路径，以非结构化方式建构知识体系，以质性研究、量化研究、动态研究为主要研究范式。研究生教育学的形成有利于教育学深化基本理论，丰富研究范式，提高社会融入度，助推中国教育学走向世界。① 回顾历史，逐步完善的组织体系、专业化的研究队伍、高水平的研究成果和人才培养，有力地推动了研究生教育学学科的发展。展望未来，研究生教育学学科应在提升学科认同感、加强理论研究、拓展研究范式和打造国际学术共同体等方面发力，以扩大研究生教育研究的影响力和话语权。②

清华大学李锋亮等对第三届全国研究生教育学学科建设理论与实践高端论坛会议中关于研究生教育学建设的相关观点进行了综述。提出，站在新的历史起点上，要明确研究生教育的地位与作用，牢记研究生教育的核心在于育人，深入探索研究生教育学学科体系建设的方向和路径；深化研究生教育改革，着力推动研究生教育迈向新台阶，努力促进我国从研究生教育大国向强国转变。③

第二节　研究生教育规模与结构

优化研究生教育规模与结构是提升研究生教育质量的必然要求和重要途径。研究生教育规模发展的合理性与结构布局的科学性不仅关系到研究生教育的内涵式发展，也影响着所在国家、地区的经济社会发展和产业转型。研究者围绕研究生教育规模、结构与外部经济社会发展的适应性开展了相关探索。

清华大学王璐瑶等从"一带一路"倡议的视角提出我国研究生教育规模与结构调整的思路。当下我国研究生教育处于制度刚性与市场失灵双重制约下的系统性供需失衡。面向"一带一路"的研究生教育供给侧改革，应以供需匹配为理论视角，透视发展转型困境的核心机理；以"一带一路"倡议为契机，探索"三位一体"的研究生教育供给侧改革路径；优化导向性制度供给，调整关

① 王战军，杨旭婷，乔刚. 研究生教育学：教育研究新领域 [J]. 中国高教研究，2019 (8)：94-101.

② 王战军，乔刚. 研究生教育学：创建与发展 [J]. 研究生教育研究，2019 (1)：8-13.

③ 李锋亮，李莞荷. 在理论与实践之间：面向未来的研究生教育学——第三届全国研究生教育学学科建设理论与实践高端论坛综述 [J]. 学位与研究生教育，2019 (8)：52-57.

键性资源供给，加大适用性人才供给，引导我国研究生教育从量的优势向质的飞跃转型。①

与劳动力市场、产业结构适应是研究生教育规模与结构调整的重要方向，一些学者重点分析了研究生教育与外部发展的适应性、对接性问题。

郑州大学王淑英等运用 2003—2016 年我国 29 个省份的面板数据，实证研究我国高校研究生规模对经济增长的贡献及其所呈现的空间特征。发现我国高校研究生规模对经济增长存在正向的空间溢出效应，整体而言区域经济发展对高校研究生数量上的需求并未饱和；硕博研究生和劳动力对经济增长的弹性系数都远小于物质资本存量的弹性系数；博士研究生不仅可以促进本地的经济发展，而且能带动相邻省域的经济发展，硕士研究生对相邻省域的经济发展作用更为显著。②

中国人民大学李立国等采用内生增长理论模型，基于 1996—2016 年的全社会就业人员数中研究生学历就业人口，测算出研究生教育对我国经济增长的贡献率为 3.1%。研究生学历毕业生经过人力资本货币化后，研究生教育对经济增长的贡献率为 3.6%。研究生教育对于经济增长的贡献还有很大的空间，既需要稳步扩大研究生招生规模，也需要优化研究生培养结构，以提高研究生教育对经济增长的贡献。③

北京航空航天大学吴东姣等基于人力资本理论，构建了研究生教育规模与第三产业经济增长关系模型并进行实证分析，结果表明，研究生教育规模对第三产业经济发展具有积极的促进作用。建议加大研究生教育投入，适度扩大研究生教育规模；合理调整研究生层次结构，保证硕士生教育规模的主体地位，积极发展专业学位博士生教育；合理调整西部地区产业结构，充分发挥当地研究生教育资源的作用。④

中国矿业大学高斌等以 1978—2018 年的数据为实证样本，建立 VAR 模型分析研究生教育规模与经济增长的动态关系。研究发现，研究生教育规模与经济增长之间滞后期为 5，在某种程度上，研究生教育规模每扩张 1%，经济增长 0.7%，研究生扩张能促进经济跨越式增长。应适当控制扩张速度，推动规模和

---

① 王璐瑶，王晓阳，刘进. 面向"一带一路"的研究生教育供给侧改革 [J]. 学位与研究生教育，2019（9）：49–53.

② 王淑英，王洁玉. 中国高校研究生规模对经济增长的空间溢出效应研究 [J]. 研究生教育研究，2019（6）：73–81.

③ 李立国，杜帆. 中国研究生教育对经济增长的贡献率分析——基于 1996—2016 年省际面板数据的实证研究 [J]. 清华大学教育研究，2019，40（2）：56–65.

④ 吴东姣，马永红. 我国研究生教育规模对第三产业经济发展影响的实证研究 [J]. 学位与研究生教育，2019（2）：18–23.

质量协同发展，加大研究生教育经费投入；提升软硬实力，优化研究生教育结构，实现内涵式发展、完善研究生教育布局，促进区域协调发展。①

清华大学李锋亮对全球国别经济发展数据分析发现，随着经济和科技的发展，研究生教育对经济增长的促进作用凸显出来。在我国经济增速变缓的宏观背景下，在国际本专科教育对经济增长的作用变小或者不显著的情况下，为保证我国经济增长能更有韧性、更有质量、更持续，须大力发展研究生教育。②

除此之外，一些学者专门针对博士生教育的规模与结构进行了深入分析。清华大学王传毅等基于数据分析发现，我国学术劳动力市场和非学术劳动力市场对博士毕业生的需求均尚未得到满足；博士培养的支撑条件，包括导师队伍、研发经费和资助经费，近几年显著夯实。扩大博士教育规模具有必要性和可行性，但博士教育规模应按渐进方式适度扩张，并从"双一流"建设高校向普通大学分层扩散，稳定学术学位、微扩专业学位、增设新式学位；同时，通过夯实支撑条件、完善分流淘汰制以保障博士生培养质量。③

复旦大学李莉方等对西方发达五国进行国际比较，并与我国的人才供求预测相结合，认为我国目前一年的博士人才培养规模应保持在9万人左右，其扩招幅度应与经济总量和R&D投入保持联动。在我国社会经济高速发展对高层次人才的需求不断攀升的背景下，扩大博士培养规模成为大势所趋。④

教育部学位与研究生教育发展中心王顶明系统梳理了当前我国研究生教育的层次结构、区域结构、人才培养结构、学科结构和类型结构现状，发现博士在三级学位体系中的占比偏低、部分省份研究生教育与区域经济发展不协调、学科结构对需求的回应不足，基于此，提出有质量地扩大博士学位供给、切实发挥研究生教育治理过程中的省级统筹功能，以及充分尊重培养单位的学科调整自主权等建议。⑤

---

① 高斌，段鑫星. 改革开放40年研究生教育规模与经济增长动态关系研究［J］. 黑龙江高教研究，2019，37（8）：33－37.

② 李锋亮. 发展研究生教育可促经济增长更有韧性［N］. 中国科学报，2019－07－24（1）.

③ 王传毅，杨佳乐. 中国博士教育规模扩张：必要性、可行性及其路径选择［J］. 中国高教研究，2019（1）：79－85.

④ 李莉方，李威. 扩招与限度——博士人才培养规模的测度［J］. 研究生教育研究，2019（4）：8－14.

⑤ 王顶明，杨佳乐，黄颖. 我国研究生教育结构的现状、问题与优化策略［J］. 研究生教育研究，2019（2）：1－5.

第三节　学科建设基本问题

学科是大学的基本组织单元。伴随着国家"双一流"战略的进一步推进，学科建设在 2019 年度的研究关注度有所提高。研究者主要围绕学科内涵、学科生态，以及跨学科学术组织建设、跨学科人才培养创新等问题展开研究。

一、学科基本理念与内涵研究

学科是一个具有多重内涵的复杂概念。学者从不同视角对学科的内涵、概念进行了解释。

中国高等教育学会瞿振元从知识生产视角解释了学科的内涵。认为，学科作为人才培养的知识体系，是知识简单再生产过程；作为科学研究的知识体系，是知识扩大再生产过程；作为社会服务的知识体系，是大学知识生产的外延过程。"双一流"建设高校学科建设要注意三种知识体系的区别和联系：简单再生产的知识体系需不断维护、更新与发展；对知识的扩大再生产而言，学科方向、人才队伍和工作平台至关重要；知识生产过程的外延要不断创新社会服务模式。①

北京理工大学王战军等从政策变迁的制度逻辑阐释了中华人民共和国成立 70 年来我国高校学科结构调整历程。认为我国学科结构的变迁历经院系调整、学科专业目录设置以及知识体系构建三个发展阶段。影响我国学科结构调整政策变迁的原因包括同构逻辑下的制度缺失、认知逻辑下的认知局限和积淀逻辑下的路径依赖。重构学科结构调整政策变迁的制度逻辑，应以政策为主线，坚持面向未来、统筹前瞻布局，服务社会需求、促进交叉融合，突出内涵建设、回归制度逻辑，实现学科逻辑与应用逻辑的同构共生。②

厦门大学别敦荣专门就学科概念进行了论述。认为，学科概念并非大学所独有，社会一般的学科概念主要作为知识分类的单位。在高等教育领域，学科对大学的重要性也引起了广泛的关注。作为大学实现功能的核心载体，学科的内涵主要表现为 3 种形态：根据人才培养需要组织起来的专门的知识体系；根

---

① 瞿振元. 知识生产视角下的学科建设 [J]. 中国高教研究，2019 (9)：7 – 11.
② 王战军，张微. 新中国成立 70 年来我国高校学科结构调整——政策变迁的制度逻辑 [J]. 中国高教研究，2019 (12)：36 – 41.

据科研发展要求所建构的知识范畴；根据社会服务需要所划分的工作领域。大学学科的外显形式可概括为组织化、层次化、定向（人）化和项目化。通过这些形式，无形的学科得以化为有形的组织单元，并在大学办学过程中不断地发挥功能。①

陕西科技大学武建鑫等从学科组织健康角度探讨了世界一流学科的生成机理。认为，学科组织健康是建设世界一流学科的必要条件。健康的学科组织除了拥有高水平的学术绩效，还能够实现绩效与学术声誉、社会责任、理念引领的协调性，并有能力实现持续发展、自我更新、质量跃升。学科组织健康的演化机制体现在适应环境、竞争与合作、融合创新、自主进化四方面。学科组织健康的行动框架包括学科评估理念、学科生态结构、学科建设机制三个维度，三者形成一个正向的组织健康循环系统。②

二、跨学科相关研究

2019 年度，一些学者主要围绕国内外跨学科学术组织的建构与完善，以及跨学科研究生教育的理论与实践等问题开展了深入探讨。

重视跨学科研究、培育跨学科团队是世界高等教育机构改革的重要内容。一些学者从组织角度，着力探讨了跨学科过程中的组织制度、组织行为、组织关系等问题。北京大学董杲等基于"三角协调"理论分析了美国大学跨学科研究组织的发展。19 世纪 60 年代，美国大学的跨学科研究出现萌芽；第二次世界大战时期，跨学科研究迅速发展起来，并在 20 世纪 70 年代之后更为活跃，组织结构与制度建设逐渐趋于成熟。在不同发展阶段，政府权力、市场力量、大学三方在政策保障、资金支持、技术合作等方面发挥着重要作用。③ 华南理工大学焦磊等从组织行为学视角对美国研究型大学跨学科转向问题进行了研究。美国研究型大学跨学科发展早期面临学科主宰下的组织、制度和文化等多重障碍，21 世纪竞相进行"跨学科军备竞赛"。美国研究型大学跨学科发展机理对我国研究型大学跨学科发展具有借鉴和参考价值：一是营造激发跨学科"外发内生"的组织环境；二是为研究型大学统筹规划提供决策支持；三是创新跨学科组织结构，重视跨学科物理空间建设；四是创建

---

① 别敦荣. 论大学学科概念 [J]. 中国高教研究，2019（9）：1 - 6.

② 武建鑫，郭霄鹏. 学科组织健康：超越学术绩效的理性诉求——兼论世界一流学科的生成机理 [J]. 学位与研究生教育，2019（6）：19 - 25.

③ 董杲，平思情. 美国大学跨学科研究组织的发展——基于"三角协调"理论的视角 [J]. 中国高校科技，2019（8）：37 - 41.

与维系跨学科组织文化。①

华中科技大学蔺亚琼等通过对美国大学与我国大学院系组织的比较分析，发现美国的学系组织具有更强的开放性，学科分类的强度较弱有利于学科交叉与跨学科领域的发展；相比之下，我国大学具有较强的封闭性，学科分类是一种强分类，缺乏在全校范围内的整合资源、促进跨学科发展的制度手段。我国大学需要进行制度调整，促进学科体系从强分类走向弱分类，增强学院组织的开放性，以顺应学科交叉的知识发展趋势。②

华南理工大学李正等基于波士顿大学的探析，分析了跨学科研究组织"自下而上"衍生路径及其保障机制。认为跨学科研究是当代大学提升创新能力、满足社会需求、解决国家科技难题的重要手段。近年，我国大学对跨学科研究及其组织机构创建愈加重视，但跨学科研究合作的效果并不理想。波士顿大学的基层跨学科研究组织采取了自下而上驱动跨学科研究组织衍生的路径，创新性的跨学科组织管理体制、衍生路径和保障机制为我国大学解决跨学科研究组织的可持续发展问题提供了可以借鉴的经验和新范式。③

厦门大学李鹏虎探讨了"双一流"建设中的跨学科组织及制度问题。认为跨学科是我国"双一流"建设中不可或缺的考量因素。当前，我国多数研究型大学在跨学科研究方面依旧存在很多不足，"理论上重视，实践中轻视"是跨学科研究中的一个常见现象。"双一流"建设应创新学术组织，走出高校科研活动条块分割、重复投入、低效产出的窘境。需要以组织实体为平台，为跨学科研究提供物理空间；以制度设计为抓手，为跨学科研究提供运行保障；以沟通理解为桥梁，为跨学科研究提供文化氛围。④

跨学科人才培养已成为高等教育发展的世界性新趋势。北京航空航天大学孙维等以团队研究理论、融合理论和共同点理论为基础，分析了跨学科博士生培养过程。认为跨学科博士生培养经历了初步融合、深度融合发展和融合转化三个阶段，并构建了基于团队研究模式的跨学科博士生培养模型。提出，我国跨学科团队博士生培养应加大博士生跨学科研究支持和资助，培养博士生跨学

---

① 焦磊，赵庆年. 从"结构"到"准则"：研究型大学跨学科转向的组织行为学研究 [J]. 高等工程教育研究，2019（4）：139 - 144 + 187.

② 蔺亚琼，覃嘉玲. 学科分类与跨学科发展：基于院系组织的分析 [J]. 高等工程教育研究，2019（3）：102 - 109.

③ 李正，张倩，焦磊. 跨学科研究组织"自下而上"衍生路径及其保障机制研究——基于波士顿大学 ECIBR 的探析 [J]. 高教探索，2019（4）：54 - 60.

④ 李鹏虎. "双一流"建设中的跨学科元素：组织及制度 [J]. 现代教育管理，2019（4）：49 - 53.

科能力，建立跨学科学术网络和跨学科的微环境。① 北京教育科学研究院王铭等分析了世界一流大学跨学科人才培养路径问题，将现有跨学科培养途径总结为本科跨学科专业、研究生跨学科学位、校级跨学科研究中心、跨校跨学科项目4种。跨学科培养能够提高学生综合素质，新的知识生产模式和动力机制是促进跨学科人才培养兴起的部分原因，跨学科将成为新兴学科出现的一种模式。我国高校需要从治理结构、学科制度、课程建设、教育理念等方面加快改革发展建设。②

　　一些学者对国外高校研究生培养的跨学科理论与实践问题进行了分析。北京航空航天大学郑石明选取7所知名大学，对跨学科人才培养模式进行比较。7所大学已经构建了完整的跨学科人才培养体系，并在课程体系、跨学科培养项目、组织形式和培养途径等方面形成了鲜明特色。借鉴世界一流大学跨学科人才培养模式，进一步打破学科壁垒、建立健全学科群、增加跨学科教育多元投入，以及改革教学方式和壮大跨学科师资队伍，是我国大学需要重点考虑的问题，也是跨学科人才培养模式改革的必经之路。③ 华南理工大学张惠等分析了美国佐治亚理工学院 VIP 项目工程跨学科人才培养实践，认为具备跨学科的交互协作、垂直整合的团队建设、真实世界的工程实践及创新能力的激发培养等人才培养特点，对我国高等工程教育变革具有启示意义。④ 天津师范大学覃丽君等对美国工程教育学博士生培养的跨学科逻辑进行了分析。美国工程教育学博士生培养以工程教育学为学科基础，遵循工程学与教育学跨学科交叉与融合的逻辑，实质是技术与人文这两种价值取向的交融。在实践中，跨学科的逻辑表征在工程教育学博士生培养的缘起、目标与招生要求、课程设置及师资队伍等方面。我国可借鉴相关的做法，通过深化工程人才跨学科培养理念、组建跨学科培养组织等方式创新工程研究生人才培养模式。⑤ 清华大学彭林等通过深度访谈等方式，对美国普渡大学跨学科工程教育体系进行研究。总结了普渡大学跨学科工程教育的3个特点：一是项目制跨越院系边界，形成跨学科工程教育体系；二是通过 EPICS 联合社区服务机构培养学生跨学科工程实践能力；三

　　① 孙维，马永红."双一流"建设背景下拔尖创新人才培养模式——源于跨学科博士生团队培养的思考 [J]. 中国电化教育，2019（4）：63–69.
　　② 王铭，黄瑶，黄珊. 世界一流大学跨学科人才培养路径研究 [J]. 高教探索，2019（4）：61–67.
　　③ 郑石明. 世界一流大学跨学科人才培养模式比较及其启示 [J]. 教育研究，2019，40（5）：113–122.
　　④ 张惠，雷庆. 世界一流大学工程跨学科人才培养路径探析——以佐治亚理工学院 VIP 项目为例 [J]. 高教探索，2019（5）：32–38.
　　⑤ 覃丽君，谭菲. 美国工程教育学博士生培养的跨学科逻辑管窥 [J]. 学位与研究生教育，2019（7）：72–77.

是通过 CAPSTONE "真刀真枪" 锻炼高年级学生跨学科工程设计能力。①

第四节　学位制度

学位制度是学位与研究生教育的基本制度。随着长期以来学者对学位条例、学位管理体制的研究积累，2019 年度对学位法相关问题研究的关注度也有所上升。

一、学位点建设

学位点建设进入内涵式发展阶段。学位点动态调整、学位点高质量建设是研究者关注的重点问题。2019 年度相关研究主要围绕学位点建设、学位授予的标准、学位点撤销等方面展开。

上海师范大学刘兰英从合格评估视角提出研究生学位点内涵建设的路径。通过对合格评估结果的解析发现，学位点内涵建设存在学科发展特色不凸显、师资队伍结构不合理、课程教学地位被忽视、国际化教育薄弱、资源配置不充分不平衡等问题。提升学位点内涵发展，应依据发展规划调整学位点，建设高水平师资团队，深化课程建设与教学改革，以研究生成长为中心营造学术共同体，建立常态化的学位点内外部质量保障机制。②

学术标准是学位制度的核心部分，也是把控高等教育质量的关键要素。东南大学龚向和等研究了硕士、博士学位授予的学术标准。认为《中华人民共和国学位条例》对学位授予的学术标准只有原则性的规定，导致在实践中时常出现学位授予的司法纠纷。通过梳理英国、美国、法国、德国 4 个典型西方国家学位授予的学术标准，发现西方硕士、博士学位的授予是以学位论文为核心、课程学分并重的学术标准模式。这种学位授予的学术标准模式为改进我国硕士、博士学位授予制度，解决学位授予纠纷，从根本上提升研究生的学术水平具有重要意义。③ 中国政法大学林华认为，学位授予标准具有多重面向，不同主体

---

① 彭林，林健，Brent Jesiek. 普渡大学跨学科工程教育案例及对新工科建设的启示 [J]. 高等工程教育研究，2019（6）：186-193.

② 刘兰英. 合格评估视角下的研究生学位点内涵建设 [J]. 教育发展研究，2019，39（5）：66-73.

③ 龚向和，张颂昀. 论硕士、博士学位授予的学术标准 [J]. 学位与研究生教育，2019（3）：56-64.

有不同的学位授予标准，不同主体也有不同的学位授予审查内容。从法律文本、制度实践和理论解读出发，学位授予标准至少存在 4 个面向：主体面向、内容面向、效力面向和形式面向。从适用逻辑上看，不同面向的学位授予标准适用又有时间逻辑、重新审查逻辑、层级逻辑和功能逻辑。①

学位点撤销对高校而言事关重大，如何科学合理地开展学位点撤销工作是值得深入探讨的课题。南开大学杨杰分析了撤销学位点的法制化问题。认为我国在立法上建构了申请撤销和强制撤销两种不同的学位点撤销机制，但申请撤销存在省级学位委员会权力来源不明的困境，强制撤销亦面临实体性标准模糊和程序性规范缺失的难题。应认定省级学位委员会在撤销学位点中的权力源于"行政委托"而非"行政授权"，并且应从细化评估标准、优化评估主体结构、从轻处理新设学位点等实体维度和确立事中申辩权、保障事后救济权、创新撤销学位点的信息公开制度等程序维度着手，达到撤销学位点的规范化，推动高等教育法治化进程。② 华南师范大学的蒋林浩等对美国学位点撤销的历程进行了分析。20 世纪 70 年代至今，美国形成了 3 次学位点撤销潮。美国学位点撤销工作涉及多方利益，产生了大规模的抵触和抗议；资源获取能力较弱的传统学科和人文学科成为重点撤销对象；新公共管理问责和绩效文化在学校影响深远。学位点撤销工作要考虑学科的可持续发展；政府要更好地发挥高校在撤销工作中的主体性；学位点撤销工作要进一步完善过程管理体系。③

也有学者从纵向的历史发展和横向的国别对比角度考察了学位制度、学位授权结构等问题。江西财经大学谭光兴等从历史观角度出发，认为中国学位制度始于自下而上的诱致性制度变迁；其制度变迁方式逐渐演变为强制性制度变迁为主、诱致性制度变迁为辅；其价值取向逐渐由工具价值转向人本价值。政府强力主导，学位授予单位主动响应，社会些微参与，是中国学位制度变迁的结构特征。未来的学位制度变迁需努力解除路径锁定效应，畅通制度变迁通道，保障学位制度的合理高效变迁，在服务国家需要的同时关注个体不同层次的需求，建立政府主导、多方参与的制度运行机制，构建具有中国特色的学位制度体系。④ 西北工业大学张炜对中美两国博士学位授予高校进行了比较分析，发现从统计数据看，我国博士学位授予单位的数量显著少于美国，结

---

① 林华. 学位授予标准的多重面向及其适用逻辑 [J]. 研究生教育研究，2019 (2)：30 - 34.

② 杨杰. 撤销学位授权点的法治化路径探析 [J]. 学位与研究生教育，2019 (8)：8 - 14.

③ 蒋林浩，沈文钦，陈洪捷. 美国公立高校学位点撤销的三次浪潮 [J]. 教育研究，2019，40 (2)：62 - 68.

④ 谭光兴，冯钰平. 中国学位制度变迁的逻辑——历史制度主义的视角 [J]. 大学教育科学，2019 (5)：22 - 27 + 123.

构也存在一定差异。基于分析结果，我国不仅应适度扩大博士学位授予单位的校均规模，也应适度增加博士学位授予高校的数量，提高博士研究生教育的质量和效益。①

二、学位法相关问题

随着国内外高等教育特别是研究生教育事业的迅猛发展，我国学位管理实践中出现了一些新情况和新问题。很多学者聚焦于学位条例修订、学位撤销等问题开展了一系列研究。

北京外国语大学秦惠民分析了《中华人民共和国学位条例》颁布以来我国学位法律制度的历史与发展。认为《中华人民共和国学位条例》的颁布实施，是国家法制建设中对高等教育规范发展的制度性探索，使我国高等教育有了法律性的制度规范，实现了有法可依。这个法的出台既反映了时代的变化和当时的迫切需求，又使其不可避免地带有历史的烙印。通过释法和运用政策工具进行学位管理的《中华人民共和国学位条例》适用实践研究，一定程度上弥补了具体工作中法律规范的不足，解决了立法的有限性与实践的丰富性之间的矛盾。②

中国人民大学周祥等探讨了学位的功能、结构与学位授予权的本质。认为学位根源于对知识生产机构生产效果的权威认可。基于不同的学科知识特性，学术组织产生了专门部门，产生了差异化的学术传统，呈现出不同的组织和制度安排。我国在学位立法与修法的过程中，需兼顾学位制度的传统发展与中国学术演进的现实环境，通过国家学位立法来完善和保障学术生态的建立，维护和塑造有利于知识创新与发展的良好环境，构建国家知识创新体系，推动知识的持续创新。③

中南大学徐靖辨析了高校学术委员会与学位评定委员会二者的法律关系。学术委员会是高等学校内部最高学术机构，学位评定委员会是兼具行政权力与学术权力的复合型机构。根据现行教育法律法规规定，二者在各自权力轨道内履行学术或行政职责，有交叉亦有重叠。科学界定二者法律关系的根本在于有效辨识学术事务与行政事务的范围和本质。在实体法律关系中，学术委员会与

---

① 张炜. 中美两国博士学位授予高校的比较与启示 [J]. 中国高教研究, 2019 (5)：25–30.
② 秦惠民.《学位条例》的"立""释""修"——略论我国学位法律制度的历史与发展 [J]. 学位与研究生教育, 2019 (8)：1–7.
③ 周祥, 杨斯喻. 学位的功能、结构与学位授予权的本质——兼论《中华人民共和国学位条例》修订的基本问题 [J]. 复旦教育论坛, 2019, 17 (1)：17–23.

学位评定委员会应奉行"学术与行政相对分离"原则；在程序法律关系中，二者则应践行"相互配合、相互制约"规则。①

一些学者专门探讨了学位撤销制度相关法律问题。中国政法大学林华通过对 1998—2018 年法院发布的学位撤销案件进行梳理，发现我国学位撤销诉讼呈现 5 个维度的特征：数量维度，法院裁判功能行使极其有限；时间维度，法院审理时间相对集中；起因维度，学位撤销事由类型多元，兼具学术性和非学术性；审级维度，当事人之间的对立情绪较高；判决维度，学位撤销案件的法律风险较高。高校在行使学位撤销权时应注意防范和化解在事实认定、法律程序和法律运用等方面的法律风险。② 重庆大学范奇围绕目前高校学位撤销制度主要存在的"设定权限"与"行为性质"不明两大问题进行了分析。认为从组织法视角看，权限问题应采取"原则之治"，即处理的原则是公务自治＋辅助原则；匹配技术是事项分类＋动态平衡。从功能视角看，学位撤销行为包括 3 种功能，纠错、惩罚、救济。这一思路为两大问题提供了新的分析解决框架，也对紧锣密鼓的学位法修订提供适时的理论指导。③

第五节 文献分布及其特点分析

一、文献总量及来源分布

从文献来源分布看，2019 年研究生教育基本理论研究专题共检索出了 78 篇文献。其中，期刊论文 58 篇，占 74.36%；研究生学位论文 6 篇，占 7.69%；报纸文章 12 篇，占 15.38%；著作 2 部，占 2.56%。期刊论文依然是本专题的主要文献来源。2012—2019 年，研究生教育基本理论问题研究文献数量总体呈现起伏态势，2019 年文献总量相对于 2018 年上升了 12 篇（部），如图 1-1 所示。

---

① 徐靖. 高等学校学术委员会与学位评定委员会的法律关系 ［J］. 高等教育研究，2019，40（2）：47-54.

② 林华. 学位撤销案件的样态与图景（1998—2018）［J］. 学位与研究生教育，2019（9）：29-33.

③ 范奇. 论高校学位撤销的权限设定与行为定性——基于行政"组织＋行为"法的分析框架 ［J］. 学位与研究生教育，2019（8）：14-27.

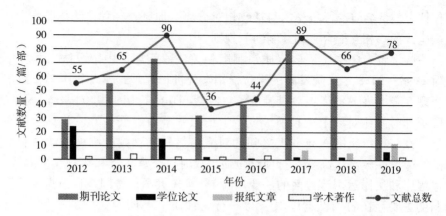

图 1-1 2012—2019 年研究生教育基本理论问题研究文献检索情况

二、文献主题分布

从研究主题分布来看，2019 年度研究生教育基本理论问题研究主要集中在学位制度（27 篇，占 35%）和研究生教育学理论研究（19 篇，占 24%）两方面，相关文献数量占本专题文献总量的一半以上（图 1-2）。与 2018 年相比，研究生教育规模与结构相关文献增长了 6 篇，学位制度相关文献增长了 5 篇，研究生教育学理论研究文献增长了 2 篇。

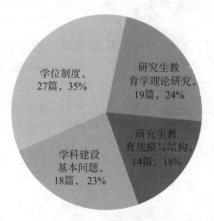

图 1-2 研究生教育基本理论问题的研究主题分布

从历年研究主题来看，研究生教育学理论体系、研究生教育规模与结构、学科建设基本问题、学位制度是本专题研究者历年来重点关注的研究问题 2012—2019 年研究生教育基本理论研究的主题情况见表 1-1。

表 1 - 1　2012—2019 年研究生教育基本理论问题研究的研究主题对比

研究主题	年份							
	2012	2013	2014	2015	2016	2017	2018	2019
研究生教育学理论体系（研究生教育学构建）	✓	✓	✓	✓	✓	✓	✓	✓
研究生教育发展战略	✓	✓	✓	✓	✓	✓		
研究生教育规模与结构	✓	✓	✓				✓	✓
学科建设基本问题				✓	✓	✓		✓
学位制度		✓		✓	✓	✓	✓	✓
专业学位研究生教育	✓							
一流大学建设基本问题					✓			
研究生教育基层学术组织	✓	✓	✓					
研究生教育质量观			✓					
研究生教育信息化	✓	✓	✓					

三、研究人员数量与机构分布

2019 年，共有 104 名学者围绕研究生教育基本理论问题进行了研究，其中有 94 名学者在期刊发表了论文。在发文数量上，北京理工大学王战军发表期刊论文 7 篇，编写著作 2 部，是 2019 年本专题文献产出数量最高的研究者。同时，北京航空航天大学马永红、华南理工大学焦磊、清华大学杨佳乐相关研究文献数为 3 篇，数量相对较多，是研究生教育基本理论问题领域的核心研究人员。

从本专题文献作者所在机构上看，在期刊论文方面，北京理工大学发文数量最多（7 篇），其次为清华大学（5 篇）、华南理工大学（4 篇）、北京大学（3 篇）、北京航空航天大学（3 篇）。

四、2019 年度研究特点

与往年相比，2019 年度关于研究生教育基本理论问题的研究在数量上稳步增长，在研究的深度与广度上进一步扩展，呈现出以下研究特征。

第一，在研究生教育学理论研究方面，结合 70 年发展历程探讨研究生教育基本问题。正值中华人民共和国成立 70 年之际，一批研究者围绕 70 年这一主题对研究生教育的发展历程进行了回顾与分析。这些研究既有对 70 年我国研究生教育发展各个阶段的特征分析、70 年间研究生教育对国家与社会发展的贡献呈现，也有透过 70 年发展历程对中国特色的研究生教育发展内在规律和发展逻辑探究，更有基于 70 年发展历程对未来我国研究生教育发展路径和改革方向的深入思考。这成为 2019 年度研究生教育基本理论研究的重要特征。

第二，在研究生教育规模与结构研究方面，如何服务社会发展需求始终是研究生教育规模与结构调整的主旋律。学者们从不同的社会需求角度来分析当前研究生教育规模与结构存在的问题，包括政策需求、产业需求等，并基于此提出完善建议。同时，基于以往研究，2019 年度对研究生教育规模与结构调整的研究更为深入、具体，如有学者建构了研究生教育规模与经济增长的动态关系模型，也有学者分析了不同情况下研究生教育对经济发展的贡献率。这些深入的研究对于研究生教育的内涵式发展具有积极意义。

第三，在学科建设基本理论研究方面，关于跨学科的研究持续受到关注。2018 年关于跨学科的相关研究有 13 篇，2019 年有 14 篇，占学科建设基本理论研究的 2/3 以上，跨学科主题一直受到学者们的普遍关注。在跨学科研究方面，学者们普遍关注国外知名大学在跨学科组织建构、跨学科制度设计、跨学科人才培养等方面的实践，总结其经验，为我国跨学科发展提供启示与借鉴。而专门针对跨学科的本质属性、主要矛盾、解决路径等问题的研究相对较少。

第四，在学位制度研究方面，对于学位点建设与学位法相关问题的研究更深入、更具体。研究问题涉及学位授权点的动态调控机制，博士、硕士学位授予标准，学位点撤销机制与主体职责，《学位条例》修订思路与办法，学位授予权的本质，学位撤销制度设计，高校学术委员会和学位评定委员会的关系等多方面，是对学位制度现实问题的有效回应。

五、未来研究展望

通过对 2019 年度研究生教育基本理论问题研究的特征分析，结合研究生教育现实发展情况，未来的研究生教育基本理论问题研究可能出现以下两大研究趋势。

第一，中国特色研究生教育的内涵与规律研究进一步推进。经过 70 年的改革与发展，我国研究生教育与国家同呼吸、共命运，取得了卓越的发展成效，走出了一条富有中国特色的研究生教育发展之路。70 年的发展历程和发展经验启示我们必须遵循中国特色，构建具有中国特色的研究生教育体系。面对科技的高速发展和瞬息万变的国际局势，我们要发挥研究生教育在培养高层次人才和产出创新性研究成果方面的作用，需要回归本体，理清我国研究生教育发展的规律与逻辑，在关注国际经验的同时更注重探讨本土问题，逐步形成符合我国特点的研究生教育研究理论体系。

第二，研究生教育与社会发展相关研究更加深入。服务需求、提高质量是新时期我国研究生教育改革与发展的主线。在已有研究的基础上，遵循内涵式发展的要求，研究生教育与社会之间协调发展、动态关联的内在机制将更多地被挖掘、被发现。这种动态关联体现在研究生教育的方方面面，既包括宏观层面的研究生教育的规模与结构调整、学位授权点动态调整、学科目录调整，也包括微观层面的研究生培养模式的改革创新，等等。分析社会变革背景下研究生教育如何更好地服务需求，探索社会需求与研究生教育发展的关联机制是对我国研究生教育发展面临的现实紧迫问题的回应，将成为我国研究生教育研究的重要内容。

研究生教育质量研究进展

2019 年度质量研究文献突出内容和进展为：2019 年，研究生教育质量研究、评估与保障依然具有较高的关注热度，研究论文数量与去年基本持平，主题内容丰富，研究方法多样。2019 年度，共检索出 66 篇期刊论文、19 篇学位论文、12 篇报刊文章、2 学术著作，总计 99 篇文献。在 99 篇文献中，有 30 篇期刊论文、10 篇学位论文、2 部著作、5 篇报刊文章，共计 47 篇文献被纳入本专题文献综述。本专题围绕研究生教育质量内涵、质量评价、质量现状 3 节展开，各节根据文献数量和内容进行细分。

第一节　研究生教育质量内涵

研究生教育是一个连续、动态、发展的过程。研究生教育质量包含研究生教育的招生质量、过程质量及就业质量。在 2019 年的文献中，"研究生（硕士/博士生）教育质量""研究生（硕士/博士生）教育培养质量""研究生（硕士/博士生）质量"等概念都很常见，且经常混用。

一、研究生教育质量发展内涵

新时代研究生教育高质量发展是体现新发展理念的发展，是创新成为第一动力、协调成为内生特点、绿色成为普遍形态、开放成为必由之路、共享成为根本目标的发展。

质量是研究生教育评估的对象，同时也是专业学位研究生教育发展的核心。如何更好地认识专业学位研究生教育质量概念并深刻把握其内涵，是科学认识专业学位研究生教育质量评估内涵特征和保障我国专业学位研究生教育高质量、可持续发展的前提和基础。北京航空航天大学马永红等通过梳理学者们对我国专业学位教育质量现状的研究，认为评价专业学位教育质量主要集中在导师指导形式、教学模式、职业性实践、满意度评价等方面。① 南京师范大学祝爱武认为专业学位研究生教育质量评估是政府、社会中介机构、高校和研究生等利益相关者受高质量需求驱动的，是依据学术性与职业性相结合的全面质量标准，应在科学决策的基础上综合评判教育硕士专业学位研究生教育活动及其效果的优劣程度，从而保障教育硕士专业学位研究生教育质量的持续改进。②

高质量的研究生教育发展，从根本上说是为了培养拔尖创新人才，满足社会要求。南京大学郭月兰等认为研究生教育的高质量发展遵循学术逻辑、政治逻辑、市场逻辑的多重发展导向，高深知识的创新和应用是各逻辑的动态平衡点。③

二、研究生教育质量保障

研究生教育质量保障模式是统筹构建研究生教育质量保障体系、全面深化研究生教育综合改革的重要内容。

招生质量对保障教育质量具有基础型、决定性的作用。北京师范大学郭海燕等认为保障招生质量的关键在于有效地进行生源甄别。④ 武汉理工大学梁传杰提出三元协同型研究生教育质量保障模式，呈现实施主体多元化、实施方式协同化、实施对象全局化、实施内容系统化等特征。⑤

学位论文的抽检与评议制度的实施是多年来省级学位管理机构主要工作之一，也是体现各省份高等教育水平的一个参照指标。扬州大学胡亮从论文保障体系建设，抽检机制及评议要素组成等方面探讨艺术硕士学位论文质量保障体系及抽检评议制度的建立。⑥

实现研究生教育质量保障模式转型，保障并不断提高研究生教育质量是其

---

① 马永红，刘润泽，于苗苗. 专业学位研究生教育质量指数研究 [J]. 研究生教育研究，2019（5）：9 – 15 + 37.

② 祝爱武. 教育硕士专业学位研究生教育质量评估的内涵与特征 [J]. 高等教育研究，2019，40（12）：68 – 74.

③ 郭月兰，汪霞. 研究生教育高质量发展：内涵、逻辑与实践取向 [J]. 研究生教育研究，2019（2）：6 – 11.

④ 郭海燕，刘春荣，张志斌. 生源差异如何影响博士学位论文质量？——基于全数据的研究 [J]. 研究生教育研究，2019（2）：43 – 49.

⑤ 梁传杰. 研究生教育质量保障模式：理想愿景、内涵特征与实现路径 [J]. 江苏高教，2019（9）：21 – 28.

⑥ 胡亮. 艺术硕士学位论文质量监控及抽检评议机制研究 [J]. 中国高等教育，2019（7）：52 – 54.

根本价值追求。美国建立起由联邦政府、专业协会、研究学者和高等院校四层次组成的博士跟踪调查体系，覆盖博士培养和职业发展的全过程，囊括应届和往届博士在内的全体博士，包括从及时性评价到回溯性评价的全方位评价，具有全面性、系统性和持续性的特征，通过博士培养供给侧和需求侧的双重调节，构建了保障博士培养质量的内在机制。北京师范大学郭海燕等认为我国应注重博士跟踪调查的全面性，建立全国性的博士调查机构；发挥研究者的主动性，形成专业性的博士调查研究；突出院校研究的针对性，规范博士毕业生就业质量报告发布工作，以构建多层次博士跟踪调查系统，保障博士培养质量。①

第二节　研究生教育质量评价

关于研究生教育质量标准，仁者见仁，智者见智。因为"质量"内涵本身带有主观性、多样性特征。因此，完整、客观地对研究生教育质量进行评价并非易事。综合 2019 年既有研究，研究生教育质量评价研究主要包含评价理念与方法和评价指标体系的建构两部分内容。

一、评价理念与方法

近年来，各类评价体系层出不穷，学者基于对理论的分析、概念的界定、实践调研、历史研究等方式对如何科学、有效地评价教育质量展开了思考。

指数方法不仅丰富了研究生教育评价理论，同时也开拓了研究生教育评价的新视野。研发研究生教育质量指数旨在通过量化的评价指标体系，客观地了解研究生教育质量的发展规律和趋势，从而及时地反映、监测、预警研究生教育质量和水平的变化。教育部学位与研究生教育发展中心任超等提出构建研究生教育质量指数要遵循导向正确、简洁高效、科学合理、操作性强、相对稳定等原则。② 黄宝印等强调研究生教育质量指数需要体现研究生教育对创新型国家建设的贡献度，对经济社会高质量发展的支撑度和在立德树人实践中的达

---

① 郭海燕，刘春荣，张志斌. 生源差异如何影响博士学位论文质量？——基于全数据的研究 [J]. 研究生教育研究，2019（2）：43-49.

② 任超，黄海军，王宇，等. 研究生教育质量指数构建模式与方法研究 [J]. 高等教育研究，2019，40（10）：59-64.

成度。①

南京师范大学祝爱武认为"核心素养"是21世纪初许多国家或地区制定教育政策和开展教育改革的基础。以核心素养来观照教育硕士研究生教育质量评估，就是强调以教育硕士研究生的核心素养和学科核心素养为最高价值标准，以此来引导教育硕士研究生教育改革与质量评估实践，统整教育硕士研究生教育质量的内外部评估，从而保证和提高教育硕士研究生教育质量。②

南京大学陈谦通过介绍南京大学在博士生教育综合改革中构建弹性分流淘汰机制的做法，以博士资格考核环节作为突破口，在实施过程中既充分给予博士生机会又严格执行制度，形成正向激励。弹性分流淘汰机制实现了通过压力传导激励博士生充分发挥潜能，促进科研成果数量和质量双提升的目的，稳妥实现了主动、被动两种分流淘汰方式，增进了博士生培养质量提升的效果。③

二、评价指标体系的建构

为契合新时代教育科技评估新体系的要求，坚决克服唯分数、唯升学、唯文凭、唯论文、唯帽子的顽瘴痼疾，2019年涌现出许多新的评价指标体系。这些评价指标体系既具有开放性、包容性、多样性、动态性，又与大数据驱动相结合。

研究生教育质量指数用指数的形式来表征研究生教育质量，是反映不同国家、地区、培养单位的研究生教育质量高低与发展变化情况的相对数。北京航空航天大学马永红等以2017年"第四次全国专业硕士体验调研"获得的全国全日制非定向的专业硕士调研数据为支撑，基于过程管理理论构建了以教学培养指数、实践培养指数、成果产出指数、胜任力指数、就业质量指数、满意度指数为二级指数的专业学位研究生教育质量总指数（PGEQI），并提出了投入充分度、产出充分度、投入产出优化度、高教质量度以衡量专业学位教育质量整体投入产出状况。④

博士生教育处于我国学历教育的最高层次，是我国培养高层次人才的主要

---

① 黄宝印，王顶明. 探索构建研究生教育质量指数 创新研究生教育质量监测与评价方法 [J]. 学位与研究生教育，2019（7）：1 – 4.

② 祝爱武. 核心素养视角下的教育硕士研究生教育质量评估 [J]. 现代教育管理，2019（1）：103 – 107.

③ 陈谦. 构建有效提升博士生培养质量的弹性分流淘汰机制 [J]. 学位与研究生教育，2019（4）：46 – 51.

④ 马永红，刘润泽，于苗苗. 专业学位研究生教育质量指数研究 [J]. 研究生教育研究，2019（5）：9 – 15 + 37.

途径，是国家创新体系的重要组成部分。用人单位调查是博士生教育质量评价的一个有效方法，通过获得用人单位对博士生实际工作表现评价的数据信息来客观评价博士生教育质量。上海交通大学侯士兵以现有文献、工作文件和招聘启事等内容为基础，通过结合博士生教育的特点，进行德尔菲专家问卷调查，充分听取高校、用人单位等单位专家的意见，初步构建了用人单位满意度评价指标体系，编制了《研究生教育满意度调查问卷（用人单位）》。①

北京师范大学郭海燕等采用博士学位论文匿名评审量化结果作为衡量培养质量的核心指标，运用统计分析方法，按照总体、分学科大类，分析生源差异对学位论文质量的影响。研究表明，录取方式、录取类别、考生身份等对博士学位论文质量有显著影响。②

促成量变到质变的研究生教育质量建构不可能缺失教与学的主体参与。哈尔滨工业大学英爽以高校研究生教育质量建构活动缺乏教与学主体的参与为切入点，立足主体及主体间性探讨主体间交互成长的研究生教育质量建构，准确把握研究生教育质量的行动者——研究生主体的心理状态和学习特质，以心理契约为联结点，建构起研究生教育各主体间的责任认知和实质投入，以服务为关键联动因素，通过主体间的服务本质将个体对制度的认同过程转为制度激励的自觉行为，搭建起高校与各主体尤其是教与学主体间相互责任认知和一致价值取向的最佳引导机制，以建立起教育各方主体参与并自觉交互成长的体系，推动我国研究生教育走内涵发展的道路。③

天津大学刘冰等通过把握专业学位研究生教育的使命、目标定位和质量治理依据，界定其质量治理主体的多元性、质量生成的协同性和质量表征的应用性等本质属性，通过"三个转变"构建质量治理的顶层设计，建设"五位一体"的质量治理体系架构，建立"系统共治"的质量治理运行机制，从而形成多元协同的专业学位研究生教育质量治理体系。④ 南京农业大学吕红艳等以学生参与理论为切入点，探讨构建学生参与视域下以"学生"为主体的翻译硕士教育质量评价框架。该评价框架包含输入、过程、输出、发展 4 个模块，每个模块下设若干评价维度，以期为翻译硕士教育质量评价研究提供新视角，促进

① 侯士兵，金韦明. 博士毕业生用人单位满意度评价指标体系的构建 [J]. 学位与研究生教育，2019（3）：52－56.

② 郭海燕，刘春荣，张志斌. 生源差异如何影响博士学位论文质量？——基于全数据的研究 [J]. 研究生教育研究，2019（2）：43－49.

③ 英爽. 建构主体间交互成长的研究生教育质量体系——基于心理契约和服务本质视角 [J]. 学位与研究生教育，2019（12）：7－12.

④ 刘冰，闫智勇，潘海生. 基于协同治理的专业学位研究生教育质量治理体系构建 [J]. 学位与研究生教育，2019（1）：56－63.

翻译硕士人才培养质量。①

第三节 研究生教育质量现状

评价是为了提升我国研究生教育的质量。虽然这样使研究生教育质量得到了最基本的保障，但是在实际操作中仍然会出现关于研究生教育质量的新矛盾和新焦点。2019 年，与研究生教育质量现状有关的文献占教育质量文献的 20.75%。根据文献内容，本节分为质量现状调查、影响研究生教育质量的因素、提升研究生教育质量的路径 3 部分内容。

一、研究生教育质量现状调查

在校学生满意度是衡量教育教学质量、教育政策实施效果等的重要尺度。为深入研究研究生教育质量及各类教育政策实施效果，不少学者运用问卷调查法、访谈法、个案分析法、回归分析法、层次分析法等方式开展了有关研究生教育不同方面的满意度调查。

北京理工大学周文辉等为持续追踪研究生对研究生教育的满意度情况，2019 年对全国 118 个研究生培养单位的 82458 位研究生进行了问卷调查。调查结果显示：不同研究生群体对研究生教育的满意度呈现均衡化趋势；专业学位研究生满意度连续 6 年高于学术学位研究生；研究生对课程教学、科研训练、管理与服务 3 个维度的部分方面满意度相对较低；2019 年我国研究生总体满意度达到 8 年来最高水平。②

西安交通大学陆根书基于陕西省高校 2017 届毕业研究生的调查数据，分析研究生科研经历调查问卷的效度、信度，以及对我国研究生的适用性，探讨导师指导、研究氛围、研究设施、论文评审对研究生技能发展和科研经历满意度的影响。③

研究生教育带给研究生的学业成果不仅是知识和能力的增值，更为核心的

① 吕红艳，罗英姿. "学生参与"视域下翻译硕士教育质量评价框架 [J]. 学位与研究生教育，2019（12）：12－17.

② 周文辉，黄欢，牛晶晶，等. 2019 年我国研究生满意度调查 [J]. 学位与研究生教育，2019（7）：5－12.

③ 陆根书，刘秀英. 优化研究生科研经历提高研究生教育质量——基于陕西省高校 2017 年度毕业研究生的调查分析 [J]. 研究生教育研究，2019（1）：19－26.

是要促进研究生个体的自我发展。北京大学熊慧等从自我主导理论的视角，把自我主导力作为研究生个体发展的核心质量，选用皮佐拉托（Pizzolato）的自我主导力量表（PSAS）编制发放问卷，并运用描述统计和多元线性回归分析法，探讨了硕士生自我主导力发展现状和影响因素。结果显示，当前我国硕士生具备一定的自我主导力，学科兴趣、自主课程、导师核心支持对硕士生的自我主导力及其 4 个维度均有显著正向影响。①

招生与选拔机制的改革与创新是深入推进博士生教育体制机制改革的重要突破口之一。北京大学高耀等对 2015 年、2016 年全国博士学位论文抽检的大样本权威数据进行实证分析，发现无论是整体合格率、一次性通过率、合格意见数，还是各分项评价指标得分，贯通式培养博士生的学位论文质量均显著高于非贯通式培养博士生，而且在创新性及论文价值这一核心指标方面表现得尤为突出；这种差异在一流大学建设高校和其他高校均表现显著；贯通培养程度越高，博士生学位论文的各分项评价也越好。②

随着知识经济的发展以及职业专业化的勃兴，专业学位博士教育逐渐从传统的博士教育体系中分化出来，与学术学位博士教育互为补充。南京农业大学罗英姿等所进行的"全国专业学位博士教育质量调查"结果显示：我国专业学位博士生的学科背景一致性较高，求学动机明晰，对职业发展的满意度评价较高；但专业学位博士教育也存在培养目标定位不清，导师制度流于形式，不注重实践能力培养，欠缺校外力量参与，培养方案依附性强，成果产出偏重论文发表，学生能力提升与发展需求不匹配，对博士专业学位认知不清等问题。③厦门大学徐岚以一所研究型大学为案例进行的质性研究发现，博士生导师的指导风格可分为专制功利型、民主权威型、自由探索型和放任型；导师扮演的角色类型包括家长式的权威人物、亦师亦友的引导者、"老板—雇员式"的支配者和科研伙伴式的合作者。要提高研究生培养质量，就必须改革导师聘任与考核评价制度，体现指导学生质量在评价体系中的重要性；建立博士生培养质量追踪调查机制，及时反馈和促进沟通。④

校友调查是院校研究的重要工具之一，不仅能够帮助我们了解毕业生离校以后的成长和发展状况，而且可以为学校的教育教学改革提供有力依据。通过

---

① 熊慧，杨钋. 研究生个体发展质量的现状与影响因素——基于自我主导理论的实证研究 [J]. 教育学术月刊，2019（6）：65 – 76.

② 高耀，沈文钦，陈洪捷，等. 贯通式培养博士生的学位论文质量更高吗——基于 2015、2016 年全国抽检数据的分析 [J]. 高等教育研究，2019，40（7）：62 – 74.

③ 罗英姿，李雪辉. 我国专业学位博士教育面临的问题与改进策略——基于"全国专业学位博士教育质量调查"的结果 [J]. 高等教育研究，2019，40（11）：67 – 78.

④ 徐岚. 导师指导风格与博士生培养质量之关系研究 [J]. 高等教育研究，2019，40（6）：58 – 66.

校友调查发现 A 大学 2010—2013 年毕业的硕士和博士毕业生：在职业发展方面，跳槽1—2 次的占80％以上，主要原因为提高收入、福利等；变换工作和生活环境；更好地发挥专业特长。在发展满意度方面，对自己的工作环境、实现社会价值和能够发挥专业特长满意度较高，整体呈现出就业岗位与专业相关程度越高，职业满意度越高的特点；在就学体验方面，对学术产出满意度均低于投入满意度，而且在校期间学习投入越高的学生，其离校满意度及其离校后一段时间内的满意度越高。天津大学刘冰等认为研究生阶段最重要的能力分别为实践能力、科研能力、交流能力、职业规划能力、人际交往能力和写作能力。[①]

二、影响研究生教育质量的因素

研究生党建质量突出研究生党员素质、研究生党员先进性、研究生党支部战斗堡垒作用。随着我国研究生规模不断扩大，充分发挥研究生党建在研究生教育中的目标引领、过程服务和方向保障作用，落实研究生教育立德树人、培养高水平拔尖创新人才的重要任务，就必须着力于科学设计研究生党建组织体系，分类抓好研究生教育培养，坚持质量标准发展研究生党员，做好研究生党员管理，发挥研究生党组织与党员带动作用，落实研究生党建条件保障。

东北师范大学张茂林提出制约党建质量提升的主要因素包括研究生外显行为与真实动机不对等的矛盾冲突、民主评议需要与学习生活方式的矛盾冲突、党建要求与学业发展压力的矛盾冲突。提升研究生党建质量要严把"入口关"，坚定理想信念；优化阵地建设，强化组织保障；加强教育引导，提升育人实效。[②]

华东师范大学张东海研究发现，性别是影响就业匹配的重要因素，女性研究生在就业匹配上处于劣势；专业、就读院校、学位类别也是影响就业匹配的主要因素，其中研究生阶段就读院校因素的影响大于本科毕业院校；社会实践经历和学业成绩对就业匹配也有一定影响。[③]

教育全球化时代，研究生教育高质量发展客观上是一国乃至全球研究生教育系统诸多关系矛盾运动变化的产物。东南大学耿有权认为这些矛盾问题在发展中国家表现得尤其突出，包括研究性人才发展要求的引领性与世界一流学术

① 刘冰，闫智勇，潘海生. 基于协同治理的专业学位研究生教育质量治理体系构建［J］. 学位与研究生教育，2019（1）：56－63.

② 张茂林. 研究生党建质量提升的现实困境与超越［J］. 学位与研究生教育，2019（5）：56－61.

③ 张东海. 人力资本抑或身份符号：研究生就业匹配质量影响因素的实证研究［J］. 高等教育研究，2019，40（1）：68－75.

资源匹配性不足的矛盾，研究生教育要素等级的高端性与发展中国家优质资源支撑性不足的矛盾，研究生教育系统运行的特殊性与社会对其规律性认识不足的矛盾，研究生教育原始创新的未知复杂性与教育质量评价的功利性的矛盾，研究生教育精神追求的卓越性与经济社会发展的世俗性偏见的矛盾。①

三、提升研究生教育质量的路径

针对控制工程专业学位研究生的培养现状，中国计量大学汪家琦等基于"回本溯源"的"追踪反馈工程需求、课程溯源订单培养"的培养质量提升方法，提出了通过大力改革工程热点课程、深化构建"校—企"协同实践课程、重点建设联合实践基地、全面实施校企联合培养、逐年开展本—硕创新计划、动态量化考核导师指导效果等措施，着眼控制工程专业学位研究生的培养质量关键点，促使学生知识集成内化为生产技术能力，实时追溯监控培养质量，持续性提高培养效果，并通过回本和溯源两个回路形成良性循环。②

南京师范大学罗逾兰以江苏省研究生创新实践大赛的探索为例，分析了研究生创新实践大赛作为提升培养质量重要手段的价值指向，大赛通过多年的积累与发展，已成为围绕创新思维和综合能力培养，覆盖10余种学科门类，促进研究生培养体系中各要素协同的重要载体。文章指出在深化竞赛建设的过程中，要进一步凸显研究生创新实践能力培养的目标，优化"双导师制"，强化师资队伍建设，不断推动研究生课程体系与培养模式的创新，使竞赛成为提升研究生培养质量更有效的举措。③

专业学位硕士生培养必须坚持以"社会需求"为导向，突出研究生的能力提升。江苏大学万由令等结合江苏大学专业学位硕士生培养实践，提出了以研究生个体"1"为中心，包含"2"类校外平台、"3"类实践元素、"4"项课程改革、"5"项保障举措的"12345"专业学位硕士生培养体系，探索出一套全过程与系统化的专业学位硕士生培养质量提升路径。④

地方高校是我国高等教育建设中的一个重要群体，在研究生教育中所发挥的作用也日渐凸显。黑龙江大学陈黎明提出地方高校在研究生教育内部质量保

---

① 耿有权. 论研究生教育高质量发展诸矛盾 [J]. 研究生教育研究，2019（1）：14－18＋63.

② 汪家琦，王斌锐，王颖，等. 基于"回本溯源"方法的研究生培养质量提升研究 [J]. 中国高校科技，2019（S1）：73－75.

③ 罗逾兰. 创新实践大赛推进研究生培养质量提升的探索和研究——以江苏省研究生创新实践大赛为例 [J]. 国家教育行政学院学报，2019（11）：33－38.

④ 万由令，全力，梁浩，等. "需求为导向"的专业学位硕士生培养质量提升路径探析 [J]. 江苏高教，2019（3）：66－70.

障体系建设过程中应从准确的战略目标定位、完善的教育投入保障、关注培养过程管理、严格把关输出质量和建立专门的动力保障机制5个方面来推进内部质量保障体系的建设。[①]

第四节 文献分布及其特点分析

一、搜索文献数量

2019年，研究生教育质量的研究文献数量几乎与2018年持平，但在2011—2019年研究生教育质量研究文献总体数量整体呈上升趋势，如图2-1所示。期刊论文数量依旧占据最大比例，学位论文、报纸文章和学术著作数量均显著减少，这说明研究生教育质量研究继续保持学界关注的研究热点地位，并针对具体的研究内容形成系统理念出版著作。

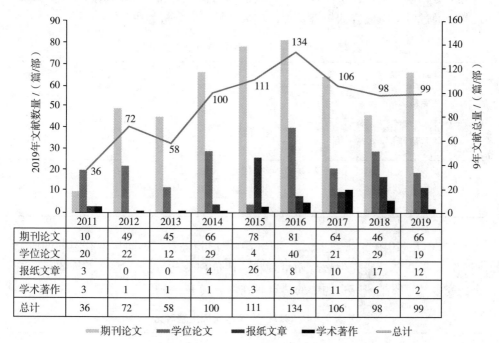

	2011	2012	2013	2014	2015	2016	2017	2018	2019
期刊论文	10	49	45	66	78	81	64	46	66
学位论文	20	22	12	29	4	40	21	29	19
报纸文章	3	0	0	4	26	8	10	17	12
学术著作	3	1	1	1	3	5	11	6	2
总计	36	72	58	100	111	134	106	98	99

■期刊论文　■学位论文　■报纸文章　■学术著作　—总计

图2-1　2011—2019年文献检索情况

---

① 陈黎明. 地方高校研究生教育内部质量保障体系研究［D］. 哈尔滨：黑龙江大学，2019.

二、采纳文献的数量与类型

文献搜索后，经过人工筛选得出与专题有关的研究文献。对文献进行综述，将反映本专题研究现状、脉络、成果、方向且水平较高的研究成果纳入本专题。图 2-1 反映出，纳入本专题的文献大体上整体呈增加趋势，2019 年度报告引用文献达到 47 篇。本专题使用文献以期刊论文为主，达到 30 篇，占 63.83%；其次是学位论文 10 篇，占 21.28%；著作 2 部，占 4.26%；最后是报刊文章 5 篇，占 10.64%。

三、专题结构

2019 年，研究生教育质量 3 个主题质量内涵、质量评析、质量现状文献数量有些差异，如表 2-1 所示，研究生教育质量内涵中质量内涵研究与质量保障研究平分秋色；质量评价中包括评价理念与方法及评价治标体系的建构；质量现状中通过对文献内容的梳理发现，较多文献案例分析为主。

表 2-1　2019 年度本专题各节与节点文献数

维　　度	方　　向	篇　　数
质量内涵	质量内涵	8
	质量保障	6
质量评析	理论研究	7
	体系建构	8
质量现状	现状调查	9
	影响因素	4
	提升路径	5

从 2011—2019 年研究生教育质量研究发展趋势看，不同年度有不同的研究侧重点。近 9 年，研究生教育质量现状、评价理念与方法、质量评价体系一直是研究生教育质量研究主题中的热点研究领域（表 2-2）。

表 2-2　2011—2019 年研究主题对比

研究主题	研究热点								
	2011	2012	2013	2014	2015	2016	2017	2018	2019
研究生教育质量现状	✓	✓	✓	✓	✓	✓	✓	✓	✓

研究主题	研究热点								
	2011	2012	2013	2014	2015	2016	2017	2018	2019
评价理念与方法	✓	✓	✓	✓	✓	✓	✓	✓	✓
质量评价体系	✓	✓	✓	✓	✓	✓	✓	✓	✓
质量保障理论研究		✓			✓	✓	✓	✓	✓
质量保障体系的建构			✓		✓	✓	✓	✓	✓
研究生教育质量内涵									✓

四、研究方法

2019 年，研究生教育质量研究所使用的方法依旧十分丰富，问卷调查法作为对固定群体的满意度调查的主要方法使用普遍。此外，访谈法与案例法相结合从具体高校、具体专业学位或具体某一问题入手，针对研究生教育质量展开深入探索，不少专家学者针对具体案例提出提高教育质量的建议。

定量模型使用和运算统计也更加多元，除了传统上经常使用的多元线性回归模型、均值比较法、结构方程模型等方法，2019 年的文献中出现了定序 Probit 模型、优先行动矩阵等方法。总体上，在借鉴国外优秀的研究方法的基础上，我国有关研究生教育质量研究的方法逐步完善，并向着规范的社会科学研究范式方向发展。

五、研究总结与未来展望

2019 年度研究生教育质量研究的特点如下。

第一，年度总结经验类文献增加。2019 年既是中华人民共和国成立的 70 年，也是我国研究生教育发展与探索的 70 年。70 年间，中国的研究生教育经历了兴起、探索、调整、发展、转变 5 个阶段，在完善制度建设、优化培养模式、保障教育质量中实现了研究生教育发展的重大转变。2019 年，相关文献通过梳理历年来我国研究生教育质量的相关政策、制度等，在总结经验、凝练创新的基础上，指出我国研究生教育处在由规模发展向内涵发展的转型期，应继续坚持以中国特色研究生质量保障体系指导研究生教育实践，切实推进研究生质量保障体系的发展创新和改革完善。

第二，关于研究生教育质量内涵的文献增加。2019年的研究生教育质量内涵的研究集中体现研究生教育功能和目的。对研究生教育质量内涵的理解是开展研究生培养工作、进行研究生教育机制改革的逻辑起点，同时也是科学评价研究生教育质量的前提和依据。

第三，以案例为研究对象依然是主流。一方面，满意度是反映、监测和评估研究生教育质量的一个重要维度与指标。开展研究生满意度调查、分析和研究，对提高研究生教育质量，推动研究生教育内涵式发展具有重要意义。另一方面，连续多年的满意度调查可以取得更直观的效果，以此加强教育主管部门、研究生培养单位和社会各界的重视，并发挥咨询作用。

第四，研究生教育质量保障的路径研究更加深入。加强研究生教育质量内部保障体系建设，对保障和提高研究生教育质量具有重要的作用。2019年，针对研究生教育质量保障的文章有9篇，本专题收录了6篇，此外其他案例研究或满意度调查也针对具体问题提出了相关解决办法。

总体来看，研究生教育质量研究在质量评价理论、评价指标体系的构建等方面已经取得了阶段性的成果。但要清楚地认识到，中国的研究生教育还处于转型期，正迎接着大发展、大变革、大调整带来的时代机遇与挑战。研究生教育质量的内涵与特征、研究生教育质量保障等问题，依旧是学者们需要继续研究的课题。

第一，深入研究研究生教育质量内涵、质量标准。深入思考新时代背景下我国研究生教育质量内涵、质量标准和核心要素，为提升研究生教育质量奠定基础。尤其在知识经济时代，知识更新换代速度加快，研究生教育在坚守"以人为本"理念的同时，也要顺应时代的发展。研究生不仅是系统知识的掌握者，更要成为知识的应用者和创造者。

第二，继续关注与研究生教育质量相关的持续性、周期性的调查。从研究生的亲身体验出发评价研究生教育质量是客观、真实、全面、系统反映研究生教育质量的最直接、最有效的手段。在研究生教育质量评估过程中，强调以学生为中心、以学习与发展为中心的评估理念，如实揭示研究生教育过程中存在的问题，为提升研究生教育质量制定相应的战略措施。

第三，研究方法更加多元。关于研究生教育质量的文献不仅限于调查问卷、访谈等传统方法，模型建构等方法会逐渐成为主流。利用对研究生教育质量的监测评估，克服传统评价时效性差等问题，思考利用大数据，采取定量与定性相结合的研究方法实时、动态监测博士生培养质量，将会成为主流。

专题三 研究生培养研究进展

2019 年，研究生培养研究进展专题主要由研究生培养模式、研究生能力与素质培养、研究生课程与教学和研究生学位论文与质量管理 4 部分构成。2019 年，有关研究生培养方面的研究文献有 405 篇，收录 79 篇。与往年相比，2019 年度文献呈现两大特点。第一，研究重点变化显著。研究生培养模式研究更加关注高校的人才培养模式改革实践，现实指导意义进一步凸显；研究生能力与素质培养研究主要以研究实践能力、创新能力培养为主；研究生课程与教学研究中研究对象更加分散，涉及不同学科和专业；研究生学位论文与质量管理研究更加侧重于研究生学位论文规范性研究。第二，研究方法各有侧重。培养模式研究侧重于使用经验总结、理论思辨等研究方法，能力与素质、课程与教学、论文与管理等侧重于使用实证调查研究方法。

第一节　研究生培养模式

随着我国人才战略的不断实施，深化研究生培养模式改革，提升研究生创新能力，是研究生教育高质量发展的重要保障，是推进研究生教育内涵式发展的重要动力。2019 年，关于研究生培养模式研究的代表作有 35 篇，主要内容包括 3 方面：一是研究生培养模式改革的理论探索与实践研究，具体包括以理论思辨和实证调查为主要研究手段的研究生培养模式理论研究，以及以经验总结为主要研究手段的研究生培养模式综合改革实践探索；二是协同创新背景下，产教融合、校企合作、政产学研联合培养研究生模式的改革探索；三是基于不同学科、不同专业的研究生培养模式的改革与实践。

一、研究生培养模式改革的理论探索与实践研究

研究生培养模式的变革是研究生教育改革的核心，研究生培养模式的合理与否直接关系着研究生培养质量的优劣。加强对研究生培养模式改革的理论与实践研究，改变传统培养模式，更新培养观念，满足社会对不同类型人才的需求，是我国研究生教育改革与发展的必然趋势。

对研究生培养定位的理论探索，清华大学王宇昕等认为研究生教育重建以来，我国硕士培养定位以前期培养学术型人才为主逐渐转变为培养学术型人才与应用型人才并重的局面，历史制度主义为解释其变迁历程提供了适切的分析视角。研究发现关键节点在关键前提下的作用力造就了我国硕士培养定位相关制度的变迁；路径依赖是我国硕士培养定位保持一定的内在稳定性与连贯性的重要解释机制；抓住变革契机、打破路径依赖，是我国硕士培养定位制度创新的路径选择。① 清华大学王传毅等基于对硕士就业去向、机构分布数据以及相关政策的分析，认为硕士的培养应该定位于具有过渡性质的终结性学位；在既定的层次（学士之后、博士之前）之中应具有不同的种类，以适应经济社会发展的多样化需求；不同种类之间应具有基准的质量规格，该规格是学术和市场之间的"最大公约数"，能够同时满足二者对高层次人才的能力要求；基准之上，院校职能和专业特性将对质量规格提出特定要求。②

对于研究生培养模式改革的策略研究，贵州师范大学任胜洪等基于1987—2018 年教育部"工作要点"的文本分析，发现政策价值实现了从效率到公平、从秩序到自由、从德治到法治、从权力下放到权力优化的转变。因此，应在精神激励与法律约束结合的改革原则基础上，关注投入主体间的利益诉求、科学设计人才选拔的环节、差异性设置课程及运用教学方法、不定期考察导师的德艺、改善师生间关系，从而促使研究生培养质量得以显著提升。③ 上海交通大学李伟认为高等教育领域的协同创新是高等教育各培养主体围绕同一目标，相互协作、相互补充的一种行为状态。以协同创新为切入点，挖掘出当前我国研究生培养存在人才培养目标偏离社会需求、师生互动不通畅、研究生培养的开放性和科学性不足等现实困境。鉴于此，协同创新视角下研究生培养的策略是：

① 王宇昕，王传毅. 中国硕士培养定位的变迁：基于历史制度主义的分析 [J]. 学位与研究生教育，2019 (6)：45 – 52.

② 王传毅，王瑜琪，杨佳乐. 重思硕士培养定位：争论与可能 [J]. 清华大学教育研究，2019，40 (2)：115 – 125.

③ 任胜洪，陈倩芸. 研究生培养机制改革的政策话语：维度、特征及其价值——基于1987—2018 年教育部"工作要点"的文本分析 [J]. 现代教育管理，2019 (4)：116 – 122.

创新研究生的入学选拔和课程设置，协同创新培养方式，引入国际化的培养模式。① 中国地质大学余桂红等认为修订研究生培养方案存在意愿国家强烈而高校相对不足、总目标明确而子目标模糊、修订频率高、范围广而内容创新少等问题。改变落差，可遵循修订思维从惰性的零碎修补走向活性的系统考量、修订基础从经验试错走向科学研究、修订氛围从刚性压抑走向弹性活泼、修订主体从被动服从走向主动参与、修订内容从粗放走向精细等完善路径。②

在研究生培养模式改革的具体实践方面，江苏师范大学胡仁东等介绍了该校培养研究生的理念与做法，即以"品质立德、学术立身、实践立业"为人才培养目标，坚持"全程育人""筑牢根基"与"整合资源"的基本理念，将"课堂教学""学术沙龙"与"游学践行"作为研究生培养的三大基本路径，探索"固定的导师组与灵活的讲学制相结合""规范的过程管理与自由的个性发展相结合""广博的知识学习与严格的学术规训相结合""守正的思想引导与创新的方法育人相结合""积极的心灵沟通与理性的职场训练相结合"，形成"三嵌套五结合"的研究生培养模式。此模式取得了研究生学术研究能力显著提升，研究生综合素质得到实践认可，培养模式影响力逐步增强的人才培养效果。③

国外研究生培养取得的成功经验，对我国研究生培养模式改革具有借鉴作用。浙江大学吴雪萍等研究发现美国研究型大学以丰富的跨学科课程为基础，以"产—学—研"一体化人才培养模式为保障，积极开展创业教育，搭建创新学习平台并完善激励机制，形成了较为完善的创新人才培养体系。借鉴美国研究型大学的经验，我国研究型大学可从构建跨学科课程体系，探索产学研融合培养模式，深入开展创业教育，搭建良好学习平台4个方面不断创新研究生培养机制。④ 南京农业大学罗英姿等通过分析知识经济背景下欧洲博士人才需求与博士职业发展现实情况，剖析欧洲博士培养定位转变的成因，探究欧洲博士教育领域出现的相关培养动向，包括多元化的职业发展导向、迁移性胜任力训练、社会联合培养模式。在此基础上，提出博士培养工作要凸显社会服务之目的，引导非学术单位积极参与博士培养过程，帮助博士生树立多元化职业意愿，

① 李伟. 协同创新视角下研究生培养的现实困境与应对策略 [J]. 教育理论与实践，2019，39 (27)：7-9.

② 余桂红，成中梅，陈静. 全日制硕士研究生培养方案修订的理性审视 [J]. 学位与研究生教育，2019 (5)：34-40.

③ 胡仁东，张欣，刘林，等. 地方高校学术学位研究生"三嵌套五结合"培养模式探索 [J]. 学位与研究生教育，2019 (8)：47-52.

④ 吴雪萍，袁李兰. 美国研究型大学研究生创新人才培养的基础、经验及其启示 [J]. 高等教育研究，2019 (6)：102-109.

构建通适的迁移性胜任力体系与培养机制。① 清华大学王轶玮从反映高等教育与产业、政府协同创新的三螺旋理论视角出发，以科学与工程合作博士计划为例，透视英国学术型博士培养改革的特征与趋势，认为我国博士教育改革应在树立合作培养理念，发挥政府引导作用，以及大学、企业协同育人机制方面进一步深化改革。② 南京大学陈晓清等认为日本"博士课程教育引领计划"的实施对提升博士生教育质量发挥了积极作用，在运行过程中对综合型、复合型、国际型领军人才培养高度重视，并在增加培养过程的社会参与度、加强培养结果的质量评估、促进交叉领域人才培育等方面形成了一套创新举措。这些对我国高校的博士人才培养都具有一定的启发和借鉴价值。③ 广东工业大学刘贻新等通过培养目标、研究生生源、导师队伍、课程建设、联合项目和质量评估等关键维度，对南洋理工大学研究生国际化培养体系进行了全景式扫描，总结出相关的经验。提出我国研究生教育国际化应加强顶层设计和战略谋划，注重量质并举和双向转移，强化导师队伍国际化建设，提高国际化课程和双语教学的水平，扩大国际化联合培养的途径，提升人才培养层次。④

二、以联合培养为代表的研究生培养机制创新研究

研究生联合培养是在依托高校优势的基础上，积极联合企业、科研院、其他高校等科教资源，对研究生进行综合能力培养的一种理念和模式，是实现教育与实践的深度融合并且有效解决教育供给与产业发展需求不匹配问题的根本路径。

在校企联合培养方面，中国科学技术大学张淑林等基于四螺旋理论，以108 家全国示范性工程专业学位研究生联合培养基地的建设情况为样本，审视我国工程硕士联合培养的现状与困境，最后从政府、企业、高校和社会组织视角提出参与推进我国工程硕士联合培养的路径：准确定位政府角色和职能，推动各主体参与；加快树立企业主体地位，建立工程硕士教育校企利益共同体；整合高校内外优势资源，提高工程硕士培养质量；发挥社会组织中介桥梁作用，

① 罗英姿，陈尔东. 欧洲博士培养新动向及启示：基于 ESF 实证研究的思考［J］. 中国高教研究，2019（10）：83 - 90.

② 王轶玮. 三螺旋视角下英国学术型博士培养改革探析——以科学与工程合作博士计划为中心［J］. 研究生教育研究，2019（2）：91 - 97.

③ 陈晓清，邹冬云，陈谦，等. 日本"博士课程教育引领计划"的创新举措及实施成效［J］. 学位与研究生教育，2019（3）：65 - 70.

④ 刘贻新，李香，衷华. 新加坡 NTU 研究生国际化培养体系的探究及其启示［J］. 学位与研究生教育，2019（6）：65 - 71.

搭建工程硕士教育产教融合信息平台。① 北京理工大学李明磊等通过全国性时序数据的监测发现，专业硕士的校外导师、实践基地建设状态及满意度均对其培养成效有显著影响，并且实践基地的影响大于校外导师。建议继续使用制度、政策等举措完善校外导师和实践基地建设。其中，各类培养单位应着力加强校外导师制度；专业硕士应尽早获得校外导师指导，并进入实践基地训练；大力促进西部地区培养单位校外导师和实践基地建设。②

在产学研联合培养方面，北京教育科学研究院刘娟对北京高校产学研协同培养研究生的运行机制开展调查分析，从合作伙伴遴选、合作路径选择、贯通培养、教学调整、管理保障5个方面，详细阐述了产学研协同育人机制改革的核心元素和有益经验，并提出理性选择合作伙伴、动态调整培养路径、建立多层面沟通交流机制、推进教学体系优化创新、营造良好政策环境共同构建研究生教育命运共同体的发展建议。③ 东华大学孙增耀等认为东华大学以培养学生工程实践能力为核心，创新"一二二""三全程"纺织工程专业学位硕士研究生培养模式，通过加强实习实践基地建设和导师队伍建设等措施，积极推进校企协同培养高层次应用型纺织人才工作，促进了产学研深度融合，为专业学位研究生培养探索出了一条新路径。④

三、基于不同学科、不同专业的研究生培养模式的改革与实践

不同学科背景的研究生在专业基础、知识结构和学科思维上存在差异，培养目标和培养模式应有所不同。同时，随着经济的快速增长和新兴产业的蓬勃发展，社会对具备多学科背景、知识覆盖面广的高层次复合型人才的需求日益强烈，探索培养跨学科、交叉学科人才模式，深化研究生培养模式改革，也成为社会对于研究生教育的必然要求。

在交叉学科与跨学科研究生培养模式方面，浙江大学刘晓璇等以6所研究型大学研究生跨学科学位项目为对象进行案例研究，获得了一些有价值的结论。为进一步优化和完善研究型大学研究生跨学科培养模式。文章提出，明确跨学

① 张淑林，钱亚林，裴旭，等. 产教融合标尺下我国工程硕士联合培养的现实审视与推进路径——基于全国108家联合培养基地的实证分析 [J]. 中国高教研究，2019（3）：77–82.

② 李明磊，黄雨恒，周文辉，等. 校外导师、实践基地与培养成效——基于2013—2017年专业学位硕士生调查的实证分析 [J]. 中国高教研究，2019（11）：97–102.

③ 刘娟. 北京高校产学研协同培养研究生机制创新研究 [J]. 黑龙江高教研究，2019（4）：110–115.

④ 孙增耀，张翔，张慧芬，等. 产学研协同培养工程专业学位研究生的实践探索 [J]. 中国高校科技，2019（11）：81–84.

科培养理念，科学合理设定培养目标；强化整合设计理念，形成多方位、多环节的培养过程；加大改革创新力度，建立包容、开放、自由的组织管理模式；集结多渠道资源支持，加大物质和经费资源投入等对策建议。[①] 浙江大学吕黎江等通过浙江大学的发展实例，分析跨学科团队合作的现状，为推进高校跨学科团队合作提供理论支撑和对策参考。建议在学校层面成立促进学科交叉的委员会，制定促进学科交叉的政策，协调部门间的合作，加强政策引导以及宣传；设置交叉学科岗位，完善校内教师兼聘制度；设立跨学科合作团队成员的专门评价通道；鼓励跨学科合作，成果共享互认，推进院系建立面向多学科的评价标准，努力完善评价体系；优化同行评议专家组成，各级评审委员会增加交叉学科背景的专家；建立学科交叉共享平台，加强跨学科合作的考核激励等举措完善跨学科合作教师的评价体系，促进跨学科团队建设。[②] 北京航空航天大学孙维提出博士生跨学科团群概念及分类，并利用知识生产模式理论和新制度主义构建了博士生跨学科团群培养制度化模型框架。实证分析中国博士生跨学科团群培养形态，解读 42 所"双一流"高校跨学科教育文本的团群培养形式和制度建设策略，研究设计了中国博士生跨学科培养团队培养中知识融合机制、关键环节及配套措施。[③] 清华大学王轶玮研究发现美国研究型大学跨学科学位项目的培养实行了系统的跨学科规训，其以近交叉与远缘交叉相结合的学科设置、明确的培养目标、以提升跨学科能力为核心的培养过程、强有力的组织管理体系以及健全的支撑机制建构了培养体系，核心特质是超越单一的传统学科领域，以知识整合为核心建构培养要素。研究从树立理念、改革学科专业目标与学位制度、采取多样化培养手段，以及建立配套措施等方面提出了促进我国高校跨学科研究生培养的建议。[④]

在教育学学科研究生培养模式改革和实践方面，华中科技大学李太平等认为随着人类实践模式的转型、知识生产模式的转型和教育研究实践范式的转向，教育类研究生培养应走向实践关怀。实践关怀的教育类研究生培养模式以发展实践能力为目标，着力建设多元化的培养途径、立体的师生交往模式，以及注重实践要求的质量保障体系。这种培养模式依托 U－S 合作平台，主要由课程

① 刘晓璇，林成华. 研究型大学研究生跨学科培养模式的要素识别与模式构建——基于内容分析法的多案例研究［J］. 中国高教研究，2019（1）：66－71.
② 吕黎江，陈平. 高校跨学科团队合作的障碍及其对策研究［J］. 中国高等教育，2019（18）：53－55.
③ 孙维. 博士生跨学科团群培养特征研究［D］. 北京：北京航空航天大学，2019.
④ 王轶玮. 美国研究型大学跨学科研究生培养方式研究［D］. 北京：清华大学，2019.

建设、实践教学、案例教学、项目学习、导师指导、学位论文诸环节构成。[①]
湖州师范学院高鸾等研究发现，我国教育博士培养制度在实施过程中产生问题
的原因包括学习者目标和培养机构定位存在差异、学习者的有效时间投入不足
和学习环境复杂、政府政策部门的"怕乱"心理以及制度初创期的局限性4方
面。提出了构建学习网络促进教育博士生的学习与研究、尝试进行制度规约之
下的特色化培养实践等对策建议。[②] 东北师范大学贾梦英等研究了东北师范大
学教育硕士培养模式改革策略，组建专业学习共同体（PLC），对教育硕士分阶
段实施不同的PLC干预方式，在教育理念、学科知识和教学实践等方面全方位
提升教育硕士PCK发展，并利用帕克（Park）的PCK表征模型，通过访谈法、
文本分析法等，对PLC干预模式下的化学教育硕士PCK发展进行质化研究，为
我国教育硕士培养模式改革提供了一种可供参考的范式。[③] 同济大学张建荣对
43所教育硕士（职业技术教育领域）专业学位研究生试点培养高校的调查结果
显示，部分院校在培养目标定位、考生资格审核、课程教学实施、实践教学环
节、学位论文选题、师资队伍建设等方面存在一些问题，认为必须采取措施完
善管理机制、调整专业方向、审核考生前置专业、抓好核心课程建设、加强实
践教学环节、完善师资队伍结构。[④] 沈阳师范大学徐涵建议从提高教育硕士
（职业教育领域）社会认可度，建立相关配套制度，完善管理体制，科学论证
招生专业，加强导师队伍建设，把握人才培养过程中的关键环节等方面推进工
作，提高教育硕士（职业教育领域）人才培养质量。[⑤]

在教育学学科培养模式的国际研究方面，湖南大学朱恬恬等研究发现哈佛
大学高等教育硕士学位培养方案主要包括培养目标、学习年限、课程设置、学
分要求及专业实习等内容，而且注重课程设置的应用性和课程选修系统的完善
性，注重师资队伍学科背景的多元化和教学方式的多样性，注重专业实习方案
的可执行性，注重发挥多元化社群成员互动的价值。我国高等教育学硕士培养
应加紧设立高等教育专业硕士学位，重视课程设置的应用性和前沿性，构建跨
校和跨院高等教育资源共享机制，将多元化学科背景纳为教师招聘的重要指标，

① 李太平，马秀春. 走向"实践"关怀：教育类研究生培养的理性选择 [J]. 高等教育研究，
2019，40（2）：55 – 60.

② 高鸾，朱旭东. 我国教育博士培养制度实施中的问题与对策 [J]. 教育发展研究，2019，39
（3）：62 – 70.

③ 贾梦英，郑长龙，何鹏，等. PLC干预模式下全日制专业学位教育硕士PCK发展研究与思
考——基于东北师范大学教育硕士培养改革的研究 [J]. 教育理论与实践，2019，39（6）：3 – 5.

④ 张建荣. 教育硕士（职业技术教育领域）研究生培养调研 [J]. 学位与研究生教育，2019
（7）：13 – 19.

⑤ 徐涵. 教育硕士（职业教育领域）人才培养的主要问题及对策 [J]. 现代教育管理，2019
（5）：83 – 88.

以及结合科学研究和社会服务做好人才培养。① 上海师范大学张国平等认为美国大学高等教育学专业的研究生培养特色鲜明：虽无统一的专业名称，但无论学术学位还是专业学位，都强调专业核心知识的积累，构建了以核心课程和主修课程为主的课程体系；在共同核心知识基础上，各大学根据自身研究特色，形成了专业而多样化的研究领域；硕士研究生以核心课程学习为主，博士研究生既重视课程学习，更强调研究方法训练；学位论文格式规范，文献综述详尽，选题多聚焦微观领域，研究坚持实证路径。借鉴美国的经验，我国高等教育学专业研究生培养改革应着重从梳理专业核心知识、强化实证研究训练、规范学位论文格式三方面进行。② 天津师范大学覃丽君等研究认为，美国工程教育学博士生培养以工程教育学为学科基础，遵循工程学与教育学跨学科交叉与融合的逻辑，其实质是技术与人文这两种价值取向的交融。我国可借鉴相关做法，通过深化工程人才跨学科培养理念、组建跨学科培养组织等方式创新工程研究生人才培养模式，助力我国"新工科"建设。③

在马克思主义理论学科研究生培养方面，东北师范大学庞立生认为马克思主义理论学科的研究生培养，需要尊重学科的本质特点和创新型人才培养的基本规律，需要处理好政治与学理、生态与心态、方向与学科、经典与现实、研究与教学等若干基本关系。④ 复旦大学李冉认为从战略高度看，当前马克思主义学院研究生培养工作还存在着一些薄弱环节。鉴于此，坚持问题意识和质量导向，善于用好研究生培养方案这个抓手，树立法治思维，坚持制度建设，不断提升研究生培养质量，是马克思主义学院更好履行人才培养使命的必然选择。⑤

在理学、工学研究生培养方面，国防科技大学余同普等以国防科技大学物理学一流基础学科的研究生培养为例，提出基于"FIRST"五位一体的人才培养体系，详细阐述了该体系的基本概念与内涵、特色、具体实施、初步成效和未来发展，并就当前新工科院校的基础学科实施基于"FIRST"五位一体的人

---

① 朱恬恬，舒霞玉. 哈佛大学高等教育硕士学位培养方案的特点与启示 [J]. 学位与研究生教育，2019（7）：66 – 72.

② 张国平，高耀明. 美国大学高等教育学专业研究生培养的特色及其启示 [J]. 高等教育研究，2019，40（9）：53 – 60.

③ 覃丽君，谭菲. 美国工程教育学博士生培养的跨学科逻辑管窥 [J]. 学位与研究生教育，2019（7）：72 – 77.

④ 庞立生. 关于马克思主义理论学科研究生培养中若干关系的思考 [J]. 思想教育研究，2019（7）：80 – 82.

⑤ 李冉. 提高马克思主义理论学科研究生培养质量　要善于用好研究生培养方案这个抓手 [J]. 思想教育研究，2019（7）：86 – 88.

才培养体系做了初步探讨。① 上海交通大学刘俭以上海交通大学生物医学工程学科为例进行研究，认为我国研究型大学工科领域学术型博士生培养目标的设置，应在充分考虑博士生教育发展内在逻辑的基础上，关注当前越来越多的工科领域学术型博士毕业生进入工业企业就职的现实需求，通过借鉴国外大学博士生培养目标设置案例，把握目标设置的全过程，做好目标设置前的充分准备、目标设置中的广泛讨论和目标设置后的反馈检验等相关工作。② 中国石油大学（北京）吴小林等介绍了中国石油大学（北京）创新油气勘探开发研究生培养理念，通过强化实践、产教深度融合、建设师资队伍、推进国际化及优化课程设置等途径，探索建立了"四维—双平台"工程实践与创新能力培养体系和培养模式，致力于油气勘探开发领域高层次、复合型、应用型、创新型人才培养，为行业高水平大学研究生培养积累了经验。③

在其他学科研究生培养方面，东北农业大学王勇等从"政用产学研"角度出发，分析了我国农业硕士教育现状与不足，通过阐释"政用产学研"实践育人的主体内涵，提出通过课程设计科教协同、基地建设校企联合、"双师"协作学研贯通等方面实践育人路径，构建基于"政用产学研"五位一体的农业硕士实践育人新模式。④ 湖南工业大学朱和平认为设计学的生产、生活性特征，使其具有鲜明的现实性与实践性，设计行为和活动的目的旨在满足和美化人类的物质与精神需求，其研究生培养必须秉承理论与实践、科学与艺术、历史与现实、本土与国际 4 个有机结合。⑤ 南京农业大学陈尔东等通过研究美国"新一代博士"培养理念与方式的变革动因、理解该行动所具有的时代意义，对其聚焦的改革议题进行剖析。并认为其对我国人文学科博士培养有如下启示：理解人文学科博士在"象牙塔"外开展文化创新实践的意义；构建人文学科博士人才培养社会网络；设立人文博士专业学位。⑥

① 余同普，邵福球，银燕，等. 基础学科"FIRST"五位一体人才培养体系的构建与实践 [J]. 学位与研究生教育，2019（8）：42 – 46.

② 刘俭. 我国研究型大学工科领域学术型博士生培养目标研究 [D]. 上海：上海交通大学，2019.

③ 吴小林，曾溅辉，岳大力，等. 以工程实践与创新能力为核心，推进研究生培养模式改革 [J]. 高等工程教育研究，2019（5）：103 – 109.

④ 王勇，徐国峰，贾宝霞，等. 新农科背景下实践育人机制研究——以农业硕士培养为例 [J]. 中国高校科技，2019（S1）：65 – 66.

⑤ 朱和平. 论我国设计学研究生培养的四个结合 [J]. 中国高等教育，2019（19）：54 – 56.

⑥ 陈尔东，罗英姿. 美国人文博士培养理念与方式的变革：以新一代博士行动为例 [J]. 教育发展研究，2019，39（23）：49 – 55.

第二节　研究生能力与素质培养

研究生教育是国家培养创新型人才的重要渠道，培养基础宽厚、富有创新精神、适应未来社会发展的高素质人才，是高校研究生教育改革的核心任务。我国社会经济的快速发展和知识经济的兴起，对研究生的能力和素质也提出了更高的要求。2019 年，关于研究生能力与素质培养研究的代表作有 12 篇，包括研究生能力与素质影响因素研究，研究生实践能力、创新能力培养研究两方面内容。

一、研究生能力与素质影响因素研究

现代科学研究的内涵与能力要求发生了重大变化。天津大学李永刚等通过对研究生院高校理工科博士生的调查发现，当前我国博士生不仅在跨学科知识、知识产权知识、国际学术交流能力，以及科研管理能力等新型科学能力要求上没有做好准备，而且在批判性思维、提出研究问题能力和学术写作能力等传统核心科学素养上也表现不佳。在未来，博士生科研能力的培养应重视跨学科课程、导师组与科研项目的建设，开设实用性强的方法技能类选修课程，增加学生参与国内外学术共同体交流的机会，注重发挥高水平导师和重点实验室的博士生培养效能，加强对不同类型博士生的个性化选拔与培养。[①] 广西大学曾冬梅等通过构建研究生协同培养和科研能力各变量之间关系理论模型，运用结构方程模型对全国 10 所高校的 2127 份有效问卷进行实证分析和检验，结果显示研究生协同培养的院际培养、校际培养、国际培养直接显著正向影响科研能力；院际培养、校际培养和国际培养组成的研究生协同培养体系中，院际培养对研究生科研能力的影响最大，依次是校际培养、国际培养；性别、婚姻状况、年级、担任干部经历在科研能力上存在显著性差异。因此，提升研究生科研能力需要构建多元的研究生协同培养模式，提供多岗位锻炼机会。[②]

在研究生学术创新力的影响因素研究方面，中央民族大学白华等基于全国

---

① 李永刚，王海英. 理工科博士生科研能力的养成状况及其影响因素研究——基于对我国研究生院高校的调查［J］. 研究生教育研究，2019（4）：35－44.
② 曾冬梅，潘炳如. 研究生协同培养对科研能力的影响［J］. 中国高校科技，2019（3）：45－48.

1454 位博士研究生的实证调查数据，研究发现：所有影响因素都对博士生学术创新力产生正向的影响作用，可以解释学术创新力的 33%，达到了比较理想的水平；明确的博士学位要求对学术创新力的影响效应最大，而经济资助因素所产生的影响效应偏小；以学位要求、学习方式和师生关系为核心的过程变量是影响博士生学术创新力的最重要因素；博士生的学术动机对学术创新力产生的间接影响效应较大，尤其是在学术动机→学位要求→学术创新力这条路径产生了典型的中介效应。因此，为了有效地提升博士生的学术创新力，需要提高博士学位的要求标准，明确博士生的学术使命，还应激发博士生的内部学术动机，实现内部培养模式与外部环境激励的有机结合。[①]

在研究生生涯适应力影响因素研究方面，北京理工大学张建卫等基于 Savickas 生涯适应力模型，选取了 7 家军工科研院所及企业的 1154 名研究生进行问卷调研，发现国防科技行业研究生生涯适应力处于中等水平，且各维度发展水平存在不均衡性；学校培养软投入对国防科技行业研究生生涯适应力影响显著，硬投入对其影响并不显著；学校培养过程中专业教学、工程实践、品德教育和就业教育等因素对生涯适应力具有显著影响。并在调研基础上提出了促进研究生生涯适应力发展的政策建议。[②]

二、研究生实践能力、创新能力培养研究

研究生教育肩负着高层次人才培养和创新创造的重要使命，是科技第一生产力、创新第一动力、人才第一资源的重要结合点，这也要求研究生教育必须着力于增强研究生实践能力、创新能力，为建设社会主义现代化强国提供更坚实的人才支撑。

研究生创新能力培养是研究生教育的核心，重庆师范大学马燕等基于重庆市 11 所高校 755 份现状调查问卷，构建了分析研究生科研创新能力影响因素的结构方程模型，实证分析发现，知识获得能力中的专业知识、科研创新特质中的想象力、创造实践能力中的运用知识能力及科研创新成果中的学位论文情况的影响效应系数值最大，对硕士研究生的科研创新能力有显著性影响，是提升科研创新能力的关键因素。[③] 浙江师范大学李润洲认为从教学来看，当下研究

① 白华，黄海刚. 博士生学术创新力的影响路径模型研究——基于全国 1454 位博士研究生的实证调查数据 [J]. 高教探索，2019（6）：46 – 53.

② 张建卫，周愉凡，李海红，等. 国防科技行业研究生生涯适应力及其影响因素研究：职场回溯视角 [J]. 学位与研究生教育，2019（10）：41 – 47.

③ 马燕，胡慧丽，韩淑珍，等. 研究生科研创新能力的影响因素分析——基于 SEM 的实证研究 [J]. 现代教育管理，2019（9）：108 – 112.

生的创新素养主要遭遇着"无我"的被动阅读、"无思"的课堂学习与"无问"的研究烦恼等学习之困。因此，研究生创新素养的培育则需讲解综述式的前沿知识，引导研究生主动阅读；阐述教师自己的新观点，激发研究生独立思考；探讨同一问题的不同回答，启迪研究生多向提问。① 华东师范大学刘宁宁通过对传统研究生院高校进行问卷调查发现，本硕阶段专业课程设置存在低水平重复、层次性不明显、前沿性一般及相关专业课程设置不足等现象。培养过程中发现教师教学方法的改进有利于学生创新能力的提升，学生对本硕阶段考核方式衔接的评价较低，对硕士阶段导师指导质量和学术报告评价较高。在研究生创新能力成长过程中，课程设置和教学安排、导师指导频次和质量，以及学生对学术活动的满意度是重要的影响因素。②

北京大学李澄锋等对 2017 年"全国博士毕业生离校调查课题"的 8207 份问卷进行统计分析，发现课题参与数量对博士生科研能力增值具有显著正向影响仅在自然学科和社会学科领域得到验证，在人文学科领域并不成立；而课题参与质量对博士生科研能力增值具有显著正向影响，在自然学科、社会学科及人文学科均得到支持，并且相较于课题参与数量，课题参与质量对博士生科研能力增值的影响更大。③ 天津大学李永刚认为在跨越科研阈限的过程中，博士生的行为策略可分为主动建构型、独立钻研型、依附发展型和消极被动型 4 种。阈限跨越经历能极大提升博士生的科研韧性和抗压能力、独立研究能力、分析和解决问题能力，进而形成学术洞察力。博士教育应实行高难度与强支持相结合的学术训练制度：一方面要提高博士学位论文选题的难度，落实开题答辩的集体负责制；另一方面要注重采取自主性支持、学术支持和心理支持相结合的导师指导方式，增强科研团队内的学术互助机制。④ 大连理工大学张睿等结合科学史的案例和培养研究生的体会，讨论如何培养研究生的学术思维。提出研究生需要准确理解什么是科学，从而树立科研信心；要通过扎实掌握专业基本知识、积极开展相关交叉学科学习、融会贯通所学知识来培养科研敏锐性；学会利用文献，掌握"反侦破"技巧，学习科技论文的撰写方法；充分考虑自己所能使用的条件和资源来开展研究；要积极参加学术交流活动和开展合作研究，

① 李润洲. 研究生创新素养培育的教学审视——一种教育学的视角 [J]. 研究生教育研究，2019 (1)：39 - 44.

② 刘宁宁. 本硕阶段学生创新能力培养体系衔接现状及其成效研究——基于 1464 名学术型硕士生的分析 [J]. 现代教育管理，2019 (1)：108 - 113.

③ 李澄锋，陈洪捷，沈文钦. 课题参与对博士生科研能力增值的影响——基于全国博士毕业生离校调查数据的分析 [J]. 中国高教研究，2019 (7)：92 - 98.

④ 李永刚. 阈限过渡：博士生学术成长的关键期及其跨越——以理科博士生为例 [J]. 高等教育研究，2019，40 (12)：58 - 67.

由此提高研究质量、启发科研思路。①

第三节　研究生课程与教学

　　课程与教学作为研究生培养过程中的重要环节，是提高研究生培养质量、提升研究生创新能力和发展能力的关键因素。2019 年，关于研究生课程与教学研究的代表作有 24 篇，主要内容包括 3 方面：一是研究生课程与教学模式改革研究；二是不同学科、不同专业的研究生课程与教学研究；三是基于信息化的研究生课程与教学改革研究。

一、研究生课程与教学模式改革

　　研究生课程教学是研究生从事专业研究的基础，也是研究生培养的一个重要组成部分，是保障研究生培养质量的必备环节，在研究生成长成才中具有全面、综合和基础性作用。重视课程学习，加强课程建设，提高课程质量，是当前深化研究生教育改革的重要和紧迫任务。

　　在课程建设研究方面，南京大学汪霞认为课程是研究生教育之本，课程对研究生培养的作用是通过一个完整和科学的课程体系来综合地实现的。指出研究生课程的连贯性设计旨在打通本科生课程、硕士生课程、博士生课程之间的封闭与隔阂，建设贯通式的硕—博课程或本—硕—博课程体系。设计连贯性的研究生课程，一是要按一级学科制订课程计划，实施本—硕—博课程一体化；二是要改革培养方式，实施深层次、贯通式博士生培养；三是要拓展课程功能，促进课程学习与科学研究的全面贯通。② 湖南工业大学曾静平深度剖析我国研究生课程设置的现状，根据不同地域、不同高校的人文底蕴、师资配备、科研水平等实际情况，创新环环相扣、严谨科学的研究生课程管理路径，通过创设国家级研究生课程平台，运用高精尖技术管理课程体系，做好顶层课程设计，强化研究生课程设置的专业性，构建符合学校特色、学科特色并行之有效的新型研究生课程体系。③ 南京航空航天大学毛景焕认为目前研究生教育存在着严重的重科研、轻教学的现象，在课程教学中出现内容缺乏整体性思维，重参与、

① 张睿，张伟. 如何培养研究生的学术思维？[J]. 学位与研究生教育，2019（5）：41-44.
② 汪霞. 论研究生课程的连贯性设计 [J]. 学位与研究生教育，2019（7）：36-42.
③ 曾静平. 打造符合学科特色的研究生课程体系 [J]. 中国高等教育，2019（11）：56-58.

轻深度，重成果展现、轻思维交流，评价的反馈性和区分度不足等问题。研究生的培养同样需要"金课"的滋养，在课程教学中体现以需求性为导向的内容设定、整体性的问题创设、交互性的思维展示和指引性、真实性的评价反馈等特点，着重在内容重构、回归现实、思维交互展现、过程数字化等方面进行改进，以切实提升研究生的教学质量。① 北京师范大学苏洋运用深度访谈法对北京师范大学教育学中文项目留学博士生课程学习体验进行个案研究，发现目前留学博士生课程学习体验存在课前准备尚不充分、缺乏主动性、课堂参与度弱，以及课后反思难以形成学术性的知识体系等问题。根据凯利的三维归因理论，影响留学博士生课程学习体验主要涉及个人因素、刺激因素和环境因素三层影响因素，分别包括留学生汉语水平、学习投入、性格和年龄，任课教师和同伴群体，家庭关系和课程管理制度。提高留学博士生的课程学习体验，高校需要树立"学生为主体"的留学生课程体系、建立完善的课堂准入机制，以及提供有针对性的课程学习支持。②

在教学模式研究方面，湖南大学褚旭等探索工科研究生教育新路径，提出了"层次递进、多维融合"的研究生课程与实践教学模式，基本思路是实施多维度教育培养模式，提升工科研究生专业基础、实践能力、综合素养；激发创新型工科研究生多学科交叉互融思维，拓展学术视野；坚持马克思主义科学观，培养工科研究生的科学精神和学术自信。③

在课程与教学模式改革的国外经验方面，西北师范大学熊华军等认为美国大学博士生课程考评指标、方式和功能有几方面的内在特质：课程考评目的是为了促进博士生更好地学；课程考评的标准是过程性和形成性评价；课程考评主体是多元的；课程考评指标尽管涵括课程出勤和表现、课程作业和课程考试，但考评指标根据专业性质和课程类型而不同；课程考评方式将协商和建构与测验、描述、判断有机地结合起来；课程考评功能贯穿到博士生的日常管理、中期考核和和学位论文写作等培养过程中。④ 南京大学李新朝等以华盛顿大学为例，总结其研究生课程审查的主要特点，即专业化的审查机构、严格的审查过程、多元的审查主体、翔实的审查材料、持续的审查活动。华盛顿大学完善的研究生课程审查制度，对研究生学位项目及其课程体系实施系统的、持续的评

① 毛景焕. 为思维而教 构建研究生课程教学"金课"[J]. 研究生教育研究，2019（3）：60-65.

② 苏洋."一带一路"背景下来华留学博士生课程学习体验及其影响因素研究 [J]. 比较教育研究，2019，41（9）：18-26+35.

③ 褚旭，罗安，何敏，等."层次递进、多维融合"研究生课程与实践教学模式研究与探索 [J]. 中国高等教育，2019（12）：55-57.

④ 熊华军，何学斌. 美国大学博士生课程考评的内在特质——基于哈佛大学 35 门博士生课程教学大纲的分析 [J]. 学位与研究生教育，2019（2）：70-77.

估与审查，对我国高校研究生课程建设具有重要参考价值。①

二、不同学科、不同专业的研究生课程与教学研究

2019 年，我国学者对不同学科、不同专业的研究生课程与教学给予了充分关注。

在研究生公共课课程与教学研究方面，北京理工大学叶云屏针对研究生英语科研论文写作能力与专业教师的期待相距甚远的问题，提出了优化研究生英语教学内容的建议。论述了研究生英语教学内容从宏观到微观可以优化为 3 方面：学术思维方式与科研论文的体裁结构知识；科研论文各部分的信息结构及其表达形式；学术语言的准确性与得体性。提出了将课堂教学与课外专业文献阅读相结合、文献阅读与科研论文写作一体化等教学建议。② 浙江大学朱柏铭等认为强化研究生公选课"价值引领"功能，就是要寻求各公选课中的思政"触点"，并以"润物细无声"的方式进行讲解，通过学科渗透的途径达到立德树人的目的。以浙江大学研究生公选课为例，提出应从公选课的结构布局、课程规范、教师要求和考评办法等方面入手，建构教学计划、教师讲解和教学评价三者联动的机制。③ 西北大学张永奇认为构建显性与隐性教育相统一的课程共同体创新模式的逻辑前提主要体现在研究生"课程思政"与"思政课程"在培养时代新人目标上具有一致性，在弘扬主流价值上具有共通性，在锻造科学思维方式上具有互利性。提出加强党委集中统一领导、强化高校党委三重责任，构建立体化育人课程体系、优化教学内容，推动教师队伍一体化建设、形成一支素质优良的研究生思想政治教育教师队伍是促进研究生"课程思政"与"思政课程"同向同行，构建显性与隐性教育相统一的课程共同体创新模式的基本路径。④ 上海交通大学蔡小春等在分析了课程思政育人现状和制约因素的基础上，提出推进课程思政示范性课程建设是加强课程思政教学育人的突破口和有力抓手，并以上海交通大学为例，深入分析了该校在培育和建设课程思政示范性课程方面的创新实践，即通过设立研究生课程思政试点项目从而探索出了 3

① 李新朝，刘学东. 美国公立大学研究生课程审查制度研究——以华盛顿大学为例 [J]. 学位与研究生教育，2019（10）：72 – 77.

② 叶云屏. 基于科研论文体裁特征优化研究生英语教学内容 [J]. 学位与研究生教育，2019（11）：39 – 44.

③ 朱柏铭，张荣祥，王晓莹，等. 强化研究生公选课"价值引领"功能的机制研究——以教学计划、教师讲解与教学评价"三轴联动"为框架 [J]. 学位与研究生教育，2019（10）：1 – 7.

④ 张永奇. 新时代背景下研究生思想政治理论课的改革创新——基于显性教育和隐性教育相统一的课程共同体模式 [J]. 学位与研究生教育，2019（10）：14 – 18.

种研究生课程思政教学路径，包括嵌入式、支撑式和补充式，说明了 3 种课程思政教学路径的教学设计与实现，阐述了研究生课程思政试点项目的课程思政育人特点和成效。①

对于其他学科专业的课程与教学研究，广西大学刘培军等利用 USEM 模型检视发现：专业学位研究生教育的课程体系存在人才培养目标价值弱、专业特有标识价值弱、技能实践导向价值弱和多元反思的价值引导弱等问题，因此，要以"社会需求"为目标点，强化行业导向的人才培养目标；以"学生收获"为着力点，强化通用技能和专业技能培养；以"校外实践"为支撑点，强化专业自信力和专业特质拓展；以"互动多元"为生长点，强化学生自我意识和反思能力培养。②

山西大学郝平认为 PBL 是一种以"问题"为导向的教学模式，在研究生历史教学中对学生"问题意识"的培养效果显著。鉴于历史学存在形式的过去性、认知结构的多样性、思维方式的求异性、学科联系的交融性等特点，以及研究生自主意识和探究能力较强的特点，在研究生历史教学中引入 PBL 教学模式，能够促进教学理念由讲授变为探究、教学内容由单一实现多元、教学主体由教师变为学生、教学方式由课堂走向田野，从而激发研究生的兴趣和潜能，促进他们"问题意识"的培养。③

北京理工大学夏元清等介绍了研究生全英文课程"随机过程理论及其应用"作为教育部来华留学英语授课品牌课程的建设情况。针对教学对象的特点，提出了"注重科研与教学相促进，注重理论和应用相结合，以教学推动科研，以科研转化教学"的课程建设思想；阐述了课程定位、授课内容、教学方法、视频制作、教材撰写等方面的具体情况，总结了课程建设的特色与取得的成效。④

上海师范大学刘兰借鉴美国课程设置的做法，提出要重新思考人文社科博士生课程设置的逻辑起点、价值取向和主要原则，增设研究方法类课程，强化学位论文指导课程，基于一级学科构建公共课程、学科基础课程、方向核心课程、跨学科交叉课程和研究专题课程 5 个课程模块，以学科基础课程为根基，

① 蔡小春，刘英翠，顾希垚，等. 工科研究生培养中"课程思政"教学路径的探索与实践 [J]. 学位与研究生教育，2019 (10)：7 - 13.

② 刘培军，吴孟玲. 专业学位研究生课程体系的检视与省思——基于可雇佣性 USEM 模型视角 [J]. 研究生教育研究，2019 (6)：47 - 53.

③ 郝平. PBL 模式在历史教学中对研究生"问题意识"的培养 [J]. 研究生教育研究，2019 (1)：59 - 63.

④ 夏元清，戴荔，闫莉萍，等. 教育部来华留学研究生英语授课品牌课程建设方法探究——以"随机过程理论及应用"为例 [J]. 学位与研究生教育，2019 (12)：42 - 45.

以方向核心课程为主体，以跨学科交叉课程和研究专题课程为双翼构建开放灵活的课程平台，为开展博士学位论文研究和培育一流博士生提供更优质的课程服务。①

北京师范大学周海涛等通过对我国教育学研究生课程收获影响因素的调查发现，课程学习方式、课程教学方式、课程学习体验是影响课程收获的主要因素，有效的研究生教学是"以学定教、教学相长、以学评教"和"以学生学习为中心"的。改善研究生课程教学状况，亟须构建"以学定教"的实施模式，"教学相长"的互动模式和"以学评教"的评价模式，并在根本上推行"以学生学习为中心"的教学改革模式。②

东北师范大学冯茹认为构建面向教育硕士培养的教学案例开发应遵循以开发需求为基础的课程分析、取材于真实情境的素材搜集与写作、基于真实课堂评估的逻辑理路，保证教学案例与案例教学的相互适应性。为提升教学案例开发质量，需进一步明晰对教学案例内涵的理解、肯定教学案例开发的学术价值、培养精良的教学案例开发团队、建立教学案例质量评价标准。③

西北师范大学李华等以现代教育技术专业硕士为对象，从分析其行业需求及能力要求着手，研究提出：①课程设置要适应社会对专业需求的发展变化；②课程内容要适应社会对专业人才能力的发展要求；③课程教学要适应理论与实践相结合的创新型人才培养。④

山西大学程芳琴等通过研究认为，山西大学对资源循环科学与工程专业研究生的课程建设进行探索与改进，搭建了集学科基础理论、学科技术基础、研究方法与手段、学科技术动态四位一体的分层次、分类别的课程构架，通过教材建设、改变教学方法，实现了课程的多学科交叉融合的教学效果。⑤

上海交通大学蔡小春等分析了加强产教融合课程教学在全日制专业硕士培养中的迫切性与制约因素，并以上海交通大学为案例，深入研究了高校对接不同行业企业的合作需求，面向不同专业的全日制专业硕士构建不同产教融合课程并组织教学的路径。实践证明，多种产教融合课程教学路径，促进了全日制

① 刘兰英. 论我国人文社科博士生课程结构的重建 [J]. 学位与研究生教育, 2019 (7): 43-48.

② 周海涛, 胡万山. 研究生有效教学的特征——基于教育学研究生课程收获影响因素的调查分析 [J]. 学位与研究生教育, 2019 (2): 24-29.

③ 冯茹, 于胜刚. 面向教育硕士培养的教学案例开发：困境与路径 [J]. 中国高教研究, 2019 (6): 94-99.

④ 李华, 石夏榕, 张立勇. 现代教育技术专业学位研究生培养与课程改革 [J]. 电化教育研究, 2019, 40 (4): 112-121.

⑤ 程芳琴, 曹丽琼. 交叉学科背景下资源循环科学与工程专业研究生课程建设研究 [J]. 教育理论与实践, 2019, 39 (27): 50-52.

专业硕士教学主体多元化，拓宽了学生的知识架构和体系，创新了校企合力育人教学新模式，拓展了校企实质性合作空间，提升了产教协同合力育人的产学教育效果。①

三、基于信息化的研究生课程与教学改革

随着教育信息化的快速发展，研究生教学模式正在发生重大变革，以"灌输式"为主的传统教学模式正在让步于基于互联网信息技术的"少教多学"为主的新型教学模式。

宁波财经学院李晓文等认为信息技术发展为教育领域注入新活力的同时，催生了课堂教学的新形态。基于扎根理论对教学实践案例的实证分析，可视化地勾勒出了信息技术支持下的 5 类课堂教学形态：项目实践式课堂、成果汇报式课堂、主题研讨式课堂、测评答疑式课堂和情景模拟式课堂等，大学课堂教学的新形态是信息化"势"作用下学习活力被激发的应然现象，是研究性教学在信息化环境下进一步深化应用的产物，新旧形态的变化触动了学界对人与人、人与知识、人与环境等之间关系的反思。②

安徽师范大学严俊等通过对 10 所省属师范类院校研究生公共课教学的调查发现，目前研究生公共课教学学生的满意度有待提高，教师工作任务偏重，公共课课程资源不足，课程建设有待加强。以问题为导向，从网络公共课程开发、网络教学团队建设、网络教学评价 3 方面论证开展研究生公共课在线教学的可行性，并提出构建基于"互联网＋"的研究生公共课教学运行模式和质量监控与评价体系一体化策略。③

西安电子科技大学焦李成等总结了该校人工智能学院 10 余年科教结合的探索和实践，即坚持"国际化＋西电特色"本硕博一体化人才培养理念、从"国际学术前沿＋国家重大需求""科学研究＋创新实践协同育人"和"高水平平台＋高层次人才"3 方面构建服务人才培养的具有西电特色的本硕博一体化育人体系，全面阐述学院本硕博培养体系以及平台建设和人才培养成效，梳理了相关的特色课程大纲。④

① 蔡小春，刘英翠，熊振华，等. 全日制专业硕士产教融合课程教学路径的案例研究——以上海交通大学为例［J］. 高等工程教育研究，2019（2）：161 - 166.

② 李晓文，施晓珍. 解析大学课堂教学的新形态［J］. 高教发展与评估，2019，35（6）：86 - 96 + 112.

③ 严俊，阮成武. 互联网＋下硕士研究生公共课教学运行模式思考——基于 10 所省属师范类院校的调查［J］. 研究生教育研究，2019（2）：50 - 56.

④ 焦李成，李阳阳，侯彪，等. 人工智能本硕博培养体系［M］. 北京：清华大学出版社，2019.

西北师范大学李建珍等认为"创客教育"课程目标主要是培养学生在教育教学实践和科学研究中的创新能力；课程资源应遵循开放性、经济性、针对性及个性化原则进行开发与利用；课程活动应以项目为主要内容单元，可依据"学""做""创"的思路进行设计；课程评价应重视过程性和终结性评价的结合，重视评价主体和评价内容的多元化。[①]

第四节　研究生学位论文与质量管理

在研究生培养过程中，学位论文是研究生学习工作的总结，学位论文质量是检验研究生综合学习能力与科学研究水平的重要指标，也是衡量研究生培养质量的重要标准。2019年，有关研究生学位论文与质量管理方面的代表作有8篇，主要内容包括两方面：一是学位论文的规范性研究，主要涉及学位论文的选题与写作；二是学位论文质量评价与管理，包括学位论文评价体系、质量调查、规范管理等内容。

一、学位论文的规范性研究

专业学位论文是专业学位研究生培养的重要环节，有特定的形式与规范。对于这些形式与规范，国家在政策层面还缺乏统一要求。北京理工大学周文辉等针对这一需求，编写了《专业学位论文写作指南》。该书不但包括选题规范、文献检索、研究设计、谋篇布局、文本表达和著录规范等学位论文撰写的一般要求，而且分章专题讨论了案例研究、调查研究、政策分析、实施方案、产品研发、文献研究、工程设计和实验研究等专业学位论文的撰写，对于专业学位研究生撰写学位论文具有很强的针对性、实用性。[②]

暨南大学颜昌武等对某高校187份被判定为"不合格"学位论文的评阅书的进行分析，认为选题不当是不合格论文的主要原因，主要表现为"选题切入点不当""选题不属于公共管理专业范畴""选题的支撑资料无法获取"和"选题非真问题"4方面。要走出MPA论文选题的误区，就要体现专业学位的特

---

① 李建珍，宗晓. 教育硕士（现代教育技术）专业学位研究生"创客教育"课程设计研究［J］. 电化教育研究，2019，40（9）：122－128.

② 周文辉，赵军. 专业学位论文写作指南［M］. 北京：中国科学技术出版社，2019.

点，遵循专业性、可行性、适度性和实践性的基本原则。①

浙江师范大学李润洲认为学位论文开题报告的"问题空间"是由为什么研究此问题、研究此问题的什么与如何研究此问题及其答案所构成。它至少蕴含着三重依次递进的意涵：陈述研究意义、提炼研究假设与匹配研究方法。指出了一些研究生在开题报告中存在的问题，即错将主题意义当作研究意义，误将研究问题视为研究假设，错将研究方法的列举当作研究方法的运用，从而导致开题报告"问题空间"的模糊与混乱，严重影响了开题报告的质量。认为构建开题报告"问题空间"应立足生命发现，陈述研究意义；绘制概念导图，提炼研究假设；增强方法自觉，匹配研究方法。② 研究生实证论文写作是对基于观察、调查与实验得来的经验事实进行归纳、演绎的过程及其结果。与思辨论文写作相比，实证论文写作存在着相对固定的样式。对于研究生而言，实证论文写作的进阶之路包括实证论文像实证论文、实证论文是实证论文与此实证论文优于彼实证论文 3 个阶段。③

西安交通大学崔建军认为人文社科博士学位论文写作需要正确处理学术史梳理与研究现状、"博"与"约"、"述"和"作"、"新"与"旧"、问题与方法 5 个关系，这 5 个关系对提高人文社科博士学位论文写作质量和培养人文社科博士生的创新能力具有不可忽视的重要作用。④

广东外语外贸大学穆雷等通过对 704 篇翻译硕士专业学位论文进行分析，发现现阶段对翻译硕士专业学位研究生的学位论文撰写指导工作存在不足。随着语言服务市场的发展，实习报告、实践报告、实验报告、调研报告、研究论文这 5 种学位论文形式也有待进一步调整，对学位论文形式、写作模式和评价体系提出了相应的建议。⑤

二、论文质量评价与管理

在学位论文评审制度研究方面，北京师范大学郭海燕等通过系统全面地介

---

① 颜昌武，吴远星. MPA 学位论文如何选题？［J］. 学位与研究生教育，2019（9）：22 – 28.

② 李润洲. 博士学位论文开题报告"问题空间"的建构［J］. 学位与研究生教育，2019（9）：11 – 15.

③ 李润洲. 研究生实证论文写作的进阶之路———一种教育学的视角［J］. 学位与研究生教育，2019（1）：36 – 40.

④ 崔建军. 人文社科博士学位论文写作需要正确处理的五个关系［J］. 学位与研究生教育，2019（9）：16 – 21.

⑤ 穆雷，李雯. 翻译硕士专业学位论文写作模式的再思考———基于 704 篇学位论文的分析［J］. 学位与研究生教育，2019（11）：33 – 39.

绍匿名评审制度实施的目的与意义及具体组织实施办法，探讨分析评审成效，研究表明，实施全部博士学位论文委托第三方平台匿名评审制度是学校推动研究生教育内涵式发展的重要抓手，也是全面提高研究生培养质量的重要改革举措。①

湖南农业大学李尚群认为研究生的学位论文必须接受并通过学术权威的系列评审，这是当下的普遍规则。权威在学术活动中有可能出错，科学社会学把这称为权威的可谬性。权威的可谬性会降低学位论文评审规则的合法性，同时也影响了学位论文评审制度的效率，因而是这一规则自带的一种隐忧。为了规避权威的可谬性及其影响，研究生学位论文的评审规则可以进行某些改进，如增设当事人商榷环节、慎用刚性的定论式评价、推行精准的同行评价和各评价环节相互印证与牵制等。②

第五节　文献分布及其特点分析

2019 年，研究生培养专题涉及研究生培养模式、研究生能力与素质培养、研究生课程与教学和研究生学位论文与质量管理 4 个议题。在文献分布、专题结构、核心作者、研究热点、研究方法等方面呈现如下特点。

一、文献分布与专题结构

2011—2019 年，研究生培养研究文献总体数量呈现起伏态势，见图 3 - 1。2019 年文献总量较上年增加了 177 篇，增幅高达 77.6%，主要原因在于 2018 在文献检索中没有学术著作和新闻报道这两类型文献，且学术论文数量较上一年明显增加。

通过对检索文献进行人工甄别，将能够反映研究生培养研究现状，且研究水平较高的研究成果纳入本专题。2011—2019 年，纳入本专题综述的文献总量呈现起伏态势。2019 年，纳入综述的文献共计 78 篇。其中，93.6% 为期刊论文，3.8% 为学位论文，2.6% 为学术著作。可以看到，2019 年纳入综述的文献

---

① 郭海燕，刘春荣，张志斌，等. 博士学位论文评审制度改革及其成效分析 [J]. 中国高等教育，2019（5）：28 - 31.

② 李尚群. 权威的可谬性：学位论文评审规则的当下隐忧 [J]. 研究生教育研究，2019（2）：26 - 29 + 84.

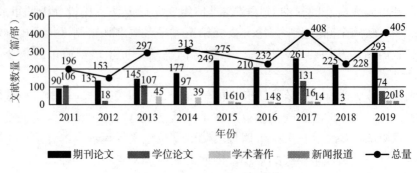

图 3-1　2011—2019 年文献检索情况

总量较 2018 年增加了 12 篇，增幅 19.6%。原因在于 2019 年的文献检索数量增加，且 2019 年度纳入的文献类型较 2018 年增加了学位论文与学术专著两种类型的文献。

从纳入综述的主题分布来看，44.9% 为研究生培养模式研究，14.1% 为研究生能力与素质研究，30.8% 为研究生课程与教学研究，10.2% 为研究生学位论文与质量管理。从整体上来看，研究生培养研究文献主要集中在"研究生培养模式研究"和"研究生课程与教学"领域。其中，"研究生培养模式研究"领域文献占比较 2018 年增加了 5 百分点，反映出业界对研究生培养模式的关注热度上升。

二、研究特点与研究方法

从研究主题来看，2019 年研究生培养研究基本涵盖了研究生培养过程的全部环节，主要集中在研究生培养模式的综合改革与实践探索，研究生实践能力和创新能力培养、专业学位研究生的课程与教学、研究生学位论文规范性研究等领域。

从研究热点来看，2019 年研究生培养研究在研究生培养模式方面，更加聚焦学校的培养模式改革实践，通过介绍本学校、本学科、本专业在培养模式改革方面的实践探索，为研究生培养模式的理论创新提供基础，为研究生培养模式综合改革提供现实指导；在研究生能力与素质培养方面，更加聚焦研究生实践能力、创新能力培养研究；在研究生课程与教学方面，课程与教学的基础理论研究逐渐增加，为研究生课程与教学这一研究生教育改革薄弱环节提供了方法论基础；在研究生学位论文与质量管理方面，更加侧重于学位论文的规范性研究方面，反映出学者与社会公众对研究生培养质量的持续关注，表 3-1 列出了 2011—2019 年研究生培养研究主题对比情况。

表 3－1　2011—2019 年研究生培养研究主题对比

研究主题	年 份								
	2011	2012	2013	2014	2015	2016	2017	2018	2019
研究生培养模式	✓	✓	✓	✓	✓	✓	✓	✓	✓
研究生培养机制改革	✓								
研究生能力与素质（培养）	✓	✓	✓	✓	✓	✓		✓	✓
研究生课程与教学	✓	✓	✓	✓	✓	✓	✓	✓	✓
专业学位研究生培养问题	✓								
学位论文的要素分析及其质量	✓								
研究生学位论文及培养质量管理			✓	✓					
学位论文与质量管理（控制）		✓			✓	✓	✓	✓	✓

　　从研究方法来看，2019 年研究生培养研究涉及了经验总结、理论思辨、调查实证等研究方法，但仍以定性研究方法为主。在具体的研究领域上，研究方法则各有侧重。例如，培养模式研究侧重于使用理论思辨、调查实证等研究方法，调查实证的研究方法在研究生能力与素质、课程与教学等方面逐渐占据重要比例。从整体上看，我国研究生培养研究呈现以"实践问题"为导向，以"解决问题"为核心任务的研究趋势。在研究范式方面，在调查、问卷、访谈、测量等基础上，综合使用数理分析工具，借鉴相关理论框架，分析问题、解决问题的范式占多数。

三、未来研究展望

　　研究生教育是教育事业的重要组成部分，是国民教育的最高层次，肩负着高层次人才培养和创新创造的重要使命，是国家发展、社会进步的重要基石。中国特色社会主义进入新时代，对研究生教育提出了新要求、新任务。发展新时代研究生教育，必须着眼于党和国家事业发展的需要，深化研究生培养模式改革，进一步优化考试招生制度、学科课程设置，促进科教融合和产教融合，加强国际合作，着力增强研究生实践能力、创新能力，为建设社会主义现代化强国提供更坚实的人才支撑。通过梳理 2019 年研究生培养研究的研究进展，结合国家重大战略需求、社会各界普遍关切，就未来研究方向提出几点展望。

　　第一，研究生培养模式改革要面向国家经济社会发展主战场、人民群众需求和世界科技发展等最前沿，培养适应多领域需要的人才。从 2019 年研究生培养模式研究的特点来看，数量上该部分内容在整个研究生培养中所占比例最高，内容上总结提炼本校、本学科、本专业的研究生培养经验的研究占据重要地位，说明未来研究生培养模式改革研究要越来越突出对改革举措的凝练，越来越突出对现实的指导意义。2020 年 7 月，习近平总书记就研究生教育工作作出的重要指示，强调推动研究生教育适应党和国家事业发展需要，坚持"四为"方针，瞄准科技前沿和关键领域，为推动研究生教育改革发展指明了方向。下一步，研究生培养模式改革研究需要紧密结合社会经济需求，聚焦与科技前沿和关键领域相关的学科、专业，探索人才培养新模式，推动我国研究生教育强国建设。

第二，研究生教育是培养创新型人才、提高国家创新能力的重要环节，研究生实践能力、创新能力是衡量培养成效的核心指标。一直以来，实践能力和创新能力培养都是研究生能力与素质研究内容中的重要关注点，且越来越受重视。研究生实践能力、创新能力的培养，与国家注重"原始创新能力提升，服务社会能力增强"的战略需求紧密相关，未来仍是学者持续关注的重点内容。

第三，加快人工智能领域研究生培养，是事关我国能否抓住新一轮科技革命和产业变革机遇的战略问题。2020 年 1 月，教育部、国家发展改革委、财政部印发《关于"双一流"建设高校促进学科融合加快人工智能领域研究生培养的若干意见》，提出依托"双一流"建设，深化人工智能内涵，构建基础理论人才与"人工智能 + X"复合型人才并重的培养体系，探索深度融合的学科建设和人才培养新模式，着力提升人工智能领域研究生培养水平，为我国抢占世界科技前沿，实现引领性原创成果的重大突破，提供更加充分的人才支撑。人工智能领域研究生培养模式，课程体系等内容也将成为学者们的研究热点。

专题四 研究生导师队伍建设研究进展

2019 年，研究生导师队伍建设研究由四大主题组成：导师指导、导学关系、导师责任与权力、导师角色与评价。从数量上来看，2019 年度研究文献入选量为 59 篇，较 2018 年的文献入选量（57 篇）略有增长。从研究主题来看，2019 年度研究文献主要聚焦于导学关系方面，文献量达到 30 篇；从研究范畴来看，2019 年度学者们对导师媒体形象、导师评价等给予了一定的关注，进一步丰富了本专题的内涵。

第一节 导师指导

2019 年，有关导师指导的重点研究文献有 12 篇。在研究主题上，导师指导及导师制方面有 5 篇，导师指导情况调查方面有 7 篇。在文献类型上，期刊论文 9 篇，学位论文 2 篇，学术专著 1 部。

一、导师指导及导师制

导师对研究生的指导是否有效直接关乎研究生培养质量的高低。导师指导是贯穿人才培养过程的实践活动，具有教育、生产、支持以及管理功能，可以根据研究生感知的属性进行细致的类别划分。华中科技大学彭湃基于情境互动模型构建了导师指导行为解释框架：个体特征是形成导师指导行为的基础；导师指导观是形成导师指导行为的先导和依据；外在情境塑造导师指导行为的基本模式，提供其可能性与边界条件；在需求满足和期望达成机制的作用下，导师与研究生的互动决定着具体的指导行为。[①]

---

① 彭湃. 情境与互动的形塑：导师指导行为的分类与解释框架 [J]. 高等教育研究，2019，40（9）：61－67.

兰州大学包水梅等通过对"导师论导"的相关文献展开内容分析，提炼出导师指导行为的七大方面：硬软件支持、营造氛围、学术规范教导、技能传授与思想点拨、模范榜样、任务布置和监督控制。在此基础上，借鉴管理方格理论构建方式，以"定规行为"和"关怀行为"为基本维度，建构出研究生导师指导风格概念模型：贫乏型、指令型、牧师型与协作型。指出要基于导师指导风格概念模型的导师评价与培训工作，促进导师专业发展；在研究生招生录取时，考虑导师指导风格与学生学习风格的匹配度；在研究生培养中，导师应注重因材施教，提高指导的有效性。①

上海外国语大学郑琼以博士生教育为着眼点，采用质化研究方法，采取自下而上的研究路径，通过访谈、田野观察以及文本分析等，深度描述外语学科博士生导师在指导实践中的真实体验，还原指导的实然状态，并借这一案例对导师指导模型进行概念化解读与探究。②

与往年相比，关于导师制的研究，2019 年学者们发表的论文较少，这里选取 2 篇代表性文献作简要介绍。云南师范大学杨超等基于新制度主义理论分析了专业学位研究生教育"双导师制"的制度设计，指出"双导师制"的制度设计须紧紧围绕规制性、规范性和文化—认知三大制度要素开展以获得"合法性"基础，"双导师制"的构建应依据制度环境特征和研究生教育主体不同需求，通过自上而下强制性变迁和自下而上诱致性变迁，平衡政府与高校、企业行业部门之间的关系，制定"双导师制"实施的规范和机制，形成多元主体认同的文化—认知体系③。

天津大学申超等分析了墨尔本大学的研究生导师建设机制，在遴选机制上严守入口，过多维度审查导师资格、明晰导师阶段性职责等步骤对导师进行层层筛选，确保新任导师的水准；在培育机制上重视过程，通过为新任导师提供强制性的职前培训、开设兼具指导与教学能力提升的导师职后发展项目、提供校内外线上资源，助力导师队伍的持续发展；在退出机制上恪守程序正义，通过对导师失职行为进行综合研判，对导师资格存废问题进行公正裁决以维护导师队伍的健康与纯洁。④

① 包水梅，杨冰冰. 基于内容分析法的研究生导师指导风格概念模型构建 ［J］. 学位与研究生教育，2019（2）：12-18.

② 郑琼. 博士生导师指导模式研究：以"双一流"建设高校外语学科博导为例 ［M］. 上海：上海远东出版社，2019.

③ 杨超，徐天伟. 专业学位研究生教育"双导师制"的制度设计及构建路径 ［J］. 黑龙江高教研究，2019，37（1）：66-70.

④ 申超，邢宇. 如何建设研究生导师队伍？——基于墨尔本大学的案例考察 ［J］. 学位与研究生教育，2019（9）：72-77.

二、导师指导情况调查

导师指导情况调查研究包含从导师评价视角和学生评价视角对导师指导的满意度及其存在的问题展开调查研究。其中，较多文献是从学生评价视角展开调查研究。

华东师范大学李海生通过对研究生导师展开问卷调查，运用因子分析归纳出了导师在指导研究生过程中存在的 8 种代表性不当行为：忽视研究生课程教学、不重视研究生学位论文工作、不遵守研究生教学规范、招生指导过程中歧视学生、学术规范教导失责、师生关系异常、科研训练与管理失当、不尊重研究生学术劳动成果等。[①]

哈尔滨师范大学张静文等以学生评价为视角对高校研究生导师问题行为展开研究。基于黑龙江省高校研究生的调查分析，发现研究生导师问题行为由情感暴力、放任敷衍、品德不良 3 方面构成，并表现出几个特点：总体上教师的教育行为是比较符合职业道德要求和教学规律的，教师问题行为情况不严重，但是情感暴力、放任敷衍、品德不良 3 方面的问题行为发生率比较高。当前，研究生导师问题行为存在导师类型和学科差异。博士生导师的问题行为显著高于硕士生导师；理科、工科和其他学科的研究生导师问题行为显著高于文科研究生导师。[②]

湖南大学杜宛宛将研究生导师的学术指导职责划分为学业指导、学术心理指导、论文指导、学术道德指导、职业指导 5 个维度，采用问卷调查的方式对600 多名研究生在这 5 个维度上的期待及实际感受情况进行了调查分析。结果显示：在学术指导职责上，研究生的期望程度与实际感受程度呈现显著差异，且期望程度明显高于实际感受程度；在期望程度上，院系类型对论文指导和学术道德指导有显著性差异；年级对职业指导有显著性差异；在实际感受程度上，研究生性别与学位在整体学术指导感知上均呈现显著性差异，院系类型对学术心理指导和学术道德指导的实际感受程度呈现显著性差异，年级对学术心理指导的实际感受程度呈现显著性差异。[③]

北京大学陈洪捷等利用教育部学位与研究生教育发展中心与北京大学教育学院联合开展的"全国毕业研究生满意感调查"数据，分析了学术硕士、专业

---

① 李海生. 导师指导中不当行为的主要表征及防范对策——基于对 4521 名研究生导师的问卷调查 [J]. 学位与研究生教育，2019 (4)：12-20.

② 张静文，刘爱书. 研究生导师问题行为的现状及特点探究——基于黑龙江省高校研究生的调查分析 [J]. 研究生教育研究，2019 (4)：45-50+83.

③ 杜宛宛. 研究生对导师学术指导职责的期待及感知调查研究 [D]. 长沙：湖南大学，2019.

硕士、博士 3 类研究生的导师指导满意度，研究发现这 3 类研究生的导师指导满意感指数均处于很高水平，博士、学术硕士、专业硕士的指导满意感指数分别为 86.99、86.80、87.31。① 北京大学李澄锋等基于 2017 年中国博士毕业生调查课题的 8207 份博士生数据，运用线性回归和标准负二项回归分析了博士生导师海外学位背景对博士生学位论文指导满意度，以及博士生国际期刊论文产出的影响。结果显示，相较于"本土"博士生导师，"海归"博士生导师指导的博士生学位论文指导满意度更低，可能原因之一是"海归"博士生导师在指导国内博士研究生的过程中不能很好地满足博士生群体"依赖型和灌输型指导"的需求，但由于"海归"博士生导师更加熟悉国际期刊论文发表的规则及具有更广泛的国际学术网络，其指导的博士生通常拥有更多的出国交流机会。② 江西师范大学余祖林以互动理论为指导，对 N 大学导师指导和硕士研究生学习概况、导学互动关系状况、导学关系满意度展开了调查研究，发现互动类型在不同性别导师之间存在差异；互动效果存在性别、年级差异；导学互动关系满意度存在专业差异。③ 北京大学杜嫱运用全国 24 所高校的《高校博士生发展状况调查》数据，探讨了导师指导与博士生自主性在其专业素养发展中的作用，研究发现：48% 的博士生认为导师对自己的指导关系为"权威指导型"，52% 的博士生认为属于"伙伴合作型"；不同指导关系下，导师的指导行为存在显著差异；导师的支持指导、博士生的自主性对博士生专业素养具有促进作用，而控制指导具有抑制作用。交互作用显示，在支持指导下，博士生的自主性更能够促进其专业素养的发展；在权威指导关系下，博士生学术热情消退的比例更高；伙伴合作型的博士生对导师关注品行引导、关注健康方面具有较高的期待，而权威指导型的博士生对层级关系平等和不要沦为廉价劳动力具有更强烈的诉求。④

第二节　导学关系

2019 年，导学关系研究的相关文献有 30 篇，是导师队伍建设研究专题中

① 陈洪捷，李澄锋，沈文钦，等. 研究生如何评价其导师和院校？——2017 年全国毕业研究生调查结果分析 [J]. 研究生教育研究，2019（2）：35-42.
② 李澄锋，沈文钦，陈洪捷."海归"博导比"本土"博导的博士生指导水平更胜一筹吗？——基于中国博士毕业生调查数据的分析 [J]. 清华大学教育研究，2019，40（2）：126-132.
③ 余祖林. 高校硕士研究生培养中导学互动关系研究 [D]. 南昌：江西师范大学，2019.
④ 杜嫱. 导师指导与博士生专业素养的发展：自主性的调节作用 [J]. 研究生教育研究，2019（3）：36-43.

最受关注的研究议题。在研究主题上，导学关系内涵与类型方面有 5 篇，导学关系量化研究方面有 16 篇，导学关系优化与构建方面有 9 篇。在文献类型上，期刊论文有 14 篇，学位论文有 16 篇。

一、导学关系内涵与类型

华南师范大学彭虹斌等认为中国大陆的导师兼有学术指导、生活导师双重角色。导师与培养单位之间属于聘用关系。研究生与培养单位属于"契约式教育"关系。导师受高等学校和科研院所的委托，为研究生提供教育服务。公办高校及科研机构的研究生管理部门代学校行使研究生管理职责。导师与研究生属于"契约式教育服务"关系。导师与研究生之间的"契约"是一种默认的契约，在所在学校的安排下，导师按要求完成指导任务，研究生听从导师的学术指导。双方成为合作伙伴，既要在心理上"一致同意"，也必须体现公平正义，双方不能侵犯对方的权利。研究生有权拒绝导师摊派正常学术研究之外的任务。[①]

同伴式师生关系是一种师生在发现问题、探索真理、实现目标的过程中形成的以师生对话合作为基础的新型师生关系。黑龙江大学仇晓姝基于"对话哲学"思想、"后喻文化"思想、合作教育学理论和关心理论，分析了同伴式师生关系的内涵：民主平等、教学互促、协同合作和相互赋能。导师的角色定位在于授业解惑的关怀者，研究生的角色定位在于具有向师性的同行者。[②]

中央民族大学姚远等认为在他在性教育哲学的指导下，研究生导学关系是一种非对称性的伦理关系，强调师生之间平等且互相尊重的地位，且导师应对学生负无限责任。因此，重构研究生导学关系应以师生尊重为前提和基础，积极转变对研究生导学关系性质的认识，努力追求研究生导学关系上升为非对称伦理关系的理想状态，并最终体现在导师对学生的无限责任中。[③]

东南大学郭友兵基于黑格尔"主奴关系"的理论视角，结合当前我国研究生教育转型期特征，认为研究生师生关系绝非主奴关系，但于特殊境况中存在异化为主奴关系的可能。缘于不对称的共生关系之抽象本质与混合师徒制、老板—员工制的导师责任制之具体本质，研究生师生关系在伦理、经济、话语等

① 彭虹斌，柳国辉. 公办高校导师与研究生的法律关系研究 [J]. 研究生教育研究，2019（3）：16 – 21.

② 仇晓姝. 研究生教育中同伴式师生关系研究 [D]. 哈尔滨：黑龙江大学，2019.

③ 姚远，杨蒙蒙. 朝向他在性：研究生导学关系反思与重构 [J]. 黑龙江高教研究，2019（6）：106 – 109.

方面表现出权力严重不对称的异化困境。超越异化困境是合理化研究生师生关系的内在要求，其在伦理维度上需要师生双方注重 3 方面的努力：超越"自然性"以形成独立人格并彰显各自德性；超越"个体性"以觉醒共体精神并促进教学相长；既重"情"又重"理"而实现合情合理。[①]

西南大学汤成玉研究了留学生和导师之间的关系。在所访谈的所有留学研究生中，共形成"父母—成人""父母—儿童""儿童—成人""成人—成人" 4 种人际关系类型；留学研究生对关系类型的形成具有一定的影响，但导师在整个关系形成过程中起主导作用。留学研究生和导师之间的关系大都处于"情感探索阶段"，较少留学研究生会与导师有足够的情感交流和自我暴露，进入"情感交流阶段"，鉴于导师的"权威"形象，虽然留学生并不会产生"害怕"情绪，但没有留学研究生和导师之间的关系进入"稳定交流阶段"，研究生和导师之间也就没有成为"密友"。在对访谈资料深入分析的基础上，提出了构建良好的留学研究生与导师关系的四大对策，导生匹配策略、空间需求策略、关键点（事件）策略及主动适应策略。[②]

二、导学关系量化研究

导学关系量化研究主要包含两部分：一是关于导学关系调查及其影响因素研究，二是运用假设模型检验等研究方法探讨导学关系与创新能力提高、研究生成长、专业素养提升等关系及其作用机制的研究。

在导学关系调查及其影响因素研究方面，青岛大学刘璇对地方某综合大学师生关系现状展开调查研究。发现，当前研究生师生关系整体良好，但还存在确立指导关系前师生相互了解不充分、文科类专业师生之间有效沟通不足、理工科类专业师生关系存在劳资化倾向、学生维护权益时缺乏有效渠道、师生的价值追求不尽一致、师生心理关系缺乏有效调解途径等问题。[③]

西安外国语大学郭楠选取西安地区综合类大学、文科大学及理工科大学各两所高校的研究生导师与学生作为调查对象，从导师与学生两个层面调查研究生师生关系的现状，分析影响师生关系的因素。研究结果表明：当前研究生师生关系的类型以纯学术指导关系为主，导师与学生最为理想的师生关系类型为科研合作关系；影响师生关系的因素主要是师生交流过程中的关注点、科研报

① 郭友兵. 研究生师生关系的异化困境及其伦理超越 [J]. 学位与研究生教育，2019（2）：6-11.
② 汤成玉. 人际交往视域下来华留学研究生与导师关系研究 [D]. 重庆：西南大学，2019.
③ 刘璇. 全日制硕士研究生与导师关系的现状分析及改善路径 [D]. 青岛：青岛大学，2019.

酬的合理程度、交往过程中分歧和摩擦的处理方式。①

哈尔滨工业大学陈智辉从硕士研究生视角出发，探讨了硕士研究生师生互动动机与行为的关系。运用探索性因子分析，提取了硕士研究生师生互动动机的6个公因子："情感交流动机""课程与就业动机""科研项目动机""人生价值动机""升学动机""成就动机"。其中，"科研项目动机"在硕士研究生中师生互动动机最强烈。研究发现：个人特征（性别、性格、学科）对硕士研究生的师生互动动机会产生影响，师生互动行为特性不会产生影响；不同的师生互动动机有着不同的师生互动偏好，硕士研究生最不喜欢在压抑和严肃的氛围中进行互动；在学业和科研上，硕士研究生更喜欢认真负责的老师，而在交流其他内容，硕士研究生更喜欢和蔼可亲的老师；在互动方式上，硕士研究生最喜欢与老师面对面的交流方式，其次是即时通信工具；硕士研究生师生互动动机与硕士研究生师生互动频率和师生互动时长存在正相关。②

重庆师范大学金玲玲以重庆市3所高校为例，从科学研究、课程学习和日常管理3个维度对全日制硕士生与导师发生冲突的现象展开了研究。科学研究方面的冲突主要包括学生与导师之间论文撰写意见不一和研究观点出现分歧。课程学习方面的冲突主要表现在学业规划方向不同和学业指导想法对立。日常管理方面的冲突主要表现为学生与导师之间时间管理冲突及沟通意愿冲突。引起学生与导师冲突的原因主要是师生存在差异与不足之处，学校教育与管理存在疏忽以及社会影响形成的阻碍作用。③

江西师范大学吴天伦运用问卷调查法研究了硕士研究生心理因素对导师满意度评价的影响机制。研究发现：硕士研究生的心理资本会对指导体验发挥直接影响效果。其中，心理资本对肯定性指导体验产生正向影响，对否定性指导体验产生负向影响。指导体验对导师满意度评价产生影响。指导体验在心理资本对导师评价的影响中发挥着完全中介效应作用。④

此外，有学者使用质性研究方法对导学关系的影响因素进行分析。天津大学王梅等通过深度访谈、头脑风暴等方法归纳影响专业硕士导生关系的21个影响因素，采用解释结构模型法建构多级递阶结构模型，进而依据该模型分析不同因素对导生关系的影响。其中，导师是影响专业硕士导生关系的核心因素，导师性格、行政职务，以及导师提供的学生工作环境分别以并联耦合模式影响

① 郭楠. 硕士研究生导师与学生关系调查研究 [D]. 西安：西安外国语大学，2019.

② 陈智辉. 学生视角下硕士研究生师生互动动机与行为关系研究 [D]. 哈尔滨：哈尔滨工业大学，2019.

③ 金玲玲. 全日制硕士生学导冲突实证研究 [D]. 重庆：重庆师范大学，2019.

④ 吴天伦. 硕士研究生心理资本对导师满意度评价的影响研究 [D]. 南昌：江西财经大学，2019.

着学生的学术能力；学生性格、学生兴趣不但影响着学生与导师的交流方式和习惯，而且潜移默化地影响专业硕士与导师之间的导生关系，成为绝大多数研究生与导师之间存在嫌隙的主要原因；学科属性与外在环境是影响导生关系的前提和重要表征。① 湖南大学杨海霞运用质性研究的方法，对研究型大学 25 位全日制硕士研究生采取半结构化访谈，借助类属分析方法对转录的文字材料进行编码，总结出硕士生与导师互动的主要内容、类型与模式，并着重对影响硕士生与导师互动的因素进行了分析。研究发现：①硕士生与导师互动主要围绕学术与科研活动展开，导师关注学生培养的全部环节，人际或社交互动状况因人而异。②硕士生与导师的互动可以分为 3 种互动模式（单个指导、小组指导、团队合作）以及 5 种互动类型（全面型互动、纯学术型互动、目标/传统型互动、放任自流型互动和疏离型互动）。③导师的态度与表现、学术水平、可获得性，硕士生的学习态度、专业能力、对互动效果的感知；导师与硕士生的个性特征、性别与年龄差异、硕士生是否参与导师项目是影响硕士生与导师互动的主要因素。②

华中农业大学黄子纯采用社会网络分析及实地调查方法，对师生间互动的关系进行探索，揭示了实验室群体网络结构。研究发现：①从整体网络结构来看，导师基本上在学术知识与资源网络、课题合作等科研活动网络中是重要联系人物甚至是核心人物，而在情感网络中是边缘人物，有的甚至是孤立人物。导师在学术知识与资源、课题合作等科研活动层面与研究生互动的相对较多，在分享生活趣事，以及吐露心事层面等方面与研究生互动得相对较少。②网络的核心人员或者中介性较高的成员能够更便利地获取信息、资源与情感，能有效地提高与其他成员的人际关系，他们的特征突出显示为性格外向，曾担任过班干部或其他社团干部。③导师与研究生的互动过程中出现师生互动频率低，导师对科研任务关注多、对学生个人关注不够；师生探讨学术问题时氛围紧张等。研究生对与导师的互动效果并不太满意。④核心人物比边缘人物与导师的关系更紧密，相处更融洽，对互动效果感到更满意。③

在导学关系与创新能力的关系及作用机制方面，北京航空航天大学马永红等基于 35 所高校 4219 名在读博士生的问卷调查，考察学术共同体中博士生内部人身份感知对其创新能力的作用机制。研究发现：导师监督行为正向调节内

---

① 王梅，郭瑞，马韶君. 基于解释结构模型的专业硕士导生关系研究 [J]. 黑龙江高教研究，2019 (4)：104－109.

② 杨海霞. 硕士生与导师互动的影响因素研究 [D]. 长沙：湖南大学，2019.

③ 黄子纯. 基于社会网络视角的农林院校导师与研究生师生关系研究 [D]. 武汉：华中农业大学，2019.

部身份人感知和创新能力的关系，负向调节学习投入与创新能力的关系。低导师督导群体学习投入的中介作用较高导师督导的更为显著。学习投入较高时，无论导师督导水平高低，博士生创新能力都高；但在低学习投入时，导师督导的作用非常显著，高导师督导的博士生创新能力明显高于低导师督导的。① 此外，其另一项研究采用问卷法对全国 35 所高校 3934 名博士生进行调查，分析了师生关系、学术兴趣对博士生创新能力的作用路径和影响大小，并对比了不同学科的差异，研究发现：①师生关系对博士生创新能力有显著的正向影响，且学术兴趣起到了部分中介作用；②人文社科的师生关系及各子维度不仅在总体水平上略优于理工科，且师生关系对人文社科博士生创新能力的直接效应也远远大于理工科；③相较与导师联系和接近的程度，师生拥有共同的学术目标和话语体系对博士生创新能力的影响更加重要且作用更大。② 北京航空航天大学吴东姣等利用全国第四次博士生培养质量调查数据，从师生互动关系和生生学术共同体两个角度论述了学术互动氛围对博士生创新能力影响的作用机制。研究结果显示：师生互动关系、生生学术共同体和博士生主动性对博士生创新能力都有显著的正向作用，且生生学术共同体和博士生主动性在师生互动关系和博士生创新能力之间起到部分中介作用。③

华南理工大学姚添涵等基于社会认知理论和社会支持理论，构建了一个框架模型，探讨了导师支持、同门支持、科研自我效能感三者对研究生科研创造力的作用机制。并以 445 名研究生为调研对象，实证检验了该理论模型，研究发现：导师支持对研究生的科研创造力有着显著的重要影响，但这种影响过程是通过研究生科研自我效能感的完全中介作用来实现的。④

华南理工大学朱莉莉以广东省某研究型大学的 467 位研究生为调查研究对象，实证分析了自我效能感在导师支持和研究生创造力之间的中介效应。结果显示：导师支持及导师支持中情感支持、自主支持、学术支持均能促进研究生创造力；自我效能感能完全中介导师支持对研究生创造力的作用；学习目标导向能促进导师支持对研究生自我效能感及导师支持对研究生创造力的影响。根据研究结论，从高校导师管理、导师指导方式、研究生培养单位、研究生个体

① 马永红，杨雨萌，孙维. 博士生内部人身份感知如何以影响其创新能力——基于学习投入和导师督导的视角 [J]. 中国高教研究，2019（9）：80 – 86.

② 马永红，吴东姣，刘贤伟. 师生关系对博士生创新能力影响的路径分析——学术兴趣的中介作用 [J]. 清华大学教育研究，2019，40（6）：117 – 125.

③ 吴东姣，马永红，杨雨萌. 学术互动氛围对博士生创新能力的影响研究——师生互动关系和生生学术共同体的角色重思 [J]. 学位与研究生教育，2019（10）：55 – 60.

④ 姚添涵，余传鹏. 导师—同门支持、科研自我效能感与研究生科研创造力的关系研究 [J]. 高教探索，2019（4）：46 – 53.

培养 4 个角度提出理论贡献和实践启示。①

河南大学段听上通过对河南大学、郑州大学、河南师范大学的体育学硕士研究生进行调查与分析，研究了体育学硕士研究生导师指导风格与体育学硕士研究生创造力之间的关系，研究发现：①不同性别、不同学历、不同职称、不同指导人数的体育学硕士研究生导师在指导风格方面不存在显著性差异，但当导师指导人数为4—6人时，导师指导风格的各项均值均为最高（自主支持除外）；②体育学硕士研究生导师指导风格与体育学硕士研究生创造力之间存在相关关系，体育学硕士研究生导师支持型指导风格正向影响体育学硕士研究生创造力，体育学硕士研究生导师控制型指导风格正向影响体育学硕士研究生创造力；③支持型导师指导风格和控制型导师指导风格都对研究生创造力具有显著的正向预测作用；④体育学硕士研究生导师指导人数对体育学研究生创造力具有显著的负向预测作用；⑤体育学硕士研究生导师不同组合型指导风格下研究生创造力之间有明显的差异。当体育学硕士研究生导师指导风格为高支持高控制型指导风格时，学生的创造力最高，当体育学硕士研究生导师指导风格为低支持低控制型指导风格时，学生的创造力最低。②

在导学关系与研究生成长的关系方面，北京师范大学林杰等通过对北京市某"双一流"建设大学的16位研究生进行深度访谈发现，师门对研究生发展的影响主要表现为知识、能力与社会性3个维度，不同师门之间非正式的互动、约束机制与权威的组织特征差异，造成了研究生发展的差异。部分师门对研究生发展的各方面都产生了积极影响，也有不少师门过于强调论文发表，对研究生创新能力的培养不足，忽视了师门的育人责任。③华中师范大学李婉秋以H省11所高校的研究生及研究生导师为研究对象，从"学生个人基本情况""读研目的""导师评价""在校学习情况"4方面探索导学关系及硕士研究生成长的状况。结果发现：在控制研究生个人及家庭层面因素和导师个人层面因素后，导师的学术支持、导生的日常交往、导师的职业道德和导生的学术合作均对硕士研究生成长产生显著的积极影响。④

---

① 朱莉莉. 导师支持对硕士研究生创造力的影响：自我效能感和学习目标导向的作用［D］. 广州：华南理工大学，2019.

② 段听上. 体育学硕士研究生导师指导风格对研究生创造力的影响研究［D］. 开封：河南大学，2019.

③ 林杰，晁亚群. 师门对研究生发展的影响——基于非正式组织理论的质性研究［J］. 研究生教育研究，2019（5）：1-8.

④ 李婉秋. 导学关系与硕士研究生成长［D］. 武汉：华中师范大学，2019.

三、导学关系优化与构建

导学关系优化与构建是解决导学矛盾，推进研究生教育管理的根本路径。相关研究从心理学、实践经验、比较借鉴、调查研究等视角展开。

基于心理学视角的导学关系优化与构建方面，福州大学郑文力等从心理契约理论视角出发，对学术共同体中导致"导师—研究生"之间心理契约破裂的问题进行剖析，指出学生方"求学动机多样化""学术胜任力欠缺"；导师方"指导不足""功利心强""权利滥用"等是影响师生心理契约达成的具体因素，并以心理契约建立期、稳定期、违背期3个阶段为线索，提出完善沟通机制、开设心理门诊和健全督导制度等构建"导师—研究生"良好心理契约的路径。①北京交通大学张驰等将人本主义心理学运用在现代导学关系中，指出当前导学关系面临师生学术旨趣存在差异、师生关系淡漠与疏远、师生关系出现异化等主要问题，为此应确立和谐导学关系的目标，和谐导学关系的前提是师生个体的独立及和谐互动，应通过人本主义教育下的交往及其运用等途径构建和谐导学关系。②

基于实践经验视角的导学关系优化与构建方面，复旦大学马臻结合指导研究生的经历，将研究生师生矛盾归纳为观念冲突、目标冲突、利益冲突、决策模式冲突、方法冲突、习惯冲突、认识冲突、个性冲突8种类型，在分析成因的基础上提出3个化解对策：通过初步筛选和面试，挑选合适的学生进课题组，并提醒考生关于读研的要求；全心全意为研究生的学业和职业发展服务，使学生有目标、有实现目标的方法、有收获，减少师生之间的矛盾；一旦出现矛盾，要通过沟通，形成解决问题的方案。③浙江大学方磊介绍了浙江大学"五好"导学团队评选的标准以及组织机构、评选对象、评选条件、评选程序、表彰宣传等具体评选办法，分析了入选导师团队所具有的团结友爱的氛围、教学相长的机制、蓬勃发展的学科方面等共性特点，认为浙江大学"五好"导学团队评选凸显了导师的育人责任，构建了导师与思政队伍合力育人的机制，取得了较好的成效。④

---

① 郑文力，张翠. 基于心理契约视角的"导师—研究生"关系构建研究［J］. 研究生教育研究，2019（5）：16－20.

② 张驰，刘海骅，练宸希，等. 人本主义视角下和谐导学关系的重构［J］. 现代教育管理，2019（7）：107－111.

③ 马臻. 研究生师生矛盾及化解对策［J］. 学位与研究生教育，2019（2）：1－5.

④ 方磊. 推进导学关系实践研究——以浙江大学"五好"导学团队评选为例［J］. 学位与研究生教育，2019（7）：31－35.

基于比较借鉴视角的导学关系优化与构建方面，南昌大学廖昱潇在借鉴美国高校导师与研究生学术共同体建设的经验和对导师与研究生学术共同体建设"653"模式实践探索总结基础上，提出我国高校导师与研究生学术共同体建设对策：以学术研究方向整合师生学术发展的共同追求、以制度建设保障学术共同体的有效运行、以建立团队共进机制促进导师与研究生学术共同体发展、以协同育人机制构建共同体良好学术生态，着力推动我国高校导师与研究生师生学术共同体构建，不断探索研究生培养模式的改革创新。① 华东师范大学姚琳琳通过梳理美国 10 所高校中与导师指导密切相关的条款，发现其研究生导师需履行提供有效指导及建议、给予公正评价及反馈、培养研究生学术诚信、关注研究生实验安全、尊重鼓励研究生、提供经济和职业发展支持的职责，恪守不得剥削、歧视、性骚扰研究生，不得与研究生建立恋爱和不正当性关系的伦理规范。由此建议我国高校细化学术指导职责条款；对非学术事务的职责范围不宜过分扩大；出台专门的导师伦理规范文本，对其不当行为的类型、惩罚机制详细说明；配备专门机构和人员，启动操作性强的程序，对导师指导职责和伦理规范的执行情况予以监督。②

基于调查研究视角的导学关系优化与构建方面，杭州电子科技大学宋书路选取杭州地区 5 所高校的理工科研究生为调查对象，发现导生关系中存在着研究生与导师交流的主动性欠缺、导师指导角色单一，以及导学互动的有效性偏低等问题。构建科学的导学关系需从提升个体交往的主动性、注重导师指导的全面性和提升"导学互动"的有效性等方面入手，从而形成师生和谐互动、教学相长的良好导学关系。③

此外，中国矿业大学权艳通过分析共同体的相关理论与案例，从师与生的依存、互动、发展关系等角度阐述了师生和谐关系的内涵，通过对不同典型个案的质性研究，认为研究生师生关系异化现象在于相对落后的教育理念、尚待完善的导师制与监督机制、导师"重科研、轻教学"的生存样态、研究生对自身角色的认知偏差、情感交流与人文关怀的缺失。在对古今中外的和谐师生关系进行分析的基础上，从师生选择机制、交往理念、学术责任、外部环境、制度保障等方面为研究生与导师和谐相处提出了建议。④ 华中师范大学陈俊源认为当下导师与研究生交往的普遍景象为导师与研究生过分专注于狭隘的"自我

① 廖昱潇. 导师与研究生学术共同体建设研究 [D]. 南昌：南昌大学，2019.

② 姚琳琳. 美国研究生导师的指导职责、伦理规范及启示 [J]. 学位与研究生教育，2019（9）：65 – 71.

③ 宋书路. 理工科研究生导学关系的现状、困境及对策研究 [D]. 杭州：杭州电子科技大学，2019.

④ 权艳. 共同体视角下导师与研究生和谐关系研究 [D]. 徐州：中国矿业大学，2019.

奋斗",当下导生关系问题在最基本的意义上可以归结为由单子式自我而衍生出的关怀缺位,据此提出用一种切实有助于导生双方共同成长的关怀型导生关系,为研究生教育注入新的生机,然后从平等对话、协同创新、生活交往与育人管理4个维度建构了关怀型导生关系的立体内容。①

第三节 导师责任与权力

2019年,导师责任与权力研究的相关文献有7篇。在研究主题上,导师职责及考核机制方面有4篇,导师权力及法理依据方面有3篇。在文献类型上,期刊论文有2篇,学位论文有1篇,新闻报道有3篇,学术专著有1部。

一、导师职责及考核机制

中国科学院动物研究所王德华指出研究生不是导师的"私有财产",也不是导师的廉价打工者。研究生导师最重要的责任是指导研究生的学业和成长。研究生培养单位对研究生导师应该有相关培训、考核和评估,甚至对研究生导师也可以设置一些"红线"。对那些不适合培养研究生的或严重违规的导师,要有相关的处理措施。②

大连理工大学刘宏伟等择取具有代表性的研究生导师履行立德树人职责的案例,运用案例分析方法,以"四个统一"为分析脉络,从坚持教书和育人相统一、坚持言传和身教相统一、坚持潜心问道和关注社会相统一,坚持学术自由和学术规范相统一4方面将立德树人的价值导向以案例形式展现出来,实现学术价值与应用价值融为一体。③

南京大学汪霞深入解读江苏省出台的《关于加强研究生导师队伍建设的意见》和《江苏省研究生导师职业道德规范"十不准"(试行)》,指出研究生导师应认真学习领会职业道德规范要求,明确立德树人的职责,在指导研究生的过程中,坚持师德为先、育人为本、质量为要,以高尚的品质、过硬的能力、模范的实践引领研究生成长成才,具体包含3方面:不忘初心,擦亮道德底色;

---

① 陈俊源. 关怀型导生关系建构研究 [D]. 武汉:华中师范大学,2019.
② 王德华. 导师别滥用权力、忽视责任 [N]. 中国科学报,2019 – 03 – 18(8).
③ 刘宏伟,王新影,李雪梅. "四个统一"视域下研究生导师立德树人案例汇编 [M]. 北京:人民出版社,2019.

率先垂范，提升科学素养；遵道秉义，恪守学术规范；崇德笃行，增强社会责任。①

复旦大学马臻针对"三全育人"（全员、全过程、全方位育人）提出了自己的看法，"三全育人"不能停留在政策、思路和生硬的宣传、说教上，更需要实实在在的抓手和教师的辛勤付出。学生并非仅仅关心自己的科研，而是需要导师在人生的道路上多方面指点，而导师要学会找到最佳"切入点"。当学生遇到过不去的坎，导师要告诉他们"面对它、解决它、放下它"，可以以过来人身份讲述自己的奋斗史，教学生把握好人生的得与失。②

二、导师权力及法理依据

华东师范大学姚琳琳基于预访谈结果、国内外文献，编制了《研究生导师权利调查问卷》，并将部分研究生院高校的导师权利条款与导师权利诉求的调查结果进行比较，发现权利条款对导师高度认同的招生自主权、指导评价权、获优先支持与奖励权的规定较多；对人文社科导师的权利诉求，条款未能有所体现；对导师们关心的申诉权、与不合格学生解除指导关系的权利、与指导活动相关的署名权，缺乏可供参考的程序性规定和适用范围的说明性条款。③

云南大学张靖贻分析了导师权力的特殊之处：兼具学术性与行政性、具有多元属性的权力。权力的多元属性暗含着区分监管的逻辑，现有制度对师德失范行为的处理未作详细区分，处理、监督方式对导师权力特殊性考虑较少，因此应结合导师权力的特殊性对其进行分类、阶段性的处理与监督。具体地，对导师滥用权力所主张学术性理由，由第三方学术性组织对所争事项进行重评，并与导师评价结果对比，以二者差异性判断导师所主张学术性理由是否正当；对导师主张的非学术性理由，建立学术伦理惩戒、导师"责任清单"、权力行使"程序清单"制度对非学术性理由进行行政性监督。④

衡阳师范学院左崇良认为研究生导师责权机制具有法理弹性，深度观察和探讨研究生教育的师生关系，冷静地分析导师和研究生的责权边界，充分考虑教育法律制度的软法属性，将刚性规范与软性规定进行合理组合，形成优良的教育法律制度，是现代大学治理的应有之义。⑤

---

① 汪霞. 修身洁行，做研究生成长成才的引路人 [N]. 江苏教育报，2019 - 03 - 01 (4).
② 马臻. 除了实验和论文，导师要不要跟学生谈人生？ [N]. 文汇报，2019 - 01 - 04 (8).
③ 姚琳琳. 研究生导师的权利诉求及其规范的制定 [J]. 高教发展与评估，2019，35 (3)：47 - 56 + 111.
④ 张靖贻. 我国高等教育机构导师权力监督研究 [D]. 昆明：云南大学，2019.
⑤ 左崇良. 研究生导师责权机制的法理弹性 [J]. 复旦教育论坛，2019，17 (1)：38 - 44.

第四节　导师角色与评价

2019 年，导师角色与评价研究的相关文献有 10 篇。在研究主题上，导师角色方面有 7 篇，导师评价方面有 3 篇。在文献类型上，期刊论文有 4 篇，学位论文有 6 篇。

一、导师角色

导师角色方面的研究主要包含导师的角色认知、权威特征、人格特征、媒体形象、文化心理等研究议题。

苏州大学姬婷以理工科硕士生的教学、科研、社会服务三大教育工作内容为切入点，利用问卷调查和访谈两种研究方法，归纳了理工科硕士生和导师在学术资本主义环境中的角色特点：导师不再囿于教授身份，向多元化角色发展；硕士生的学生角色式微，向功利化、社会化方向发展；导师和硕士生之间，多种角色特征并存；学术圈之间合作竞争，追求共赢。学术资本主义使导师实现了个人价值，给了硕士生提前接触社会的机会；同时，又造成大学内部不同学科的鸿沟加深，许多导师从大学教授身份中逾越，硕士生的求学生涯也被打乱。[①]

湖南师范大学谢康以湖南大学、中南大学和湖南师范大学 3 所学校的研究生为调查对象，对导师权威的现状和影响导师权威的因素进行调查研究。结果显示，导师权威虽然并未被完全消解，但存在一定程度上的弱化趋势：传统权威呈现淡化趋势，法定权威出现异化现象，专业权威易于弱化消解，感召权威难以达到学生的理想要求。其中，信息网络世界的分权、民主平等观念的超限运用、市场经济社会对教育属性的冲击、个体自由引发的权力滥用、研究生群体特征，以及导师自身专业能力不彰和教师职业道德失范等是其形成原因。[②]

厦门大学徐岚通过对案例高校 50 位博士生的质性访谈，提取出与导师人格、身教相关的关键性表征并将其聚类。研究发现：导师的人格特征会影响指导质量，进而影响学生满意度；受学生欢迎和不受学生欢迎的导师在人格和指导上分别体现出一些共性特点；导师身教发挥作用的途径主要有 3 种，即遵守

① 姬婷. 学术资本主义视野下理工科硕士生及导师的角色研究 [D]. 苏州：苏州大学, 2019.
② 谢康. 导师权威的现状分析和优化路径研究 [D]. 长沙：湖南师范大学, 2019.

学术规范与学术道德，给予学生公正客观的评价、不滥用权力，为人正直、处世有原则。① 重庆理工大学孙金花等探讨了不同主体主导的互动方式对导师隐性知识激发研究生科研兴趣的影响。实证研究结果表明：导师隐性知识会正向影响研究生科研兴趣的形成，且导师主导式互动方式和学生中心式互动方式均正向调节两者之间的作用关系，但影响程度存在一定差别，即与导师主导式互动方式的调节效应相比，学生中心式互动方式的调节效应要强。②

江苏大学钟勇为等基于"镜式"研究框架并借鉴性运用 SCAT 分析方法，发现当今研究生导师整体上呈现守身行道与道德风险的矛盾交织——既彰显有一定的研究生培养质量保障与自律意识，又不同程度显露出"搭便车""随大流"的心理与行为，突出体现在培养实践中精力投入的投机主义、具体举措的底线主义和总体定位的混世主义。正是由于社会文化的大肆搅局、研究生导师的欲拒还迎，以及高校制度的推波助澜，才招致研究生导师文化心理呈现双重文化纠葛。研究生导师的主流文化心理可归结为混世情结与底线意识杂糅其中的活在当下的务实心态，这种心态不利于提升研究生培养质量。因此，相关部门有必要通过制度建设与心理防治，对导师进行适度的文化心理调适。③

南昌大学林盈以中国知网重要报纸全文数据库为材料来源，运用内容分析法与语义量表从人格特质、外在形象和整体形象 3 方面对导师媒介形象进行归纳总结，运用问卷调查法对江西某高校 350 位研究生进行导师形象的调查，并与媒介形象作比较。研究发现：建言献策、人物介绍以及热门事件类的报道主题最多，正面报道占比近 70%，负面报道占比也达 11.3%；新闻报道存在报道失衡和导师话语缺失等问题。导师的媒介形象在人格上表现为睿智、忠诚、真诚、敬业等，在外形上表现为朴素等，而在整体上表现为研究生培养上权力很大、在与研究生的关系中处于很强势的地位、学术上成绩很杰出等，导师的媒介形象总体上呈现正面和多元两个特征。关于导师形象的调查则表明，研究生对导师的人格特质认知更为正面，导师外在形象也以朴素为主，整体印象也较为正面，二者不一致的地方多表现为细节描述。因此，不管是媒体的报道，还是学生的认知，导师的社会形象总体上是正面而积极的。④

此外，陆军工程大学李希亮总结提炼了军队院校导师的主要特点：行政权力重于学术权力；战斗精神重于科学精神；科研任务重于学术研究；精神需求

① 徐岚. 导师人格与身教对博士生培养的影响 [J]. 教育发展研究, 2019, 39 (23): 34-41.

② 孙金花, 代言阁, 胡健. 导师隐性知识对研究生科研兴趣的影响——基于不同主体主导互动方式的调节效应 [J]. 研究生教育研究, 2019 (5): 38-44.

③ 钟勇为, 夏甜恬, 周慧, 等. 基于"镜式"分析框架的研究生导师文化心理研究 [J]. 研究生教育研究, 2019 (3): 9-15+21.

④ 林盈. 研究生导师媒介形象及认知研究 [D]. 南昌: 南昌大学, 2019.

重于物质利益。结合军队院校导师队伍建设的原则，指出要从研究生导师成长进步、履职尽责和研究生培养的全过程，挖掘提炼显性可测的激励指标，优化激励措施，构建操作简单、运行高效的激励机制，调动导师的积极性和主动性，提高研究生培养质量。[①]

二、导师评价

导师评价方面包含导师指导能力评价、导师教学领导力评价、导师考核评价等方面。河北大学王贵贵构建了研究生导师指导能力评价指标体系，具体包含品德行为能力、学术科研能力、学业指导能力、教学指导能力及管理沟通能力5个一级指标和22个具体评价指标。[②] 北京理工大学张少光基于扎根理论研究方法，从研究生的视角出发，建构了研究生课堂教师教学领导力模型，具体由教学意识塑造力、学术水平提升力、学生情况了解力、师生关系建构力、知识讲授运筹力、学生学习引导力、教学行为组织力、教学资源整合力和教学科研结合力9个维度构成。[③] 河北经贸大学李梅亚从导师基本素质、教学工作、指导情况和科研成果4个维度构建了地方高校硕士生导师考核评价指标体系，并对河北省J大学现行的硕士生导师考核评价从主体、流程、内容和结果4方面进行考察分析，发现考核评价主体单一、考核评价工作重复烦琐、考核内容与系统性评价理论不统一、考核结果与发展性教师评价理论相违背4方面问题。[④]

第五节　文献分布及其特点分析

2019年，研究生导师队伍建设研究专题由导师指导、导学关系、导师责任与权力、导师角色与评价4部分组成，在文献分布、研究方法与研究热点等方面呈现以下特点。

---

① 李希亮. 军队院校研究生导师激励机制研究 [J]. 学位与研究生教育, 2019 (4)：27-31.

② 王贵贵. 研究生导师指导能力评价体系构建研究 [D]. 保定：河北大学, 2019.

③ 张少光. 基于扎根理论的研究生课堂教师教学领导力模型构建 [D]. 北京：北京理工大学, 2019.

④ 李梅亚. 地方高校硕士生导师考核评价体系研究 [D]. 石家庄：河北经贸大学, 2019.

一、文献分布

从文献数量来看，2019 年度研究文献入选量为 59 篇，较 2018 年的文献入选量（57 篇）有所增长。2011—2019 年研究生导师队伍建设研究文献入选量年度变化趋势见图 4 –1。

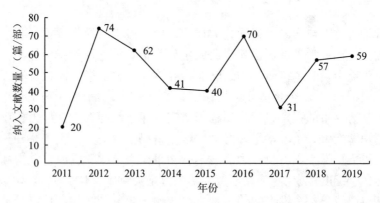

图 4 –1　导师队伍建设研究文献入选量年度变化趋势

从文献分布结构来看，2019 年度研究生导师队伍建设的研究文献仍然以学术期刊为主，共 29 篇，占 49.15%；学位论文 25 篇，占 42.37%；新闻报道 3 篇，占 5.08%；专著 2 部，占 3.39%。

从文献来源期刊来看，2019 年度入选的 29 篇期刊论文中，《学位与研究生教育》发文最多，有 9 篇；其次是《研究生教育研究》，有 8 篇。

从文献分布的内容来看，2019 年度本专题的 4 个主题中导学关系的文献量最多，成果丰富。

二、研究方法

从研究方法上看，2019 年度本专题在研究方法上仍是定性与定量研究并行，涉及理论思辨、调查实证、经验总结等。在导师责任与权力、导师角色认知方面主要使用理论思辨的研究方法，在导师指导与导学关系方面则主要使用实证研究方法，包括对导师指导情况的调查，以及导学关系与研究生创新能力提升及其作用机理方面的研究。经验总结的研究方法主要见于导学关系优化与构建等研究议题。

三、研究热点

从研究的侧重点来看，2019 年度延续了 2018 年的研究焦点与核心问题，但研究范围更为广泛，研究重点更加突出，主要关注点是导学关系、导师指导。2011—2019 年导师队伍建设研究的侧重点对比见表 4 - 1。

表 4 - 1　2011—2019 年导师队伍研究的侧重点比较

研究主题	年度研究热点								
	2011	2012	2013	2014	2015	2016	2017	2018	2019
导师遴选	✓			✓	✓			✓	
导师指导	✓	✓	✓	✓	✓	✓	✓	✓	✓
导师团队建设				✓	✓	✓			
导师责任与权力	✓			✓	✓		✓	✓	✓
导学关系研究				✓	✓	✓	✓	✓	✓
导师管理与评价	✓		✓			✓	✓	✓	✓
导师素质与能力						✓	✓	✓	
导师角色与身份						✓		✓	✓

从研究热点来看，导学关系近 5 年来都是学者研究的重点。尤其是近两年导学关系负面新闻频出，导学关系研究文献量在导师队伍建设研究中跃居榜首。在导师指导方面，导师指导调查研究越来越得到学者们的关注。

四、未来研究展望

通过对 2019 年度关于导师队伍建设研究的文献进行梳理，结合国家政策背景与社会重点关切，就未来研究趋势提出几点展望。

（1）在立德树人政策背景下，导师责任内涵及落实途径将成为本专题的研究热点，有关研究生导师立德树人的具体职责、实践探索、长效机制及考评体系等方面将持续受到关注。

（2）随着师生纠纷成为社会重点关切，导生关系优化与构建将持续成为本专题的研究热点，围绕师生纠纷或矛盾产生的机理解析，导师制的改进与优化、和谐导生关系建设路径等方面的研究将进一步深化。

（3）导师队伍整体水平直接关系到研究生培养质量，在破"四唯"背景下，如何理解和掌控研究生培养质量要求，如何加强导师队伍建设，如何理解新时代背景下的导师角色与定位，发挥导师在"双一流"建设中的突出作用，促进我国研究生培养质量全面提升等议题将得到学界重点关注。

专题五　研究生招生与就业研究进展

2019 年度以研究生招生与就业为主题的研究文献共检索到 146 篇。其中，期刊论文 51 篇、学位论文 51 篇，报纸文章 44 篇。研究主题可归纳为研究生招生政策变迁、研究生招生制度改革、研究生就业状况、研究生创业意愿、研究生职业选择与职业能力。

第一节　研究生招生研究

研究生招生研究的相关文献共 37 篇，被采纳文献 14 篇。研究生培养单位的学者、研究生教育相关管理人员、在读研究生构成了本小节的研究主体。文献研究内容主要涉及研究生招生政策变迁、研究生招生制度改革、博士生招生"申请—审核"制 3 个主题。

一、硕士生招生

改革开放 40 年来，我国的研究生教育经历了恢复重建、稳步推进、扩张规模阶段，当前正处于深化改革的内涵发展阶段，一些学者对研究生招生政策的演进路径及现存问题进行了系统梳理。汕头大学秦国柱认为改革开放以来我国研究生招生选拔模式经历了不断变革，呈现出两大趋势：统考模式和推免模式成为主流，推免模式占比扩大。两大变革趋势引发研究生招生选拔考试的效度公平和选拔程序的机会公平问题。解决这些问题，既需要规避现实中的思想误区，也需要制订切实可行的改革方案；近景方案和远景方案在两种可行性层次上，提出了改革现行研究生招生制度的对策，促进新时代研究生教育朝着公平方向迈进。①

陕西师范大学陈亮等基于政策学的分析范式，指出我国研究生招生政策的基本逻辑体现了以内部利益相关者与外部社会需求共同促进的动力机制，彰显了"效率""公平""质量"交互作用的政策价值，达成了以制度规范和机构规范为共意过程指向，形成了以政治学话语为主导的多元利益表达。在此基础上，研究生招生政策应基于逻辑的变迁作出调整与完善，在动力机制上转变政府职能，优化高校研究生招生自主权；在价值目标上注重"公平与质量"，深化招考方式与内容变革；在过程路径上注重治理的政策运行逻辑；在政策话语上注重多元主体间的利益表达与整合。②

北京航空航天大学朱鹏宇等从制度变革视角回顾了中华人民共和国成立以来的研究生招生制度变迁，认为我国研究生招生制度在国家、学术和市场三重逻辑共同驱动下经历了由萌芽、波动到快速发展的过程。制度变迁方向以"自上而下"为主到"上下结合"日益增多；变迁形态以渐进、局部变迁为主，激进、整体变迁阶段性作为"波峰"形态出现。应充分认识我国研究生招生制度变迁机理和规律，探索三重逻辑合理发挥作用的有效路径，在招生单位办学自主权、学生自由选择权、招考分离、社会需求响应力等方面继续开展适切的改革实践。③

招生制度是本专题历年文献所聚焦的热点问题，研究者往往通过对具体招生政策及现存问题的梳理，并据此提出对策，以期达到优化研究生招生制度的目的。天津大学张立迁针对全国硕士生招生考试初试自命题科目种类多的现状，提出招生单位在自命题科目上存在科学性、严谨性、规范性不足等问题。提高硕士研究生招生考试选拔的有效性，应注重自命题科目与统一命题科目之间的关系，从自命题科目考试的功能价值、内容标准取向、教育目标导向、评价模式取舍等 5 方面入手，为招生单位自命题的科目确定及内容标准的编制提供有益参考。④

中国人民大学陆屹洲等采用历史制度主义理论分析了研究生"推荐免试"制度的变革历程，发现看似静止的研究生推免制度事实上经历了数次较大的变

---

① 秦国柱，孙志远. 改革开放 40 年来研究生招生选拔模式变革趋势、问题及对策 [J]. 黑龙江高教研究，2019，37（5）：100 - 106.

② 陈亮，王晓杰. 改革开放 40 年我国研究生招生政策的变迁逻辑与发展走向 [J]. 四川师范大学学报（社会科学版），2019，46（1）：86 - 94.

③ 朱鹏宇，马永红，白丽新. 中华人民共和国成立 70 年来研究生招生制度变迁逻辑：回顾与展望 [J]. 中国高教研究，2019（11）：27 - 33 + 82.

④ 张立迁. 全国硕士研究生招生考试初试自命题科目及其考试内容标准编制刍议 [J]. 中国考试，2019（10）：34 - 39.

迁，在较大的变迁之间又存在着政策上的微调。环境和观念是制度变迁的主要动因，作为主管部门的教育部拥有政策制定的主导权，掌握了这一政策的制定和改变，而作为政策执行者的高校之间的博弈、作为政策对象的学生群体的行为策略则在制度的微调中发挥了一定的作用。正是由于能动者在权力上的不对等，教育制度变迁呈现出"行政主导、博弈为辅"的面貌，充满了非理性因素和历史偶然性。①

浙江水利水电学院方晔等认为我国高等教育的招生计划资源配置以宏观指导下的协调实施为主要特征，在办学空间拓展、高校升格更名、"双一流"建设和社会追求偏好等影响下，伴随发展产生的招生计划资源配置这一新问题值得辩证思考。应以变革的理念进行探索，立足与招生计划资源配置密切相关因素的调控，以结构性资源调整为途径，以加强国际教育资源为补充，研究建立招生计划资源配置的反馈机制和绩效后评价机制，从而推进高等教育的发展，为实现新时代中国特色社会主义发展的奋斗目标提供有力支撑。②

中国科学技术大学张学谦等对42所一流大学建设高校的8541个研究生招生专业进行了分析，发现学位类型、学习方式和学科门类3个维度下的不平等现象以不同形态影响着我国硕士研究生入学机会平等的实现进程。总体而言，入学机会不平等主要源于学术学位、全日制和自然科学招生专业。建议一流大学建设高校应首先对学术学位、全日制和自然科学中的不平等招生专业进行"定点清除"，其次排查其他维度下的不平等专业并对其不合规、不合理条件予以修正，最后秉承机会平等的人才观和制度观设计"不偏不倚式"的研究生招生制度。③

此外，一些学者关注了区域民族研究生招生政策的相关问题。长江师范学院杨玉兰认为研究生教育民族招生政策在高层次民族人才的培养、西部就业人才学历的提升等方面取得了重要成就。该政策在实施过程中仍需坚持以下4方面：必须坚持公平理念，确保民族招生政策的实质公平；必须坚持差异性原则，坚持政策与民族和区域的紧密结合；必须始终坚持为"民族"服务的方向，确保为民族地区提供源源不断的智力支持；必须坚持以质量提升为导向。④

---

① 陆屹洲，马得勇. 权力、能动者与高等教育政策变迁——对研究生"推荐免试"工作的历史制度主义分析［J］. 中共福建省委党校学报，2019（5）：71–81.

② 方晔，方守湖，俞姝. 问题辩思与改进：高校招生计划资源的配置［J］. 黑龙江高教研究，2019，37（11）：123–127.

③ 张学谦，李金龙，裴旭，等. 我国一流大学建设高校硕士研究生入学机会平等性测度及表现［J］. 学位与研究生教育，2019（6）：38–44.

④ 杨玉兰. 新中国成立70年我国研究生教育民族招生政策的发展进程、成就与展望［J］. 民族教育研究，2019，30（5）：29–36.

二、博士生招生

近年来，越来越多的高等院校积极探索博士生招生"申请—考核"制，传统意义上以统一入学考试选拔博士生的方式逐年减少，这种现象引发了学界对博士生选拔公平性问题的关注。南京大学陈谦认为博士生招生"申请—考核"制改革是制度性建设的推陈出新，但是关于博士招生改革中具体实现科学选才的改进措施尚不明确，主张借鉴管理学人才测评理论中"岗位胜任"的概念，结合"一级学科博士学位授予要求"和"个人潜能因素"设计博士生人才选拔的科研胜任力指标体系，以形成适合"申请—考核"制的人才选拔标准来精准选拔优秀博士生。①

云南大学汪栅认为博士研究生资源属于优质的教育资源，其"高价值"和"稀缺性"的特点会导致阶层之间在争夺优质资源时产生竞争的异化。"申请—考核"制让院校、导师的招生自主权扩大，其所产生的权力私化、权钱交易的利益链也极易破坏赞助性升迁与竞争性升迁之间的平衡，在资质与资本的互动博弈中，"利益相关者"能够用资格限定的权力打造"出身鄙视链"进而维护优势利益主体通过资本置换带来的最大化利益。博士"申请—考核"制必须建立起适当的机会补偿措施，调整权利正义与价值正义的关系，从利益主体的交织中维持公平正义。②

华南师范大学吴瑞华从"双一流"建设的高度来审视博士生招生的问题，博士生招生是提升高等教育综合实力和国际竞争力的重要环节，制定博士生招生指标动态调整办法、选定博士生招生指标测算体系，构建博士生招生指标动态调整模型，合理分配博士生招生计划，有利于合理配置教育资源，全面提高博士生研究生培养质量，为高校"双一流"建设服务。③

作为学术精英选拔的具体制度安排，博士生招生历来受到学界的普遍关注，一些学者采用案例研究方法聚焦具体学科招生制度运行的问题，并提出相应对策。辽宁师范大学李宝贵以教育博士专业学位汉语国际教育领域研究生招生工作为例，对 19 所高校招生简章进行文本分析，从 6 个观测指标进行分析发现存在专业称谓不一致、申请条件严苛、笔试面试未有机结合、审核标准及评分方式模糊、缺乏监察监督机制保障等问题。提出应从坚守发展特色、严把准入门

① 陈谦. 博士招生科学性的优化探索 [J]. 江苏高教, 2019 (5)：91 - 96.
② 汪栅. 竞争异化：精英淘汰机制中的隐形不平等——博士招生"申请—考核"制的公平性探析 [J]. 研究生教育研究, 2019 (4)：21 - 26.
③ 吴瑞华. "双一流"背景下博士招生指标动态调整模型研究 [J]. 高教探索, 2019 (8)：73 - 77.

槛、多元化的考核方式、审慎设定审核标准、健全监察监督保障机制入手来保证招生过程公开公平公正。①

华中科技大学王英双等对华中科技大学能源类博士生的申请考核制的实践进行了介绍，通过对招生条件、招生流程和招生特点的介绍和总结，指出"申请—考核"制更加科学合理并对申请考核制的完善和发展进行了思考，指出可以从优化选拔过程、制定高效合理的学科考核形式与内容两方面进一步完善申请考核制的制度设计。②

在我国研究生教育迈向内涵发展的时代背景下，国际比较研究成为认识并推动研究生招生深化改革的重要途径。清华大学杨佳乐等介绍了美国研究生招考正逐步实施综合审核以全面考察申请者的过去经历、认知水平、非认知能力及发展潜力。其原因在于以学为标的考察方式单一且效果有限，唯分论扼杀生源多样性且抑制创新力，而综合审核可提高培养效率并降低教育成本。美国高校推进综合审核的举措包括：制定观测维度、建立计分标准、创新对非认知能力的评价和加强对匹配度的考察。我国的制度改革需要从国家层面加强宏观引导与质量监督，探索"一考多次，申请考核；一考多类，替代选择"的方式；在院校层面试点综合审核，制定观测维度与计分标准，开发非认知能力评价工具，提供材料审核与数据分析的相关培训。③

复旦大学李会春介绍了丹麦从 2003 年起开始的为期约 10 年的博士生扩招。这次改革大幅增加了丹麦的博士生数量，也改变了博士生群体的内部结构：技术科学、健康科学和科学类博士生扩招最多并最终占据支配地位，而社会科学和人文学科相对较弱；女性增幅多于男性并后来居上；国际生比例也显著增加。总体来看，扩招基本并未影响博士生教育质量；博士生过度教育问题虽然存在但并不严重，只不过存在学未尽其用的现象；扩招的短期政策目标已经实现，但其长期的科技和经济效应有待检验；针对博士生适度培养规模问题，存在多种视角，但生态学视角最终被丹麦政府采纳，从而导致扩招政策的终结。④

① 李宝贵. 教育博士专业学位研究生招生问题的透视与改进——以汉语国际教育领域为例 [J]. 教育科学, 2019, 35 (5)：82－91.

② 王英双, 刘志春, 张立麒. 能源类博士研究生招生申请考核制改革的实践与思考——以华中科技大学为例 [J]. 高等工程教育研究, 2019 (S1)：297－299.

③ 杨佳乐, 王传毅. 研究生招考中综合审核何以实现——来自美国的经验 [J]. 研究生教育研究, 2019 (4)：84－90.

④ 李会春. 丹麦博士生十年扩招：变化及争论 [J]. 学位与研究生教育, 2019 (10)：66－71.

第二节 研究生就业研究

本节共检索到与研究生就业主题相关的文献 48 篇，采纳文献 19 篇。研究内容主要聚焦在研究生就业现状、研究生创业、研究生职业选择和职业能力 4 方面。文献作者主要是我国高等学校从事教育研究的学者和研究生，以及从事研究生教育管理的行政人员。

一、研究生就业状况

随着研究生教育规模的逐年增长，研究生就业成为社会关注的热点问题。近年来，北京大学的科研团队对研究生就业问题进行了持续研究，这些研究主要利用实证方法来掌握研究生的就业状况，梳理现存问题。北京大学刘凌宇等分析了 2015—2018 年 32 所一流大学建设高校毕业生就业质量年度报告数据，博士毕业生去向仍以直接工作为主，但近年来到境内外从事博士后研究工作的比例有所提升。一流大学建设高校的博士毕业后从事学术类工作的比例约 60%，平均 15% 以上的博士毕业生会进入企业就职，"溢出"效应明显，研发型企业招聘博士毕业生人数突出。[①]

北京大学于菲等基于 2017 年全国 21 省 33 所高校的抽样调查数据，从毕业去向、就业结构、就业质量 3 方面对 2017 届研究生的就业状况进行了实证研究。研究生的毕业落实情况较好，总体落实率达到 84.6%；研究生在就业地区、就业城市、工作单位、就业行业、工作类型上的分布较为集中，京津沪等东部地区，以及大中城市的企业、新兴服务业、管理技术类工作比较受到研究生的青睐；研究生在月起薪、工作满意度和学用结合等方面的就业质量总体较高。[②]

博士毕业生是国家创新体系中的重要生力军，也是企业研发的重要力量。北京大学沈文钦等基于 2016 年中国 13 所高校博士毕业生问卷调查数据，对他们到企业就业的情况进行分析。研究发现博士毕业生到企业就业的意愿和实际

---

① 刘凌宇，沈文钦，蒋凯. 一流大学建设高校博士毕业生企业就业的去向研究 [J]. 学位与研究生教育，2019（10）：48 - 54.

② 于菲，邱文琪，岳昌君. 我国研究生就业状况实证研究 [J]. 学位与研究生教育，2019（6）：32 - 38.

比例均不高。对于理工农学科背景的博士生而言，男性和在读期间获得过专利的博士生更倾向于去企业就业。到企业就业的博士在读期间学术论文发表数量更低。此外，到企业就业的博士从事研发工作的比例较低。与到其他部门就业的博士相比，到企业就业的博士认为工作岗位与所学专业密切相关的比例显著更低。我国企业应进一步增强研发能力，提供更好的发展平台和更高的薪酬待遇，吸引更多的博士到企业就业。①

天津大学高耀等认为就业歧视的存在会导致国家、单位及个体层面的"多重效率损失"，文章基于 2017 年全国博士毕业生离校调查数据的实证研究发现：博士毕业生就业时遇到的主要就业歧视类型按发生率由高到低依次为第一学历歧视、性别歧视、年龄歧视、地域歧视、婚姻歧视及其他歧视，而同时遇到两种及以上的组合就业歧视的发生率为 27.18%，且各种就业歧视的发生率在不同性别、年龄、选拔方式、培养单位类型、学科及地区之间存在差异性。进一步的回归结果显示，博士毕业生就业方面的性别阻隔效应、年龄阻隔效应及地区阻隔效应是就业歧视的几种典型表现形式。②

部分学者采用比较视角来揭示特定研究生群体的就业状况。云南大学李敏等基于 2017 年全国研究生离校调查数据，比较了学术硕士与专业硕士的就业状况。结果显示专业硕士的就业率显著高于学术硕士，专业硕士在就业竞争中已具备初步比较优势；在就业单位选择上，专业硕士与学术硕士差异不大，或许是由培养同质化和专业硕士培养规模的扩张导致；专业硕士就业满意度显著高于学术硕士，但尚无法确定就业满意度的差别来自就业质量的差别，就业满意度或受家庭背景和个人偏好等因素影响。可从更加注重差别化培养、落实校外实习制度、加强有针对性的就业指导等方面提高专业硕士和学术硕士的培养与就业质量。③

北京理工大学王颖等研究了外籍博士毕业留美的智库资本对美国经济和科技发展的影响，认为外籍博士毕业留美就业的因素可从国家、机构和个人三维视角分析。国家视角包括美国与来源国经济和政策发展的推拉力，以及社会文化与家庭等因素；机构视角包括美国博士教育机构的声望和学术环境因素；个体视角包括博士研究专业、本科毕业院校和职业计划因素。国家和个体特征是

---

① 沈文钦，左玥，陈洪捷. 哪些博士毕业生在企业就业？——基于 2016 年 13 所高校的调查分析 [J]. 学位与研究生教育，2019（3）：29-35.

② 高耀，杨佳乐. 博士毕业生就业歧视的类型、范围及其差异——基于 2017 年全国博士毕业生离校调查数据的实证研究 [J]. 学位与研究生教育，2019（3）：45-51.

③ 李敏，蒿楠，陈洪捷，等. 全日制专业硕士与学术硕士就业状况的比较研究——基于 2017 年全国研究生离校调查数据的实证分析 [J]. 高教探索，2019（9）：32-39+81.

影响外籍博士留美就业的主要因素，留美决策是综合因素作用的结果。①

二、研究生创业

随着研究生创新创业教育实践的兴起，部分学者开始审思现代大学在研究生创业教育当中的位置与功能。南京师范大学王建华认为在研究型范式下大学的科学研究偏向基础，研究的目的主要在于发现原理或法则，成果的呈现主要以论著的形式在科学共同体和学科共同体内部分享。为社会服务主要体现在为经济社会发展提供学术资源，至于这些资源怎么使用，是否会有人使用，则不是大学考虑的事。在创新驱动发展的新时代，研究型大学赖以获得合法性的科学逻辑面临市场逻辑的挑战。在创新创业使命的驱动下，随着市场逻辑在经济社会发展中重要作用的彰显，只有以创业思维重新发现大学，并基于创新创业的新范式重新界定学术研究的思维与行动，现代大学才能在新的时代铸就新的辉煌。②

一些学者更关注研究生个体创业意愿对研究生创业实践的影响。中国科学技术战略发展研究院卢阳旭等基于对博士毕业生的全国抽样调查数据，系统分析了当前博士毕业生的创业意愿、对创业环境的认知，以及影响其创业意愿的相关因素。当前博士毕业生的创业意愿不高，但对创业的社会环境评价比较积极。同时，博士毕业生在知识、创业经历等方面有所欠缺，攻读博士学位期间参加与创业相关的培训和活动较少，这些因素都显著地降低了博士毕业生的创业意愿。③

南京大学袁旦等从个人特质的视角构建了地方高校研究生创业意向影响因素关系模型，对 1766 名研究生进行问卷调查，探析高成就感、高自主性、风险承担、创新导向、创业态度和创业意向之间的关系。结果表明：地方高校研究生的高成就感对创业意向有显著负向影响；高自主性、风险承担、创新导向对创业意向有显著正向影响；创业态度是高成就感、创新倾向影响创业意向的中介变量。另外，创业意向在性别、专业、生源地、创业教育经历、参加创赛及获奖经历、父母创业经历、导师及其科研团队成员创业经历等因素上有显著

① 王颖，贾嫚. 外籍博士留美就业影响因素研究——基于国家、机构与个人的三维分析 [J]. 比较教育研究，2019，41（12）：71 – 79.

② 王建华. 以创业思维重新发现大学 [J]. 教育研究，2019，40（5）：103 – 112.

③ 卢阳旭，肖为群，赵延东. 博士毕业生的创业意愿及影响因素研究 [J]. 学位与研究生教育，2019（9）：54 – 58.

差异。①

三、研究生职业选择

博士生是从事学术研究职业的后备军，博士生群体的职业选择是影响学术职业的重要因素。北京大学李澄锋等人的研究探讨了我国博士生选择学术职业的数量是否充足，以及哪些群体的博士毕业生更愿意选择学术职业。运用单因素方差分析和独立样本 T 检验对 6344 份脱产学术型博士生的就业数据进行统计分析，结果显示我国有七成博士生选择学术职业、三成博士生流向非学术职业；在院校层面，"双一流 A 类高校"博士生选择学术职业的比例最低；在学科层面，医学、经济学和工学选择学术职业的比例最低；在个体层面，女博士、普通招考和具有留学经历的博士生更倾向于选择学术职业。②

北京理工大学邝宏达基于 472 名理工科在校博士生的调查数据和 10 名博士生的访谈资料分析发现：去学前后学术职业志趣不变占比为 64.8%，回归科研意愿比例（9.1%）大于逃离科研比例（7.6%）；以学术职业志趣不变为参照组，父母教育程度、课题组规模和科研训练环境 3 个因素显著预测回归科研的发生率，攻博方式、科研角色认同和课题组规模 3 个因素显著预测逃离科研的发生率。高校可以从优化博士生招考方式、加强入学前学术志趣筛查、理性看待课题组规模、改善科研训练环境、增进科研角色认同 5 方面入手，提升理工科博士生的学术职业志趣，吸引优秀博士生以学术为志业。③

清华大学金蕾莅等使用数据检验了不同学科博士毕业生学术职业选择的变化趋势，结果显示 10 年内博士毕业生累计学术职业率存在显著学科差异，不同学科博士毕业生选择学术职业的变化趋势存在显著差异。理学博士毕业生的学术职业率不存在显著的时间效应；人文学科博士毕业生的学术职业率出现短期下降后回弹，主要表现为到高等学校和科研院所就业比率的下降；工学和社会科学博士毕业生的学术职业率稳中有升，前者主要体现在选择博士后和到科研院所就业比率的上升，后者主要体现在选择博士后和到高等院校

① 袁旦，孔晨辰，蔡雨晨. 地方高校研究生创业意向影响因素研究——基于个人特质的视角［J］. 高等工程教育研究，2019（2）：178 – 182.
② 李澄锋，陈洪捷，沈文钦. 博士研究生学术职业选择的群体差异——基于中国博士毕业生调查数据［J］. 学位与研究生教育，2019（8）：36 – 41.
③ 邝宏达，李林英. 理工科博士生入学前后学术职业志趣变化特征及教育对策［J］. 研究生教育研究，2019（6）：26 – 34.

就业比率的上升。①

实证研究并非研究生职业选择研究的唯一研究方法，部分学者尝试用质性研究来探究学术职业的相关问题。石河子大学蒋凯等利用克拉克学术职业理论探讨了学术职业分化与整合、学术职业逻辑、教学科研关系、学术文化等问题，从国家、院校和学科3个层级分析学术职业内外多种力量的互动，强调文化在学术职业身份形成与发展当中的作用。克拉克的学术职业理论不但为后来研究奠定了坚实的基础，而且为审视学术职业道德提供了独特的视角和强有力的理论支撑，产生了广泛而深远的影响。②

北京师范大学何菲等关注到传统意义上博士毕业生继续从事学术工作的现象正在发生改变，博士毕业生开始谋求非学术职业，其中理工科的比例更高。这一变化的首要原因是社会对知识和人力资本的强烈需求，博士生能力提升项目与市场化的求职意愿也推动更多毕业生进入工商业界。我国博士生教育的可能走向是实行博士生教育分流机制：亲学院派保持博士生培养传统，亲市场派满足社会需求。同时，改革博士生培养方案与扩招应用型理工科博士生也是两大趋势。③

四、研究生职业能力

在市场需求条件下，如何根据用人单位要求提升研究生职业能力是改善研究生就业状况的重要议题。华东师范大学欧丽慧等介绍了华东师范大学工商管理硕士研究生多元情境下职业能力训练模式，即基于真实案例情境的系统性训练，基于多元课堂情境的认知训练，基于真实企业情境的行动训练，基于真实项目情境的落地运营。说明了该模式的具体应用和取得的效果，认为该模式可以为工商管理专业学位研究生培养提供理论与实践相结合的现代管理教育参照，为教师创造管理教育与实践相长的平台，为企业提供经济可行的问题解决方案。④

天津大学王梅等通过对前程无忧网站1.2万条招聘广告的内容分析，将劳

---

① 金蕾莅，何雪冰，张超，等. 研究型大学博士毕业生学术职业选择的变化趋势——基于清华大学 2007—2016 年数据的分析 [J]. 学位与研究生教育，2019（3）：36－44.

② 蒋凯，朱彦臻. 伯顿·克拉克学术职业理论评析 [J]. 清华大学教育研究，2019，40（6）：33－41＋63.

③ 何菲，朱志勇. 以学术为业还是以市场为业——博士生职业选择的变化、原因及启示 [J]. 研究生教育研究，2019（3）：3－8.

④ 欧丽慧，马爱民，刘飚. 多元情境下 MBA 职业能力训练模式的构建与创新 [J]. 学位与研究生教育，2019（10）：35－41.

动力市场对硕士研究生职业能力的需求归纳为专业能力、学历要求、学习能力、实践能力、沟通能力、性格、团队合作能力、管理能力、人际交往能力以及个人情况 10 个一级指标。分析指出，劳动力市场对硕士生提出了复合性的可雇佣能力需求，不同职能类别岗位对硕士生可雇佣能力的需求不同，并据此对建立"培养—就业"的可持续发展机制提出了建议。①

　　一些学者借鉴国外职业改革的实践经验，对我国研究生群体职业能力提升制定切实可行的应对方案。中国社会科学院大学高迎爽等介绍了法国博士生教育职业化改革以"博士生教育作为一种研究型职业经历"和"基于学术能力基础上的可迁移技能"为逻辑起点，在实践中采取注重博士生可迁移能力培养、构建博士生院的博士生职业化培训机制，加强博士生培养的计划与落实，促进博士生与企业双赢的产学研合作协议等具体举措来推进博士生职业化改革。这对我国进一步改革博士生培养模式、提高博士生培养质量具有一定的启示。②

　　上海师范大学关晶将英国的学位学徒制视为职业主义向高等教育领域迈进的新坐标。"雇主主导、工作本位"的特点使其与高等教育精英传统产生了强烈的冲突，引发了课程权力应坚持学术自由还是雇主主导、治理模式应选择大学自治还是向社会问责妥协、大学使命是引领变革还是顺应产业需求等事关当代高等教育发展的论争。学位学徒制合法性的获得是知识观、学习观、教育体系及社会变革的突出表现，职业主义与精英教育传统可以在高等教育领域以共生和谐的方式共同闪耀光芒。③

　　华东师范大学卿石松利用中国、美国等国家人文社科博士毕业生的国际性调查数据，分析了博士生就业期望、实际就业类型，并对职业准备状况做了重点讨论。结果表明人文社科博士生最终进入学术部门且能够获得稳定教职的比例远低于期望，大约 1/3 的博士毕业生无法实现自己的学术职业抱负。单一学术目标的传统教育模式使他们没有做好充分的职业准备，而且导师或学校能够提供的支持非常有限，导致博士生转而寻求其他资源。发挥博士人才的社会价值，需要拓展博士教育的目标和功能，优化博士生培养机制与职业咨询指导服务。④

---

① 王梅，程玲，解晶. 劳动力市场对硕士研究生可雇佣能力的需求研究——基于 1.2 万条招聘广告的内容分析 [J]. 学位与研究生教育，2019 (7)：59 - 65.

② 高迎爽，郑浩. 法国博士生教育职业化改革：逻辑、措施与启示 [J]. 学位与研究生教育，2019 (12)：67 - 72.

③ 关晶. 英国学位学徒制：职业主义的高等教育新坐标 [J]. 高等教育研究，2019，40 (11)：95 - 102.

④ 卿石松. 非学术职业：人文社科博士准备好了吗？[J]. 中国高教研究，2019 (8)：102 - 108.

第三节 文献分布及其特点分析

2019 年度研究生招生与就业专题主要涉及如下 6 个议题：研究生招生政策变迁、研究生招生制度改革、博士生"申请—考核"制、研究生就业状况、研究生创业、研究生职业选择与职业能力。

一、文献分布

2019 年度以研究生招生与就业为主题的研究文献共计 146 篇。其中，期刊论文 51 篇，学位论文 51 篇，报纸文章 44 篇。文献的总体数量激增，成为近 5 年文献数量最多的年份，见图 5 – 1。

图 5 – 1　2012—2019 年研究生招生与就业专题文献类型分布

从文献数量分析，期刊论文是科研工作者主要的成果展示平台，期刊论文的文献数量一定程度上表明科研人员群体历年来对"研究生招生与就业"专题的关注度总体保持稳定。2019 年，报纸文章的数量增幅较大，随着我国研究生教育总体规模快速增长，研究生招生与就业专题成为人们热议的研究领域。2019 年，学位论文数量呈现较大增长，主要是由于研究生教育改革实践的进一步深化，非全日制改革、博士研究生"申请—考核"制，以及研究生就业难等现象，吸引了学生群体将目光聚焦于现实问题。

从文献类型分析，2019 年 CSSCI（含扩展版）与中文核心期刊论文在全年文献总量的占比约 40%，低于 2018 年的 73%、2016 年的 50%、2015 年的

67.5%。CSSCI（含扩展版）与中文核心期刊论文一定程度上代表着该研究领域的文献质量，也能够在一定程度上说明科研工作者与研究生管理人员对该专题的关注程度。2019 年，CSSCI（含扩展版）与中文核心期刊论文发表数量达到了 51 篇，与上年度基本持平，说明该专题的研究者身份结构和文献总体质量并未发生质的变化。

从文献作者分析，2019 年度以第一作者身份发表两篇以上文献的作者减少了，结合往年的文献发表情况，从科研人员个体层面而言尚缺少对"研究生招生与就业"这一研究领域的持续关注。但考虑到作者的工作学习经历与师承学缘关系，有一个现象值得注意，依托部分高校组织的科研团队正在形成。例如，北京大学教育学院的科研团队近年来在研究生就业研究方面有着持续性的科研产出，该团队基于每年的全国离校毕业生调查数据进行的一系列实证研究，科研影响力日渐显现。

二、研究方法与热点

2019 年度文献的研究方法较往年相比呈现出多元化趋向，同时针对招生与就业两个问题，学者们在研究方法方面有不同的侧重：研究生招生问题偏向于调查研究、比较研究、案例研究等质性研究方法；研究生就业问题更偏向于采用统计分析、指数模型等实证分析方法。从研究路向上来看，问题导向的经验研究较多，专注于解释性的研究较少。

2019 年度"研究生招生与就业"文献的主题依旧高度集中，研究生招生研究主要聚焦在硕士研究生招生的现状与问题、博士研究生"申请—考核"制两方面，文献关注的焦点与研究生招生实践热点呈现出紧密相关，问题导向的经验研究是文献的主要结构。研究生就业研究主要集中于研究生就业状况、研究生创业、研究生职业选择和职业能力几方面，在我国研究生教育规模持续扩张、世界经济下行的大环境中，研究生就业难成为当下面对的现实问题，如何从教育系统内部视角出发转变研究生就业观念、拓宽研究生职业选择、提升研究生就业能力成为研究者热议的话题，见表 5 - 1。

表 5 - 1　2011—2019 年度研究生招生与就业专题研究热点对比表

研究主题	研究热点								
	2011	2012	2013	2014	2015	2016	2017	2018	2019
研究生招生制度改革	✓	✓	✓	✓	✓	✓	✓	✓	✓
研究生招生机制与方式	✓	✓							

续表

研究主题	研究热点								
	2011	2012	2013	2014	2015	2016	2017	2018	2019
研究生招生质量			✓	✓					
研究生招生管理与技术	✓		✓	✓		✓	✓	✓	✓
博士生"申请考核"制					✓	✓	✓	✓	✓
研究生就业状况与影响因素	✓	✓	✓	✓		✓			✓
研究生就业观念	✓	✓							
研究生就业能力与竞争力					✓	✓		✓	✓
女性研究生就业	✓								
研究生就业教育与职业规划		✓	✓	✓	✓				
研究生创业		✓						✓	✓
博士生职业发展	✓		✓						✓

三、研究展望

研究生招生与就业专题显示出相对稳定固化的研究样态，这种研究样态的形成具有深层次的原因。由于研究生招生与就业是研究生教育的"首要关卡"和"最后一站"，招生制度的规范性和有效性直接关系到研究生培养的环节设计和制度安排；研究生就业状况则是研究生培养质量与效率的直接反映，是研究生实现未来发展和个体价值的制度保障。因此，在一定时期内保持研究生招生与就业制度的规范和稳定，谨慎而有效地推动相关制度变革是管理实践所必然遵循的原则，相对平稳的制度运行环境很难形成吸引大量研究者注意的政策剧变或现象热点。

与此同时，研究生招生与就业专题相对固定的研究样态也意味着存在广阔的改进空间。该专题传统意义上的研究往往通过经验性描述发现并提出问题，并据此提出相应的改进策略，然而需要注意的是研究生招生与就业深嵌在高等教育的制度环境当中，不同大学组织、不同学科专业之间存在着无法忽视的内在差异性，这意味着单纯从研究生教育系统内部视角出发的研究并不一定能发现问题的根源。换言之，表面性的因果关联也很难帮助人们找到行之有效的对策，研究生招生与就业专题研究可以在描述性的研究路向之外探索另一种可能，开辟一种注重理论解释的经验性研究，具体的政策转化才会存在可以想象的实践空间。

专题六　研究生德育研究进展

2019 年度研究生德育研究主要包括研究生学术道德、研究生教育立德树人、研究生心理、研究生日常行为及生活四大主题。通过检索关键词，并根据研究内容进行再次筛选，得到 2019 年度有关研究生德育研究的研究成果，包括著作 4 部、期刊论文 41 篇、学位论文 67 篇、新闻报道文章 4 篇，共计 116 篇（部），其中有 42 篇（部）入选本章节文献综述。

第一节　研究生学术道德

研究生学术道德是确保并提高研究生培养质量，培养拔尖创新人才，促进研究生教育可持续发展的根本前提。2019 年度学者关注对研究生良好学术环境建设的探索。

一、研究生学术诚信

近年来，在研究生培养单位、研究生、导师及社会监督力量的共同努力下，研究生学术诚信环境有所优化。相较 2018 年，2019 年度研究生学术不端、学术失范相关研究文献数量减少。

南京大学李睿婕等比较了 2007 年和 2016 年对全国博士生的调查数据，发现博士生的能力水平、承受的科研压力，以及周围的学术环境等都影响着博士生对学术不端行为的态度。近年来，我国博士生对学术不端行为的容忍度降低，显示我国高校和科研院所在学术诚信教育方面的工作取得了明显的成效。①

---

① 李睿婕，赵延东. 博士生对学术不端行为的态度、评价及其变化 [J]. 学位与研究生教育，2019（2）：46-50.

南京大学王建富认为在大学学术自由的基本背景下，研究生科研不端行为纳入治理轨道的法理依据是必须要明确的问题。规范研究生的科研学术行为不仅是为了整体的学术自由，更是为了保障大学自治。提出了研究生科研不端行为的治理方法：第一，加大科研诚信的思想政治教育；第二，进行专门的学术科研规范训练；第三，完善研究生科研管理制度规范。[①]

安徽农业大学方海东在硕士学位论文中梳理了美国高校研究生德育的成功经验，认为美国高等教育在历史发展过程中形成了适合自身发展的德育内容和方式。美国高校研究生德育形式隐蔽但内容丰富、形式多样且效果显著，以渗透为主、灌输为辅，学生处于主体地位，社会服务性强。但存在系统性不强，学校监管不足，自由过度的问题。[②]

二、研究生学风建设

良好的学风环境对培养研究生科研兴趣并且立志从事学术工作具有重要影响作用。2019 年度研究者在分析研究生学风建设重要性的基础上，提出了优化研究生学风的路径。

湖南大学汤素娥等分析了研究生道德定力的渊源和要义，思想上将道德信仰化作为前提条件，人格上将道德气节化作为必要元素，心理上将道德意志化作为关键举措，本领上将道德能力化作为重要保障。要探寻涵育道德定力的合力路径，积聚柔性教育合力、形成刚性监督合力、构建中性测评合力。[③]

北京师范大学朱志勇等探究了研究生就读期间学术热情的变化过程及原因，发现研究生个体学术热情的变化经历了萌发、建立、衰退、调适、幻灭 5 个阶段，其学术热情具有外生性、波动性的特征。学术场域中长期积累的个体情感起到的调控作用是学术热情变化的直接原因。追寻其背后的动力机制，可以发现学术环境等外部动力与学术认同、自我认同等内部动力交织在一起共同发挥作用。[④]

清华大学刘博涵等关注了研究生的学术志趣，对 1148 名清华大学的学术型研究生开展问卷调查，结果表明研究生的学术动机、科研投入、导学关系、导

① 王建富. 试论研究生科研不端行为治理的法理基础及其方法 [J]. 学校党建与思想教育，2019 (12)：71 – 73.

② 方海东. 美国高校研究生德育研究 [D]. 合肥：安徽农业大学，2019.

③ 汤素娥，柳礼泉. 研究生道德定力的学理要义与涵育路径 [J]. 研究生教育研究，2019 (2)：19 – 25.

④ 朱志勇，刘婷. "挣扎的尘埃"：研究生学术热情变化的个案研究 [J]. 教育学术月刊，2019 (2)：68 – 76 +111.

师指导、学术环境等因素均对学术志趣有显著影响。研究生的个体属性、导师年龄、导师职称等因素对学术志趣影响不显著。为此，应从优化选拔机制、构建良好导学关系、营造良好学术氛围等方面激发研究生的学术志趣。[①]

东北师范大学潘宛莹等列举了新时代研究生公民层面社会主义核心价值观的问题：理论与现实难缝合，知性未必合一，新媒体时代的挑战等。提出了新时代研究生公民层面社会主义核心价值观培育的关键应围绕理论阐释、课程改革、文化建设3方面建构。[②]

西北师范大学张定强认为新时代为研究生扣好"人生的第一粒扣子"是研究生教育的重大命题，关系到研究生培养质量和成人成才。研究生扣好品德、学习、研究、发展扣子能为研究生一生的发展奠定坚实的基础，厚植高尚品格，练就过硬本领，夯实研究基础，树立远大志向，把个人发展和国家富强结合起来。[③]

第二节 研究生教育立德树人

全面落实立德树人是研究生教育的根本任务。2019年度研究更加关注研究生教育立德树人的实效性，特别是导师育人、思政育人的实效性，以实现思政教育的融会贯通。

一、导师育人

立德树人是中国特色社会主义大学研究生导师的基本职责，在中国特色社会主义进入新时代的历史关口，研究生导师应有更高的政治站位、历史担当和育人本领。

西南政法大学郑忠梅分析了研究生导师立德树人职责的内涵。研究生导师立德树人职责的学术逻辑意蕴在于导师和研究生是致力于寻求真理的学术共同体、致力于恪守学术道德的道德共同体、致力于实现创新人才培养使命的命运

---

① 刘博涵，赵璞，石智丹，等. 学术型研究生学术志趣的影响因素探讨［J］. 研究生教育研究，2019（6）：35－41.

② 潘宛莹，张澍军. 新时代研究生公民层面社会主义核心价值观培育研究［J］. 黑龙江高教研究，2019，37（5）：113－116.

③ 张定强. 新时代如何为研究生扣好人生"第一粒扣子"［J］. 学位与研究生教育，2019（9）：7－10.

共同体。遵循其意蕴旨归，研究生导师立德树人职责学术逻辑的实现理路在于：以导师的学术忠诚唤醒研究生的学术激情，当好学术传导人；以导师的学术操守涵养研究生的学术格局，当好学术训导人；以导师的学术心态优化研究生的学术生态，当好学术引导人。①

重庆大学杨守鸿等针对目前部分研究生导师存在立德树人自觉性不强、科学性不够、有效性不高的现实问题，提出高校可以从"组织建设""课程教学""科学研究""生活行为"4方面出发，进一步创新和拓宽研究生导师立德树人的现实路径，从"组织领导""能力提升""评价激励""选树推广"4方面着手，进一步确保研究生导师立德树人职责的落实。②

有学者聚焦研究生导师立德树人工作中存在的问题及其解决方式。东北师范大学刘志等提出破解研究生导师立德树人评价的现实困境，关键是平衡好研究生导师立德树人效果表现潜隐迟滞性与评价要求外显即时性的矛盾冲突，评价主体情感牵涉与评价本质客观求真的矛盾冲突，立德树人效果归因边界模糊与评价绩效分割要求明晰的矛盾冲突。③

西安工程大学刘晓喆认为全面落实研究生导师立德树人职责，要聚焦导师，但不能将问题的解决仅看成有关导师的一个"命题作文"，也不能看成有关研究生思想政治教育工作的一篇"作业"。必须依循办学规律和教育规律，从分析影响研究生教育的全部因素出发来"破题"。需培育激发导师的主体意识与个体自觉，使导师的教育实践回归"教学即德性生活"的初心。还要坚持学科建设工作中教学科研两手抓，学位点建设以学生培养为中心。同时，建立健全重心向下、学术为重的校内管理体制，与体现人才培养地位和德育教化价值的考评机制，以及以立德树人为精神统领的研究生教育质量保障体系。④

北京航空航天大学王文文从当前高校开展导师思政工作和研究生思政工作的问题与难点出发，梳理了当前导师和研究生思想政治教育工作存在的主要问题：①导师进行思政工作的系统性、针对性、持续性和实效性不强。②导师对研究生思政教育首要责任的认同不够。③导师开展研究生思政教育的素养、能力和精力不足。认为需要从强化机制和制度保障，增强教育和培训实效，搭建互动与交流平台入手撑，不断提升高校思政工作的针对性、亲和力、精准度和

---

① 郑忠梅. 立德树人：研究生导师职责的学术逻辑及其实现 [J]. 学位与研究生教育，2019（6）：1-5.

② 杨守鸿，杨聪林，刘庆庆. 新时代研究生导师立德树人的现实路径研究 [J]. 学位与研究生教育，2019（7）：26-30.

③ 刘志. 加强研究生导师师德建设需正确处理三大关系 [J]. 中国高等教育，2019（1）：51-52.

④ 刘晓喆. 研究生导师立德树人职责何以"全面落实"[J]. 学位与研究生教育，2019（6）：6-12.

对人才培养的贡献率。①

二、研究生思想政治教育

"大思政"格局下的研究生课程改革不断推进，改变了以往毕其功于"思想政治理论课"一役的教学模式。2019年度学者围绕发挥思政课程的主渠道作用，以及充分发挥课程思政的作用和功能展开了一系列研究。

西北大学张永奇提出构建"课程思政"与"思政课程"显性与隐性教育相统一的课程共同体创新模式，为此需加强党委集中统一领导、强化高校党委三重责任。构建立体化育人课程体系、优化教学内容。推动教师队伍一体化建设、形成一支素质优良的研究生思想政治教育教师队伍。②

上海交通大学蔡小春等在分析了课程思政育人现状和制约因素的基础上，提出推进课程思政示范性课程建设是加强课程思政教学育人的突破口和有力抓手。以上海交通大学为例，介绍嵌入式、支撑式和补充式3种课程思政教学路径的教学设计与实现，阐述了研究生课程思政试点项目的课程思政育人特点和成效。③

上海海洋大学王茜等分析了课程思政融入研究生课程体系的意义，首先，从学习者层面看，"课程思政"能有效契合研究生的价值诉求。其次，从知识体系层面看，"课程思政"能有效完善研究生知识体系的构建。最后，从社会层面看，"课程思政"能有效将社会需求转化为教育结果。但现阶段存在教学方式显性化、形式化与功利化困境，在研究生课程结构中覆盖不全面，研究生导师能动性缺失，缺乏有效的评价体系等问题。为此，要展开课程体系设计与建设，完善队伍建设，建立系统的评价体系，实现知识传授与价值引领相结合，建立"大思政"格局下协同育人的研究生课程体系。④

有学者关注了思政评价问题。西北师范大学陈建海等采用德尔菲法、层次分析法，从课堂教学、学术科研、组织管理、社会实践、服务保障、校园文化等方面，构建高校研究生思想政治教育路径评价指标体系。调查发现：高校研究生思想政治教育路径总体评价较好，但存在服务育人作用发挥不充分、思政

① 王文文. 论导师思政工作与研究生思政工作的协同互动 [J]. 思想政治教育研究, 2019, 35 (3)：98–101.

② 张永奇. 新时代背景下研究生思想政治理论课的改革创新——基于显性教育和隐性教育相统一的课程共同体模式 [J]. 学位与研究生教育, 2019 (10)：14–18.

③ 蔡小春, 刘英翠, 顾希垚, 等. 工科研究生培养中"课程思政"教学路径的探索与实践 [J]. 学位与研究生教育, 2019 (10)：7–13.

④ 王茜. "课程思政"融入研究生课程体系初探 [J]. 研究生教育研究, 2019 (4)：64–68 +75.

课评价方式较为单一、专业课程教学质量不高、党团组织作用发挥不够、研究生社团建设滞后、规章制度尚未健全等突出问题。生源、年级、学生类型、学科类别等群体特征对教育路径总体评价具有显著影响。在此基础上，提出补齐服务育人短板、创新完善教育路径、分类指导精准施策等建议。①

华南理工大学蒋连霞等通过对广东省全日制在校研究生的思想政治状况调查发现，当前研究生的理想信念、价值理念和道德观念总体向好，但部分研究生"重个人、轻社会"的倾向较为突出，价值观念模糊、国家情怀淡薄、缺乏社会担当。为此，需从研究生的培养特点出发，在师生互动、朋辈交往和实践训练中逐步提升研究生思想政治素养。②

新媒体技术的发展给高校研究生思想政治教育工作带来了机遇与挑战。上海大学郭慧梅聚焦于新媒体时代研究生网络意见表达的教育引导问题，认为面对教育对象和环境的变化，探索以主体发展、信息调控和环境优化为主要路径的研究生网络意见表达引导策略，应当成为新媒体时代研究生网络思想政治教育工作的重要组成部分。③

北京理工大学蔺伟等基于全媒体时代带给研究生思想政治教育的挑战和机遇，分析了全媒体视野下的研究生群体特征。并以北京理工大学为例，介绍以"五位一体"打造"互联网＋"研究生思想政治教育新模式的实践成果，在实践基础上，提出了"全媒体"时代加强研究生思想政治教育，推动载体创新，强化内容创新，提升研究生媒介素养，加强网络育人队伍建设的思考。④

三、研究生党建

在新时代，党和国家对研究生党建提出更高要求，进一步提升研究生党建工作质量迫在眉睫。2019年度研究着眼于构建适合新时代研究生特点的党建工作体系，对强化党建在研究生培养中的政治保障和思想保障作用具有重要意义。

教育部学位与研究生发展中心黄宝印分析了研究生党建双创活动的实施背景和实践意义，指出必须严格标准和条件，明确要求和导向，真正起到树标杆、

① 陈建海，王嘉毅. 高校研究生思想政治教育路径评价研究——基于甘肃省属高校研究生的调查分析 [J]. 研究生教育研究，2019（1）：33-38.
② 蒋连霞，施亚玲，向兴华，等. 新时代加强和改进研究生思想政治教育工作的现实思考——基于对广东省研究生思想政治状况的调查 [J]. 思想教育研究，2019（1）：128-131.
③ 郭慧梅. 新媒体时代研究生网络意见表达的教育引导：现实困境与路径选择 [J]. 学位与研究生教育，2019（2）：51-55.
④ 蔺伟，赵汐."互联网＋"研究生思想政治教育新模式探究——基于北京理工大学"五微一体"的教育实践 [J]. 学位与研究生教育，2019（12）：51-55.

立样板、引方向的作用。要注重发掘凝练和宣传推广建设成果，带动研究生党建工作整体提升。要发挥示范引领作用，促进省、校研究生党建标杆创建体系的建设。①

东北师范大学张茂林等对制约研究生党建质量提升的现实瓶颈予以探讨。认为当前研究生党建面临意识形态安全挑战严峻、党的建设形势严峻、坚定理想信念难度更大的外在压力。自身存在工作效果不佳、党员数量激增、党员现实表现不尽如人意等问题。制约党建质量提升的主要因素包括研究生外显行为与真实动机不对等的矛盾冲突、民主评议需要与学习生活方式的矛盾冲突、党建要求与学业发展压力的矛盾冲突。提升研究生党建质量要严把"入口关"，坚定理想信念；优化阵地建设，强化组织保障；加强教育引导，提升育人实效。②

第三节　研究生心理

抑郁、焦虑等研究生心理健康问题一直是近年来本专题文献关注的焦点。2019 年度对研究生专业认同相关问题的关注度较高，学者探讨了教育学、社会工作、思想政治教育等专业研究生专业认同情况。

一、研究生心理健康

研究生良好的心理健康状况是研究生个人成长和自我发展的必要条件。2019 年度研究生心理健康研究聚焦各类研究生心理健康问题，研究者分析其成因，提出了多种措施以建立干预机制。

南方医科大学赵静波等采用抑郁症筛查量表、情绪调节效能感量表、自杀行为问卷对某医科大学 1608 名研究生新生进行调查。结果显示情绪调节效能感与抑郁、自杀负相关，抑郁与自杀正相关，管理消极情绪效能感可以部分中介抑郁对医学研究生新生自杀的作用，揭示了抑郁对医学研究生新生自杀影响的内部心理作用机制。③

---

① 黄宝印，高扬. 研究生党建双创要立样板、树标兵、育新人 [J]. 中国高等教育，2019 (21)：20－22.

② 张茂林. 研究生党建质量提升的现实困境与超越 [J]. 学位与研究生教育，2019 (5)：56－61.

③ 赵静波，陈壮有，梁舜薇，等. 医学研究生情绪调节效能感在抑郁与自杀间的中介作用 [J]. 中国特殊教育，2019 (5)：72－77.

北京大学郭玲伶以医学研究生作为主要对象，针对医学研究生的伦理素养状况进行了调查，发现我国对医学研究生伦理学教育重要性的认识有待提高，教育效果有待提升，教育目标设置不尽合理，课程设置与实施存在诸多弊端，师资力量比较单一和薄弱。为此，需将立德树人作为核心定位，构建中国特色医学伦理教育体系；以科学与人文融合为中心，彰显医学伦理教育学科交叉的课程特色；强调"以人为本"，建立以"自主学习"为中心的医学伦理的课程教学方式。①

曲阜师范大学刘敏等通过对 744 名硕士研究生的问卷调查发现，多数硕士研究生对研究生期间的生活较为满意。研究生在人际交往时倾向于将交往成功进行内归因，将交往失败进行外归因。研究生追求成功的动机大于避免失败的动机。人际交往归因在成就动机与生活满意度之间起到中介作用。若要提高硕士研究生的生活满意度，需要进行心理干预，引导积极人际归因模式的建立；建立制度保障，培养合理成就动机；点面教育相结合，提高生活满意度。②

北京航空航天大学吴东姣通过问卷调查，统计分析出博士生学业情绪水平在性别、生源地、学科、本科高校类型、年级等方面的差异。发现我国博士生学业情绪水平总体较好，积极情绪的体验要多于消极情绪。提出要关注女博士学业情绪，加强城市生源博士生学术精神训练，重视人文社科博士生培养过程和质量，推进团队合作的小组工作模式。③

北京工业大学赵丽琴等认为当前我国研究生心理健康问题主要表现为自我效能感低导致自卑、科研压力引发自我否定、导学关系紧张导致焦虑、维系人际关系存在障碍、性与婚恋方面存在障碍、经济来源方面存在困难。应建立研究生心理健康预警机制，建立研究生心理健康跟踪监控体系，有效利用各培养单位心理资源，促进"导学关系"的良性发展，形成朋辈互助团体生态群，加大研究生生活保障力度。④

二、研究生自我认知

2019 年度对研究生自我认知的研究主要是对专业认知的研究，其中有不少硕士生选择研究生专业认同问题作为学位论文进行研究。研究多以调查为主，

① 郭玲伶. 医学研究生伦理素养教育现状调查与分析 [J]. 江苏高教, 2019 (12): 128 – 133.
② 刘敏, 张欣艺, 赵银. 硕士研究生成就动机与生活满意度: 人际归因的中介效应 [J]. 学位与研究生教育, 2019 (11): 50 – 55.
③ 吴东姣. 博士生学业情绪现状调查及提升策略 [J]. 高教探索, 2019 (1): 24 – 31.
④ 赵丽琴, 吴群利. 研究生心理健康问题及预警机制的建立 [J]. 教育理论与实践, 2019, 39 (18): 43 – 45.

展示研究生专业认同现状，提出意见建议。[1~6] （表 6 - 1）

表 6 - 1　2019 年以研究生专业认同为选题的硕士学位论文列表

题　　目	作者	作者单位	调查对象
全日制教育硕士专业认同度研究	李彦妮	沈阳师范大学	S 师范大学全日制教育硕士研究生 158 人
硕士研究生专业认同现状及影响因素研究	姜欣魏	辽宁师范大学	辽宁省在校硕士研究生 551 人
社会工作硕士研究生专业认同研究	徐　洁	华中师范大学	武汉市 h 大学 91 名社会工作硕士研究生
马克思主义理论学科硕士研究生专业认同研究	钟雅思	成都理工大学	四川省 4 所高校马克思主义理论学科硕士研究生 336 人
跨学科教育学硕士生专业认同影响因素及作用机制研究	毛智辉	浙江师范大学	浙江师范大学硕士研究生 48 人
山东省教育经济与管理专业硕士研究生专业认同研究	张　涵	山东财经大学	中国海洋大学、青岛大学、山东师范大学、曲阜师范大学、山东财经大学的教育经济与管理专业硕士研究生 92 人

第四节　研究生日常行为及生活

按照研究内容的不同，本专题分为研究生运动休闲行为、研究生婚恋行为、研究生自我管理 3 类。

---

① 李彦妮. 全日制教育硕士专业认同度研究 ［D］. 沈阳：沈阳师范大学，2019.

② 姜欣魏. 硕士研究生专业认同现状及影响因素研究 ［D］. 大连：辽宁师范大学，2019.

③ 徐洁. 社会工作硕士研究生专业认同研究 ［D］. 武汉：华中师范大学，2019.

④ 钟雅思. 马克思主义理论学科硕士研究生专业认同研究 ［D］. 成都：成都理工大学，2019.

⑤ 毛智辉. 跨学科教育学硕士生专业认同影响因素及作用机制研究 ［D］. 金华：浙江师范大学，2019.

⑥ 张涵. 山东省教育经济与管理专业硕士研究生专业认同研究 ［D］. 济南：山东财经大学，2019.

一、研究生运动休闲行为

华东师范大学夏祥伟等针对我国高校研究生全面健康遇到的挑战，对研究生全面健康问题展开实证研究。结果表明，高校研究生全面健康现状不容乐观，自测健康得分仅处在及格线附近，心理、社会健康问题较为突出，与 10 多年前相比，全面健康水平呈现下降趋势。高校研究生全面健康具有群体差异和地区差异。提出通过提升重视程度、加强顶层设计，建设管理教育服务体系，从生理和心理及社会健康着手与切入，促进体育锻炼并实施学分制等途径来不断增进高校研究生全面健康的对策建议。[①]

浙江大学陈恩茹通过对问卷调查，发现硕士生课余时间分配受到"专业课程""专业环境""文化活动"以及"自我控制" 4 方面的影响。进而在自我决定理论以及心理账户理论的框架下，分析发现在学校层面学校的培养模式、培养过程、环境支持都对硕士生课余时间分配产生影响。对学生个人来说，学术功利性突出、缺少课余时间规划性也是影响硕士生课余时间分配的重要原因。[②]

二、研究生婚恋行为

研究生婚恋状况和偏好一直受到社会的广泛关注。2019 年度研究主要从研究生婚恋观的形成背景、发展现状等方面展开。

中南大学王翔等选取研究生中的中共党员作为研究对象，通过问卷调查分析探讨了新时代研究生中的中共党员的婚恋观的特征及主要表现，发现新时代研究生中的中共党员在"择友"、择偶标准方面更加注重内在，尤其看重人品、性格和"三观"等。在对待"特殊婚恋"方面，中立看法较为普遍，极端赞同或极端反对的观点较少。而在自身的婚恋行为中更加强调互相尊重，重视一段关系中的地位对等。在面对不满意的婚恋的时候，更倾向于选择结束婚恋行为，而非忍让或将就。[③]

武汉大学伍麟等通过质性研究发现，女博士并非婚恋"困难户"。在建构择偶标准时，女博士秉持"锦上添花"的态度，追求亲密关系、经济独立、彼

① 夏祥伟，沈继章，刘单. 我国高校研究生全面健康问题的实证研究 [J]. 国家教育行政学院学报，2019（8）：89 - 95.

② 陈恩茹. 研究型大学在校硕士生课余时间分配问题研究 [D]. 杭州：浙江大学，2019.

③ 王翔，苏鹏. 新时代研究生党员婚恋观透视——以 Z 大学在读研究生党员为例 [J]. 研究生教育研究，2019（4）：76 - 83.

此尊重、自我实现等高质量的婚姻生活。原生家庭中亲子关系、家长对子女择偶期望和家庭社会经济地位,传统与新兴婚配文化并存,以及女博士独特的群体特质共同形塑了她们的择偶偏好。①

三、研究生自我管理

2019 年度研究集中于对研究生学习管理的研究。2019 年有不少硕士生选择研究生学习投入作为学位论文进行研究。研究多以调查研究为主,展示研究生学习投入情况,提出意见建议②~⑥,见表 6 - 2。

表 6 - 2　2019 年以研究生学习投入为选题的硕士学位论文列表

题　　目	作者	作者单位	调查对象
硕士研究生专业学习投入及其影响机制研究	张　茜	南昌大学	硕士生 804 人
云南大学硕士研究生学习投入度调查研究	张　沛	云南大学	云南大学硕士生 395 人
学术型硕士研究生学习投入调查研究	杨文静	河南大学	河南大学 1125 名学术型硕士生
教育技术学专业硕士研究生学习投入度影响因素研究	刘　茜	华中师范大学	华中师范大学、东北师范大学、华南师范大学、首都师范大学、山西师范大学和上海师范大学六所学校的教育技术学专业硕士生 199 人
全日制教育硕士学习投入问题研究	刘　丽	河南大学	河南省全日制教育硕士 776 人

---

① 伍麟,刘天元. 我真的是婚恋"困难户"吗?——大龄单身女博士婚恋偏好研究 [J]. 研究生教育研究,2019 (04):69 - 75.

② 张茜. 硕士研究生专业学习投入及其影响机制研究 [D]. 南昌:南昌大学,2019.

③ 张沛. 云南大学硕士研究生学习投入度调查研究 [D]. 昆明:云南大学,2019.

④ 杨文静. 学术型硕士研究生学习投入调查研究 [D]. 开封:河南大学,2019.

⑤ 刘茜. 教育技术学专业硕士研究生学习投入度影响因素研究 [D]. 武汉:华中师范大学,2019.

⑥ 刘丽. 全日制教育硕士学习投入问题研究 [D]. 开封:河南大学,2019.

第五节　文献分布及其特点分析

一、文献分布

通过检索关键词，并根据研究内容进次筛选，得到 2019 年度以研究生德育为研究主题的文献，分布为：著作 4 部、期刊论文 41 篇、学位论文 67 篇、报刊文章 4 篇，共计 116 篇（部）。其中有 42 篇（部）纳入本专题文献综述。

与往年比较，研究生德育研究文献总体数量上升，期刊论文、新闻报道数量略有下降，学位论文、著作数量增多。文献情况如图 6-1 所示。

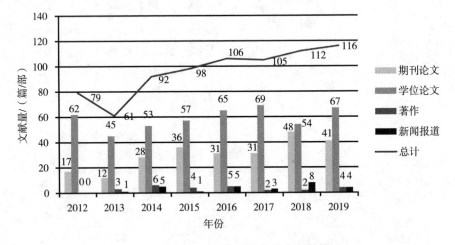

图 6-1　2012—2019 年研究生德育文献情况

从期刊来源看，41 篇期刊论文中有 15 篇来源于《学位与研究生教育》，8 篇来源于《研究生教育研究》，3 篇来源于《学校党建与思想教育》。从学位论文看，2019 年度均为硕士学位论文，作者单位多为师范类和综合性大学。

二、专题结构

2019 年研究生德育的 4 个主题文献数量分布不均，研究生教育立德树人主题继续成为文献数量最多的主题。研究生学术道德主题文献最少，各个主题内部情况也存在差异，见表 6-3。

表6-3　2011—2019年度研究生招生与就业专题研究热点对比

研究主题	年度研究热点								
	2011	2012	2013	2014	2015	2016	2017	2018	2019
学术失范	✓	✓	✓	✓	✓	✓	✓		
学术道德教育					✓	✓			
思想政治教育现状	✓	✓	✓	✓				✓	
导师育人					✓		✓	✓	✓
研究生心理健康问题	✓	✓	✓				✓		
研究生专业认同				✓	✓				
研究生运动休闲行为	✓	✓	✓	✓					
研究生婚恋行为					✓		✓		
研究生自我管理					✓	✓			
研究生学习行为								✓	✓

三、研究方法

从研究方法上看，与往年相似，研究者往往运用问卷调查、访谈等方法来反映研究生德育的现状及问题。此外对数据的分析方法更为多元，对数据的挖掘更深入。

四、研究热点及未来研究展望

研究生学术道德主题文献数量延续去年的趋势，有所减少。研究不再局限于学术道德失范的描述性分析和原因探索，而是聚焦于对良好学风环境的营造。值得注意的是，有研究介绍了美国研究生德育的相关经验，有研究生对博士生学术不端的态度变化进行了不同年度间的纵向比较。

研究生教育立德树人主题紧跟政策导向，在当前研究生育人工作已有较大改进、已凝聚思想共识的阶段，研究者更关注何以立德的方式路径。如何切实发挥导师第一责任人的作用是研究者探讨的焦点，研究分析了导师立德树人认同感的内容，并提出了增强认同感的方式方法。2019年度研究介绍了北京理工大学、中国药科大学、上海交通大学等研究生培养单位的实例，也印证了去年对本专题研究方向的预测。

在研究生心理健康主题中，"学业倦怠""学业情绪""抑郁"仍是研究者最为关注的研究生心理问题。研究生专业认同仍是 2019 年度的研究热点。

研究生日常行为及生活主题具有较强的时代性，与研究生生活密切相关。随着研究生学习体验的满意程度成为评估高等教育质量的重要指标，研究生学习适应性、学习体验等学习行为成为研究热点。研究旨在通过优化研究生学习体验，提高研究生培养质量。

研究生德育关乎"培养什么样的人、如何培养人以及为谁培养人"的根本问题，未来研究将会着眼于如何因事而化、因时而进、因势而新以落实立德树人根本任务。在此背景下，认为未来研究不会仅局限于对研究生德育方式路径的探析，更会关注于研究生对德育教育的体验与反馈，以切实发挥德育工作的实效性。

具体而言，第一，针对研究生群体的精神特质和价值追求，在遵循培养规律的基础上，提出研究生思想政治教育工作的新思路。第二，在"大思政"格局下探索如何将"课程思政"融入研究生培养课程体系、专业教育，如何将显性教育和隐性教育融合，开展更有操作性和实效性的协同育人模式。

学科建设研究进展

学科建设是大学发展的龙头和核心，是大学进行人才培养、科学研究、社会服务、文化传承创新的重要基础和平台。高校要牢牢抓住学科建设的"牛鼻子"，明确学科方向，凝聚学科队伍，搭建学科平台，加强人才培养，以学科评估为契机，以"双一流"建设为载体，打造优势学科和特色学科。本专题主要围绕一流学科建设、跨学科建设、地方高校特色学科建设、学科评估、学科建设中存在的问题及相应对策等热点展开研究。2019年度有关学科建设的研究文献共计254篇（部），包括156篇期刊论文、18篇学位论文、70篇报纸文章、10部著作，纳入本专题的共有70篇（部）。根据文献呈现出来的特点，2019年度学科建设专题主要分为4个部分：学科评估、地方高校学科建设、一流学科建设、学科建设存在问题与政策举措。

第一节　学科评估

学科评估是学科发展的"风向标"，是保障学科发展质量的战略举措，在加快一流学科建设、实现我国从高等教育大国向高等教育强国转变过程中发挥着"推进器"的作用，因此如何发挥好学科评估的作用至关重要。2019年学科评估相关文献有17篇（部），其中包括1篇学位论文、1篇报纸文章、1部著作。2019年关于学科评估体系及评估方法的研究不再局限于对已有评估体系及评估方法的解释、分析，强调学科评估中国化，服务国家和社会需求，运用多种方法，构建中国特色的现代化评价体系。

一、学科评估体系及评估方法

学科评估中国化是坚定中国自信、展现中国特色、打造中国品牌的迫切需要，高等教育现代化需要现代化的学科评估体系。西北工业大学张炜提出，我国已进入加快推进高等教育现代化的新阶段和新征程，借鉴国际经验，应不断改进和完善学科评估指标体系，坚持正确的政治方向、立德树人的核心任务、分层定位与分类评价、多元多维与减负易行、科学发布与分析服务，积极构建中国特色学科评估话语体系。[①] 三峡大学张继平认为学科评估中国化是将学科评估基本原理同"双一流"建设实践相结合，从而形成适切中国国情、具有中国本土特色的学科评估体系。学科评估中国化作为一种高等教育治理策略创新和话语体系创新，需要建立自适性的评估体系，培育生态性的评估文化，打造本土性的评估标准，选择适切性的评估手段，形成辩证性的评估认识。[②]

"双一流"背景下，学科评估指标体系的构建应坚持服务国家和社会需求，创新评估要素，重视对学科生产力、影响力、可持续发展力等的评价，进一步引导高校优化学科布局。北京理工大学王战军提出我国世界一流学科建设受到外部社会需求和学科本体需求的双重驱动；立足国家和社会需求，一流学科建设评价应转变理念，创新评价维度和路径，以达成度、贡献度、支撑度、影响度、引领度为核心评价要素，建构符合我国世界一流学科成长路径的评价体系。[③] 中国科学技术大学周保环从生命周期理论视角出发，研究了学科发展过程。通过对高校学科健康指数模型的实证分析，确定了各要素之间的关系。依据学科自身内在规律和特定"基因"的作用，基于学科外化的各类绩效指标，从学科生产力、影响力和可持续发展力 3 个维度构建了具有阶梯层次结构的评价体系。[④]

学科评估实际上是公共项目实施绩效的一种周期性评价，大量高校采取了"弃卒保车"的迎评策略，即安排本校相对弱势学科放弃参评，将其学科建设中的人力、物力资源打包到其他学科中参评或者直接通过撤销该学科的方式来力图获得以 A 类学科为代表的"亮眼"绩效。苏州大学李雯雯采用统计检验方法，分析了"弃卒保车"迎评策略对学科评估结果造成的负效果。并以即将到来的第五次学科评估为典型代表，提出以客观的数据资料作为工具来厘清我国公共项目绩效评价的问题，探索构建公共项目的潜绩评估指标体系，提高信息

① 张炜. 基于高等教育现代化视角的学科评估思考 [J]. 中国高教研究，2019 (7)：1－5＋46.

② 张继平. "双一流"建设语境中的学科评估中国化：成效、问题与进路 [J]. 高校教育管理，2019，13 (5)：44－51.

③ 王战军，杨旭婷. 世界一流学科建设评价的理念变革与要素创新 [J]. 中国高教研究，2019 (3)：7－11.

④ 周保环. 基于健康指数模型的学科评估与对策研究 [D]. 合肥：中国科学技术大学，2019.

和数据的真实程度，看"显绩"更看"潜绩"，重视公共项目内涵式提升。①

学科评估需要采用恰当的评估方法，科学客观地反映学科建设的现状及存在的问题。华中科技大学徐志平等人鉴于声望评估法缺乏客观标准，量化评估法缺乏代表性，学科评估指标体系中缺乏人才培养质量指标的问题，尝试将社会网络分析方法引入学科排序，借鉴期刊引文索引和 PageRank 的排序原理，通过分析学术劳动力市场中博士毕业生的培养单位和就业单位之间的网络关系，即博士互聘网络数据，来优化现有的学科评估方法。期望在现有的学科评估指标体系中，通过增加一种全新的学科排名维度，使学科评估结果更好地综合声望评估和量化评估，更好地体现人才培养的质量。② 武汉理工大学梁传杰认为，当前我国学科评估存在指标体系混乱、评估方法不当等突出问题，在现行的"学科评估"实践活动中，对于学位点合格评估、学科水平评估、学位点自我评估 3 类评估的指标体系在整体设计及具体指标体系内容的设计上迫切需要调整和完善，采取恰当的评估方法，进而有序推进我国"学科评估"活动的有序、有效开展。③ 沈阳农业大学刘凤侠等人基于学科评价内容，着眼于学科评价领域研究前沿，采用独特视角、多维度指标对高校的学科分析评价做了一些实证性的尝试与探索，归纳了学科评估的主要方法，主要有文献计量分析法、聚类分析法、数据挖掘法、态势分析法（SWOT 分析法）、定性分析法。④

二、学科评估存在的问题及完善策略

学科评估必须紧抓评估的各个具体环节，分析各个环节存在的问题，并提出针对性的建议，进而优化学科评估，促进学科评估结果科学化。

北京大学陈洪捷认为，目前的学科评估报告或自评报告，内容主要是罗列研究领域、课程状况、课题状况、队伍状况、学生状况等，更像是工作总结报告，缺少一些学术色彩，特别缺少本团队对特定学科或研究领域学术贡献的总结和说明。只能看到所做工作的"数量"，而看不出其"进展"，能看到"面积"，而看不到"层次"。对于一个学科的评估，可以分为初始评估和二次评估，初始评估重在看学科的重要性，看学科的基础条件、发展前景；二次评估

① 李雯雯. 公共项目绩效评价中"弃卒"能否"保车"——面向教育部第五次学科评估的探索 [J]. 高教探索，2019 (12)：5–12.

② 徐志平，张冰冰，刘怡. 学科评估的新维度：博士互聘网络的排序 [J]. 高教发展与评估，2019，35 (2)：1–10+109.

③ 梁传杰. 对"学科评估"的若干思考 [J]. 研究生教育研究，2019 (4)：51–56.

④ 刘凤侠，潘香芩，李颖. "双一流"背景下高校学科分析与评价研究 [M]. 北京：中国农业出版社，2019.

除了考查这些要素，还应该看增量，即在研究问题、研究方向等方面有哪些新进展，解决了哪些问题。① 三峡大学张继平指出学科评估中国化存在诸多不足之处，突出表现为评估游离于国情之外，评估异化为学科选秀，评估折射出拿来主义，评估洋溢着排名色彩，评估演绎成万能之物，成为"双一流"建设之殇。学科评估中国化作为一种高等教育治理策略创新和话语体系创新，需要建立自适性的评估体系，培育生态性的评估文化，打造本土性的评估标准，选择适切性的评估手段，形成辩证性的评估认识。②

学科评估过程会遭遇高校的变通应对，使评估效果削弱甚至功能异化，这已经成为学界的"共识"。华中科技大学张应强认为学科评估导致了学科排名竞争的"白热化"，学科排名竞争"白热化"导致"评估崇拜"，不少高校的学科调整步入误区，限制了高校特色学科建设，阻碍了学科交叉融合发展。高校应正确认识和合理发挥学科评估的功能，兼顾过程评估和结果评估；要遵循一流大学和一流学科成长发展的规律，处理好"双一流"建设多元主体之间的关系。③ 中国刑事警察学院袁广林指出各高校为了争取学科建设资源，不惜采用一切手段提高学科排名的名次，有的甚至将评估指标作为学科建设的指挥棒，围绕评估指标制定学科政策。提出我国大学世界一流学科评估应以国际一流学科发展水平为标杆，采取与国际接轨的评估指标体系和方法，对学科发展水平和机制进行诊断，找出阻碍学科发展的体制机制性因素，明确学科建设方向和目标，明确学科研究的关键领域和投入重点，促进世界一流学科建设。④

高校学科评估的不同利益主体对学科评估有不同的价值判断和利益诉求，极易引发不同利益主体之间的激烈冲突，妨碍学科评估功能的正常发挥。厦门大学刘强提出，高校、政府和社会等不同利益主体之间的价值利益冲突具体表现为实用工具理性与学术价值理性的相互冲突、学科综合评估与特色发展之间的矛盾、学科发展的效率控制与自由创新之间的冲突。我国高校学科评估应当妥善处理好实用工具理性与学术价值理性之间的矛盾冲突，牢固树立"质量为先、特色为要"的学科发展理念，促进高校学科评估的协调发展。⑤ 三峡大学张继平认为高校学科第三方评估服务"双一流"建设的问题主要表现为制度阙

① 陈洪捷. 学科评估应该看重什么？[N]. 中国科学报, 2019 – 09 – 25 (7).

② 张继平. "双一流"建设语境中的学科评估中国化：成效、问题与进路 [J]. 高校教育管理, 2019, 13 (5)：44 – 51.

③ 张应强. "双一流"建设需要什么样的学科评估——基于学科评估元评估的思考 [J]. 清华大学教育研究, 2019, 40 (5)：11 – 18.

④ 袁广林. 我国高校世界一流学科发展性评估探析 [J]. 中国高教研究, 2019 (6)：21 – 26.

⑤ 刘强. "双一流"建设视域下高校学科评估的价值冲突及其调适 [J]. 现代教育管理, 2019 (11)：43 – 48.

如，独立性孱弱；法规缺失，合法性贫血；人员匮乏，专业性打折；理论滞后，公信力不足。高校学科第三方评估需要着力制度创新，确立第三方机构的独立身份；加强立法工作，保证第三方机构的合法地位；优化评估队伍，提升第三方评估的专业水准；深化理论研究，增强第三方评估的实际效果。① 浙江外国语大学宣勇站在大学的立场上审视大学学科评价，三方面缺陷需要引起重视：一是对评价对象"学科"这一概念认识的不一致，导致评价的不准确性与排名的非可比性；二是对评价对象"学科组织"本体的忽视，导致评价结果的效用大大降低；三是对评价对象"学科"在本科教育功能的认识不到位，导致学科在人才培养质量评价指标上的缺失或偏差。②

部分学者研究了学科评估执行中存在的问题。华中科技大学梁彤等认为，学科评估的实质在执行过程中变服务为管控，在管控逻辑主导下学科评估处于高等教育项目制管理下高度分化的科层结构中。这种结构产生了政策与组织间的利益博弈，导致组织机会主义行为，出现初衷与结果的偏差。解决执行偏差的关键在于政府角色从管控走向服务，实现治理理念与实践的同步变革。③ 天津商业大学韦颜秋等采用问卷调查和文献研究方法，系统分析了四轮学科评估的理念、方法、机制以及结果，提出学科评估存在的问题主要包括行政力量主导评估、指标设置弱化学科绩效、学科分类不够精细化、评估前准备不充分、外部监督机制不健全、评估结果与资源配置相分离等。建议细化学科分层分类、完善周期化及制度化评估、培育并引入第三方评估机构、引入学科绩效评估体系、完善全方位外部监督机制、建立评估结果与资源配置的合理关系。④

第二节　地方高校学科建设

地方高校是我国高等教育体系的重要组成部分，如何把握和推进学科建设是当前地方高校亟待解决的重要课题之一。地方高校应该充分把握"双一流"

---

① 张继平. 学科评估服务"双一流"建设：第三方评估的困境与突围 [J]. 研究生教育研究，2019（2）：85 - 90.

② 宣勇. 从大学的立场看学科评价与排名中的缺陷 [J]. 高等工程教育研究，2019（3）：121 - 124 + 155.

③ 梁彤，贾永堂. 学科评估执行偏差研究——基于新制度主义分析视角 [J]. 江苏高教，2019（8）：1 - 7.

④ 韦颜秋，李瑛. 全国高校学科评估的政策优化——基于问卷调查的分析 [J]. 中国高校科技，2019（7）：40 - 43.

背景下的学科发展的机遇，合理布局，集中优势资源，结合区域经济建设和社会发展需要，倾力打造优势明显、特色鲜明、可持续发展的领军学科。2019 年地方高校学科建设相关问题的文献 16 篇，包括 14 篇期刊论文，2 篇报纸文章。本节研究内容主要集中于各地区一流学科建设的政策分析及地方高校特色学科建设等方面的问题。与 2018 年相比，2019 年学者深入研究了国家战略背景下地方高校特色学科建设面临的机遇与挑战，并从不同层面、不同维度提出地方高校特色学科建设的举措，以及地方高校特色学科向一流学科发展的路径。本节多采用质性研究方法。

一、各地区一流学科建设政策

省域"双一流"建设受到所在省域政治、经济和文化等因素的影响，是在多重因素相互促进、协同发展的互动机制中逐步形成的，形成了一定的政策共性，同时具有鲜明的地域特色。北京理工大学王战军等通过梳理各省"双一流"建设方案，发现省域"双一流"建设政策在理性、价值、权力、利益、政治系统等要素方面呈现共性特征，理性分析、设置明确的建设目标；分层分类、实现"质量"为主的价值选择；培养一流人才、引入一流师资，体现立德树人目标；协调权力运作，实施多方参与共享共建；加大资金投入，体现对教育资源的权威性分配。在具体实施举措方面，呈现出北京规划、上海模式、江苏办法和广东方案等差异。①

部分学者研究了各地区一流学科建设政策存在的问题。燕山大学李春林等基于政策工具和政策主题二维研究架构，对 2015 年以来中国省级政府出台的 30 份"双一流"政策文本进行的量化分析表明，"双一流"政策政府主导特征明显、政策工具应用不均衡、政策主题集中，省级政府优化策略应是主动谋划完善政策体系、综合应用多种政策工具、适度调整政策力度 3 方面。② 同济大学张端鸿等提出地方政府在领会中央关于"双一流"建设政策的精神后根据实际情况进行政策再创新，找到了自身在"双一流"建设中的合理定位；由于政府之间存在着经济、生产力与政策解读能力的差距，在出台具体的政策时各省级政府在学习中相互竞争，促进了"双一流"政策的创新扩散范围与扩

---

① 王战军，刘静，杨旭婷，等. 省域"双一流"建设推进策略研究 [J]. 江苏高教，2019（10）：20–27.

② 李春林，邓寒怡. 中国省域"双一流"政策文本量化分析 [J]. 高等工程教育研究，2019（4）：145–151.

散效率。① 华东政法大学孙科技运用委托代理理论，对"双一流"建设的政策执行进行了研究，发现存在以逆向选择与道德风险为代表的委托代理问题，提出通过推动利益整合、促进信息共享、完善激励机制和优化监督方式等措施，可解决"双一流"建设政策执行中的委托代理问题，从而构建了优化路径。②

人才队伍在推进地方高校一流学科建设和促进地方经济社会发展中发挥重要作用，因此地方高校一流学科建设政策十分重视人才队伍建设。首都经济贸易大学霍丽霞等提出地方高校以实现经济社会发展目标为基础，把握科技人才发展各阶段基本特征，遵循科学研究基本规律，不断构建和完善地方高校青年科技人才发展的协调机制、培养机制、评价机制和激励机制，构建全面、合理、高效的地方高校青年科技人才发展政策体系，推进现代大学建设和经济社会高质量发展。③《沈阳日报》的唐心萌报道了辽宁省对一流学科建设的政策支持：2019—2023 年，辽宁省市财政将筹集资金 70 亿元支持一流大学和一流学科建设，坚持扶优、扶需、扶特、扶新，集中优势资源，重点建设一批世界一流、国内一流及省级特色学科，围绕辽宁省经济发展重大问题打造高水平人才培养基地和高端智库，为辽宁省振兴发展提供强有力支撑。④

二、地方高校特色学科建设

行业特色高校在某一学科领域具有优势和特色，支撑引领着行业发展，是世界一流学科建设的重要力量，应成为先行者和推动者。南京信息工程大学陶羽等提出特色学科要建设成为一流学科，应坚持学科发展质量与数量有机结合，提升发展内涵；坚持促进特色与交叉学科和谐发展，科学构建学科布局；瞄准世界科技前沿，科学布局一流学科领域；扎根中国大地，创新一流人才培养模式；实施人才强校战略，聚集一流学科人才队伍；创新升级学科平台，提升一流学科科学研究实力；开启国际化学科建设路径，增强一流学科国际影响力。⑤ 燕山大学李兴国从教育部学科评估排名、ESI 学科排名、国家科技奖励 3 个角

---

① 张端鸿，陈庆. 省级行政区域高等教育政策创新扩散的动力机制研究——以"双一流"政策为例 [J]. 教育发展研究，2019，39（7）：53－59.

② 孙科技. 基于委托代理理论的"双一流"政策执行优化路径探索 [J]. 高教探索，2019（11）：9－15.

③ 霍丽霞，王阳，王万鹏. 地方高校青年科技人才发展政策分析——以北京为例 [J]. 中国高校科技，2019（8）：18－21.

④ 唐心萌. 让大学有"水平" 让学科有"特色" [N]. 沈阳日报，2019－11－20（4）.

⑤ 陶羽，李健. 行业高校特色学科向一流学科发展路径和推进战略研究 [J]. 黑龙江高教研究，2019，37（5）：37－40.

度分析了河北省骨干高校与国家"双一流"建设高校遴选标准的差距和河北省重点高校优势学科冲击世界一流学科的潜力，提出河北省应谋求单项指标精准突破，整合高教资源做大做强，学科优化调整增强内涵，争取国家特殊政策支持，打造一流特色学科。①

地方高校特色学科发展，需对接地方产业发展需求，实现学科链与相关行业产业链的匹配。南京林业大学周统建提出，地方行业高校要以强化学科优势、构建更有竞争力的学科群为关键，以强化办学特色、解决行业转型升级困境和提供原创性科研成果为重点，以服务国家战略和区域经济社会发展为使命，积极应对"双一流"建设带来的机遇和挑战，做出适合自身学科发展的战略选择。② 东莞理工学院黄彬等提出面对产业需求升级转变、知识生产模式迭代转型、问题导向和现实驱动，地方高校特色学科建设必须突破传统知识分类学逻辑，切实转向产业需求逻辑，并积极整合教学科研资源、实施"学科—专业—课程"一体化建设；精准聚焦行业问题、深入推进产学研用协同创新；合理善用竞争环境、有效地避免同型现象等，努力构建支持引领区域产业技术需求的一流特色学科。③ 河北工业大学孔海东等认为，高校作为创新人才培养及科技研发的重要载体，并基于河北省相关文献数据资料的整理和分析，运用 SVAR 模型（结构向量自回归模型）的知识与方法，对河北省产业结构、劳动力结构及学科创新体系进行定量统计分析，提出优势特色学科创新体系对产业和劳动力结构的调整优化具有重要影响，应实现三者之间在区域内的协调发展。④

"双一流"建设、"一带一路"等国家重大战略，为地方行业高校带来了前所未有的内涵发展、转型发展和跨越发展机遇。地方高校应抓住机遇，凝练学科发展，突出学科特色。云南师范大学杨超等认为，在国家"双一流"建设战略背景下，地方高校学科建设要突破传统路径依赖，凝练学科方向，突出特色，完善"政府—高校—学院"一体化的学科制度体系，构建彰显"育人为本"和学科本质特征的文化—认知体系，促进"学科管理"向"学科治理"转变。⑤ 南京林业大学王浩梳理了"双一流"建设的背景下，南京林业大学采取的学科

---

① 李兴国. "双一流"建设下河北省重点高校学科发展对策 [J]. 中国高校科技，2019（9）：21-25.

② 周统建. 地方行业高校如何推进"双一流"建设——以入选"双一流"建设名单的江苏四所行业特色大学为例 [J]. 中国高校科技，2019（Z1）：20-24.

③ 黄彬，刘盾，谢春晓. "双一流"背景下地方高校学科建设：逻辑转向与路径选择 [J]. 黑龙江高教研究，2019，37（8）：1-5.

④ 孔海东，刘兵，徐志云，等. 区域产业结构与学科创新体系对接分析研究——以河北省为例 [J]. 黑龙江高教研究，2019，37（2）：59-65.

⑤ 杨超，徐天伟. "双一流"建设背景下地方高校学科建设的路径依赖及其破解 [J]. 学位与研究生教育，2019（6）：25-31.

发展举措：一是构建有特色的人才培养体系，推进人才特色发展；二是构建有行业特色的科技创新体系，推进产业绿色发展；三是建成有特色的学科生态体系，推进学校高水平发展，进一步强化了人才培养特色。① 兰州大学李硕豪等提出"一带一路"倡议下，为进一步提升甘肃省高校学科平台服务"一带一路"建设的能力，应认定备案一批"一带一路"学科与人才培养基地，打造"中亚研究"教育品牌，在中亚地区探索创办实体性大学，加大与沿线国家的教育与合作交流，以优势、特色学科引领"一带一路"建设。②

湖南工学院王小兵从学科内部生态的完整性、学科间生态的协调性、学科外部生态的适应性3个维度，构建基于生态位的地方高校特色学科资源获取能力体系，通过对特色学科生态位的定量分析，地方高校可以知晓自身能力的强弱和发展地位，摆脱资源约束的瓶颈，加快特色发展步伐。③

第三节　一流学科建设

建设世界一流大学和一流学科，是党中央、国务院作出的重大战略决策。"双一流"建设把一流学科提到了和一流大学建设同等重要的地位并且将其视为一流大学的基础。作为一流大学的基本要素，一流学科建设要立足中国具体国情、直面中国现实问题，有自己的价值标准；一流学科建设需要扎根区域发展现状，自下而上展开探索。2019年一流学科建设研究文献18篇，其中有1篇学位论文。该节在2019年度学科建设领域中比较受关注，研究文献数量较2018年度明显增加。本议题研究内容主要集中于一流学科建设作用及现状、一流学科建设面临的问题、一流学科建设模式及路径。本议题定量与定性研究方法并行。

一、一流学科建设作用及现状

在不同视域、不同语境下，一流学科建设呈现出不同的特色和价值。大连理工大学李枭鹰等研究了生成整体论视域下一流学科的建设、生成和发展，一

① 王浩. 行业特色型大学建设"双一流"的实践与思考 [J]. 中国高等教育，2019（1）：27-29.

② 李硕豪，王改改，张晓雪. "一带一路"建设背景下高校学科建设研究——以甘肃省为例 [J]. 现代教育管理，2019（5）：46-51.

③ 王小兵. 提升地方高校特色学科资源获取能力 [N]. 中国社会科学报，2019-09-19（4）.

流学科的整体生成和整体发展仰仗于各学科系统之间、各要素之间的共生和竞生；一流学科孕生于知识的生产、发展和创新之中，以一流的知识生产、知识发展和知识创新为标志；自我复制、超循环运转、历史性积累和协同竞争是一流学科的生成机制。① 陕西科技大学武建鑫认为在政策语境中，世界一流学科立足国家创新驱动发展战略，面向科学前沿、国家急需和经济发展重点，肩负着创新学术组织制度的使命与责任，并成为建设世界一流大学提供汇聚资源的操作平台；在学术语境中，世界一流学科具有组织和制度层面的核心特质，主要包括求真创新的学术品格、和谐共生的学科生态、灵活多样的制度结构，以及立足区域、制胜全球的战略方向。②

当前，培养拔尖创新人才、科技成果转化等已经成为"双一流"建设的自觉行动。对接国家重大战略需求，一流学科建设时应积极落实拔尖人才培养、科研成果转化等任务。天津大学马廷奇提出拔尖创新人才培养主要通过专业建设、平台建设、团队建设、体系建设与一流学科建设产生结构性关联，但一流学科建设与拔尖创新人才培养实践要素之间也存在内在的体制性冲突。③ 北京化工大学员荣平等提出在创新驱动发展的国家战略背景下，一流学科建设和科技成果转化实施共生策略：在科技成果转化的支撑和引领下，以科研和教学为基础的一流学科建设大学内部通过"研究型人才适合产生原始创新"和"成果转化反馈科学研究"机制，实现成果转化和学科建设彼此之间优势互补和相互依赖，促进两大模块之间的自由运作、相互交融。④

中国矿业大学杜晓虹基于全国第四轮学科评估结果，考察了江苏省高水平大学学科建设现状和生态特质，认为具有良好的学科累积优势，具有创建一流学科良好的基础和潜力，国家要进一步加快"双一流"建设，着力地方学科内涵建设；省政府树立分层分类推进理念，打造精准学科建设；学校则调整学科内部要素，构筑学科协同系统。⑤

---

① 李枭鹰，齐小鹍. 生成整体论视域中的一流学科建设 [J]. 学位与研究生教育，2019（12）：25 – 29.

② 武建鑫. 世界一流学科的政策指向、核心特质与建设方式 [J]. 中国高教研究，2019（02）：27 – 33.

③ 马廷奇. 一流学科建设与拔尖创新人才培养 [J]. 国家教育行政学院学报，2019（03）：3 – 10.

④ 员荣平，孙留洋，党高飞. 科技成果转化与一流学科建设的共生关系 [J]. 中国高校科技，2019（S1）：53 – 54.

⑤ 杜晓虹. 江苏高水平大学创建一流学科的机理与模式研究 [D]. 徐州：中国矿业大学，2019.

二、一流学科建设面临的挑战

对比世界一流大学学科建设，武汉大学尹朝晖等认为我国的一流学科建设存在忽视知识生产模式转型的要求，片面迎合大学排行榜口径与评估指标体系，执着于 ESI 学科、国家重点学科排名等不良现象。知识生产模式转型对一流学科建设中过于注重排名的形式化倾向、"粗放型的"的投入方式，以及单一化的评价方式造成了强烈的冲击。① 浙江师范大学刘小强等指出，政府、高校和学者站在各自的立场上功利地看一流学科建设，3 种不同导向严重分散了学科建设的资源和精力，严重削弱了一流学科建设的成效。②

以管理服务平台推进优势、特色学科建设是高校一流学科创新发展的重要一环，需破解难题，积极践行。沈阳建筑大学李楠等提出真正意义上的一流学科建设管理平台尚未形成，主导高校一流学科建设管理平台发展的关键政策尚未提出。平台能否具有成熟的管理性机制，能否设立分支平台实现对外的社会需求都缺乏相应的政策规定；鼓励性的建设政策也并未到位，相应的行政部门对政策的协调性难以把握，直管或分管难以落实，对责任部门的职责界定模糊也导致相关政策难以落实到管理实处。③

当前，我国一流学科建设陷入了诸多误区。湖南大学范玉鹏等认为，在一流学科建设实践中，过于重视学科硬环境的建设而忽略学科软实力的提升，导致学科建设呈现出学科精神的遮蔽化、学科门类的隔阂化、学科组织的科层化、学科评价的表浅化等文化困境，究其原因在于市场功利的冲击、管理主义的盛行、行政本位的固化、学科文化的差异等。④ 浙江师范大学刘小强等提出，在国家学科制度下，一流学科建设在某种意义上蜕变为功利化行为，主要表现为追逐排名的一流学科建设注重学术指标，并不能真正提升学科水平；不同主体的价值追求各异，严重削弱了一流学科建设的效果；自上而下的建设方式注重资源投入的外在"利诱"，却忽略了学科内生动力的激发；以一级学科为平台，

---

① 殷朝晖，黄子芹. 知识生产模式转型背景下的一流学科建设研究 [J]. 大学教育科学，2019 (6)：61 – 66 + 122.

② 刘小强，彭颖晖. 一流学科建设的三种导向：价值的冲突与统一 [J]. 研究生教育研究，2019 (1)：64 – 68.

③ 李楠，宋爽. 基于管理服务平台的高校一流学科建设论析 [J]. 现代教育管理，2019 (5)：41 – 45.

④ 范玉鹏，余小波. 一流学科建设的文化困境及其突破 [J]. 研究生教育研究，2019 (1)：69 – 74 + 86.

违背了今天知识生产的特点和要求。①

三、一流学科建设模式及路径

一流学科是高校建设发展的核心与龙头，是科学研究的平台和教书育人的载体，一流学科的顶层设计和科学规划至关重要。南京林业大学宫新栋等通过梳理学科的演变发展进程及国家重点学科建设的演变，提出在开展一流学科建设的过程中，需要进一步加强学校学术组织建设和制度建设，建立科学合理的学科建设绩效评价体系，改变以往高校科研成果与社会需求"两张皮"的脱节现象，全面提升一流学科在人才培养、科学研究、社会服务、文化传承创新和国际交流合作中的综合实力。② 江苏师范大学吴丁玲等从一流学科建设逻辑出发，提出一流学科建设应当遵循合规律性、合目的性与合现实性，着力于"一流学科—原创知识—最新范式""一流学科——流专业—精品课程""一流学科—国家需求—科学方法"3 个维度，进行知识生产、人才培养和社会服务。③

加强科学研究和国际交流与合作，是一流学科建设的重要举措。南京农业大学刘国瑜指出，提升基础科学研究水平是建设世界一流学科的关键和核心，我国高校的世界一流学科建设要通过加强高水平课程建设、强化研究生基础科学研究训练、构筑高水平创新平台、营造良好的学术氛围等措施，使研究生教育成为提升学科基础科学研究水平的重要支撑。④ 国际化是加快"双一流"建设的内在要求，同时也为具有行业特色的一流学科建设高校提供了发展的契机。南京信息工程大学李北群等提出，面对发展机遇，学校要立足学科的传统优势和深厚底蕴，将国际化战略作为建设世界一流学科的有力抓手，在平台搭建、师资建设、人才培养、国际合作 4 个方面着力打造基于学科的国际化战略，建设具有世界影响力和竞争力的一流学科。⑤

地方高校要立足学科特色和区位优势，服务国家战略和区域发展，打造一流学科。中国刑事警察学院袁广林强调在建设世界一流学科过程中，要兼顾创

---

① 刘小强，聂翠云. 走出一流学科建设的误区——国家学科制度下一流学科建设的功利化及其反思 [J]. 学位与研究生教育，2019（12）：18-24.

② 宫新栋，杨平，时留新. 关于高校一流学科演进与建设的思考 [J]. 中国高校科技，2019（3）：25-27.

③ 吴丁玲，胡仁东. 一流学科建设的逻辑遵循与行动策略 [J]. 高校教育管理，2019，13（6）：64-71.

④ 刘国瑜. 基础科学研究、研究生教育与世界一流学科建设 [J]. 学位与研究生教育，2019（7）：53-58.

⑤ 李北群，陈美玲，马星. 行业特色高校一流学科建设的国际化路径探析 [J]. 中国高等教育，2019（Z2）：40-42.

建世界一流与服务国家发展，以优势特色学科为抓手，注重基础性研究，产出原创性理论成果服务于人类社会发展；要以优势特色学科为龙头，着力提高相关学科建设水平，构建互利共生的学科生态体系，在高原上筑高峰，是地方行业特色高水平大学建设世界一流学科的应然选择。① 吉林师范大学张作岭等提出地方高校在一流学科的建设与发展中，应充分结合地方经济社会区位优势，变优势为特色，围绕顶层设计、学科创新、国际化发展和服务社会能力4个维度，选择合适的发展路径，实现内涵式发展；挖掘区位优势，做好一流学科建设与发展的顶层设计；依托区位优势，增强学科科研创新的学术贡献力；发挥区位优势，服务国家战略与发展国际化；强化区位优势，提高一流学科建设与发展的社会服务力。②

　　一流学科建设应进行科学评价。浙江传媒学院赵渊指出当前我国世界一流学科建设要克服"唯技术化标准""轻体系性能力建构""纯学科视域""弱合纵连横蝶变"等路径依赖，建立多维度多元化的一流学科评价体系，构建基于内生能力生长的学科生态系统，重构学科建设行政性力量的传导方式与作用机制，建立基于杠杆驱动的学科建设双连横架构，矫正与引导世界一流学科建设的社会心理及文化心态，全面提升中国"世界一流学科"建设质量。③ 南京师范大学刘艳春认为，不同类型学科的发展逻辑存在差异，中国一流学科建设应该通过分类引导，实现分类发展；通过分类评价，对一流学科建设实行动态管理；创设学科交叉融合的外部环境，促进一流学科协同发展。④

第四节　学科建设存在的问题及对策

　　2019年，关于学科建设存在的问题及策略研究文献有19篇，其中3篇为报纸文章。学者从不同视角更深入地研究了学科建设存在的问题和建设路径。这些文献多采用了定性研究方法。

---

　　① 袁广林. 创建世界一流与服务国家发展：行业特色高水平大学世界一流学科建设战略选择 ［J］. 学位与研究生教育，2019（1）：1－7.

　　② 张作岭，崔明石. 地方高校一流学科建设与发展路径选择 ［J］. 中国高校科技，2019（7）：52－55.

　　③ 赵渊. 我国世界一流学科建设的路径依赖及其破解 ［J］. 中国高教研究，2019（6）：27－32.

　　④ 刘艳春. 学科分类体系下一流学科建设的路径选择 ［J］. 江苏高教，2019（8）：8－14.

一、学科建设存在的问题

现代知识生产模式转型对学科发展提出了一定的挑战。北京大学陈洪捷强调，现代的知识生产对传统的学科制度及学科思维模式提出了严峻的挑战，学科边界日益模糊，跨学科或交叉学科的研究渐渐成为常态，跨学科的知识生产对传统大学的学科组织形态也产生了冲击，在"学科中心主义"的实践中，学科之间的等级差序加剧了学科之间的利益冲突，学科整合和互补的空间日趋缩小，这不仅不符合一流大学发展的趋势，还会给大学发展带来严重的后果。① 武汉理工大学马廷奇等指出，在现代知识生产模式转型过程中，学科建设面临封闭性与开放性、理论性与实践性、知识性与公益性等知识生产要素之间的矛盾和困境。②

学科发展不平衡是学科发展过程中不可避免的问题。天津大学申超指出，在我国高等教育中的学科建设 30 年历程中，理工门类始终占据着"重中之重"的"领头雁"地位，经济学门类在 21 世纪以后异军突起，成为重点学科建设的"新宠"，而以教育学、法学和文学门类为代表的人文社会科学则受到了持续的相对忽视，我国重点学科建设中呈现出明显的科际不平衡现象。③ 南京中医药大学尚丽丽以 61 所行业特色型"双一流"建设高校为研究对象，通过分析发现其学科群建设存在学科群治理体系不完善且治理能力有待提高、学科群内学科发展不平衡、跨学科领军人才和团队缺乏、学科群内各学科间的文化冲突等问题。④

学科发展过程中伴随着学科组织分化、学科"鄙视链"等倾向，严重阻碍学科建设进程。华中科技大学芦艳指出，学科组织分化可能产生 3 种失范现象：分散性失范、强制性失范以及竞争性失范。分散性失范：学科知识专业化程度加深却割裂了各学科组织之间的联系；强制性失范：分化源于外部的强制力量而非学科组织的内发力量；竞争性失范：产生了由较为简单的知识系统构成的学科组织。⑤ 中南大学张亮等提出，高校学科"鄙视链"对高校学科发展与高校育人功能发挥带来消极影响：一是学科"鄙视链"是一种短视的、功利的、

---

① 陈洪捷. "双一流"建设，学科真的那么重要吗 ［N］. 中国科学报，2019 - 11 - 27 （007）.

② 马廷奇，许晶艳. 知识生产模式转型与学科建设模式创新 ［J］. 研究生教育研究，2019 （2）：66 - 71.

③ 申超. 我国重点学科建设中的科际不平衡现象 ［J］. 教育发展研究，2019，39 （7）：69 - 76.

④ 尚丽丽. "双一流"建设背景下行业特色型高校学科群建设问题分析及对策研究 ［J］. 高校教育管理，2019，13 （5）：36 - 43 + 51.

⑤ 芦艳. 如何规避学科组织分化的失范现象 ［J］. 江苏高教，2019 （8）：15 - 20.

媚俗的学科认知和学科价值取向，无视学科知识体系的丰富性、多样性及其长远发展，无视学科对人类发展自身多方面的终极的关照，使学科的客观价值被某些暂时性的主观偏好所限制，致使一些学科不能充分发挥其应有的育人树人作用；二是高校学科"鄙视链"抹杀了学科间原有的信任互助关系；三是高校学科"鄙视链"暗含着一种以学科初始知识能力准入门槛论英雄的学科偏见与认知偏执。[①]

部分学者以具体学科为案例，研究了学科建设过程中存在的问题。北京大学阎凤桥指出，教育学科实践性强、学科性和专业化程度弱的特点限制了在综合大学中的地位；从发展规模和水平上看，综合大学的教育学科又无法与师范大学的教育学科相抗衡。[②] 华中科技大学薛文涛指出，国家层面片面的学科制度调整观、高校层面对高等教育学科和研究的不良观念、教育学界的保守观念阻力等相关观念问题，使我国高等教育研究面临着"双向难题"：一是"下不去"问题，理论研究脱离实际，研究成果应用性不强，"走马观花"式的研究多，"下马观花"式的研究少，高等教育研究水平总体上跟不上高等教育实践发展的需要；二是"上不去"问题，过于追求研究的应用性，"短平快"的、追逐热点的、阐发政策的研究多，对具有上层统领作用的基础理论的研究还有待提升。[③]

二、学科建设策略

中国教育学会钟秉林等强调学科建设要遵循学科发展的内在规律，坚持长期积累、重点突破，逐步形成特色和优势；紧密结合国家经济社会发展，激发出更多新的生长点；在水平分层的基础上加强分类建设，使不同学科找到适合的发展模式；改革现有的学科资源配置和管理方式，促进跨学科和交叉学科的发展。[④] 南京财经大学陈棣沭提出高校学科发展必须坚持"联动、共享、集群、特色"的绿色发展理念，构建与产业集群紧密对接、学科与专业交叉发展和一体化建设的学科专业集群；在新技术的助推下，系统提升学科专业集群的联动创新潜力，加快内涵发展的步伐，凸显学校学科特色与优势，体现学科专业交

① 张亮，胡文根. 高校学科"鄙视链"及其破解之道 [J]. 现代大学教育，2019 (2)：10－16.
② 阎凤桥. 立功与立言可否融通：综合大学中教育学科发展的机遇与挑战 [J]. 清华大学教育研究，2019, 40 (4)：11－15.
③ 薛文涛. 高等教育学学科：多重意蕴、发展困境及突破 [J]. 现代教育管理，2019 (12)：16－22.
④ 钟秉林，马陆亭，贾文键，等. 大学发展与学科建设（笔谈）[J]. 中国高教研究，2019 (9)：12－15.

叉发展和一体化建设的思路；创新学科建设管理机制，加强学科分类评价体系。①

在不同视角下，学科建设要立足特色与优势，从实际出发，采取适切的举措。中国高等教育学会瞿振元基于知识生产的视角，强调学科建设要打破全面知识再创新的壁垒，实现从跨学科到超学科；与学校建设要处理好局部与整体的关系；建立鼓励变革的机制，推动知识生产方式的变革。② 中山大学黄达人等从组织建设的角度出发，提出高校要在学科建设中要体现组织的价值，布局重点建设学科要体现办学特色，通过组织架构的调整来整合学科，制定有利于重点建设的各项政策，营造良好的组织氛围，特别要重视学科建设对人才培养的作用。③ 南京林业大学周统建提出价值生态视角下，高校要强化弱势学科与一流学科间的交叉、融通与共生；依托学校已有办学特色、一流学科优势和区域经济、文化特色为弱势学科争取发展空间，全方位促进弱势学科特色发展，鼓励弱势学科走错位发展的特色之路；在学科人力资源建设上，注重学科的学术梯队建设。④

在新一轮科技革命和产业变革下，传统的工程教育模式很难适应快速发展的科学技术和产业需求，为深化工程教育改革，"新工科"应运而生。清华大学彭林等基于普渡大学跨学科工程教育案例，提出新生工科专业建设需要突破不同工程学科或工程学科与其他学科的界限，培养满足和引领产业当前和未来发展需要的卓越工程科技人才；在不破坏现有院系结构基础上，突破传统的专业培养制度的阻碍、形成跨学科人才培养机制。⑤ 天津大学顾佩华结合国内外高等教育发展的现状，通过回顾新工科建设的发展历程，强调尽快建立中国特色的工程教育理论体系及工科教育模式，不断推进多学科交叉融合、产教融合、教研学融合、国内外教育和人才培养合作，发挥体制优势，全面深化新工科教育的变革，引领世界高等工程教育发展。⑥ 华中科技大学杨晴等借鉴近年来哈佛大学工科教育在学科交叉方面的实践，针对新能源专业建设面临的困境，以及"新工科"背景下新专业建设要求，提出我国新能源科学与工程专业建设需要更灵活的机制，实现教师队伍和教学内容的深度整合，从而打破学科

---

① 陈棹沭. 新时期中国高校学科建设之路 [N]. 中国科学报, 2019 - 09 - 04 (4).

② 瞿振元. 知识生产视角下的学科建设 [J]. 中国高教研究, 2019 (9)：7 - 11.

③ 黄达人, 王旭初. 组织建设视角下的学科建设 [J]. 中国高等教育, 2019 (22)：18 - 20.

④ 周统建. 价值生态视角下一流学科建设高校弱势学科发展战略思考 [J]. 江苏高教, 2019 (3)：44 - 49.

⑤ 彭林, 林健, BrentJesiek. 普渡大学跨学科工程教育案例及对新工科建设的启示 [J]. 高等工程教育研究, 2019 (6)：186 - 193.

⑥ 顾佩华. 新工科建设发展与深化的思考 [J]. 中国大学教学, 2019 (9)：10 - 14.

壁垒，使专业建设跟上产业发展的步伐，进一步提高人才培养质量，更好地服务于社会。①

广泛交叉、深度融合已经成为当代学科发展的重大趋势。北京大学原帅等对标世界一流大学，提出我国高校未来学科建设应加强基础研究，服务国家战略；构建有利于学科融合的体制机制；培养学科交叉复合型人才。② 浙江大学林成华指出，教师联合聘任是推进学科交叉和跨领域协同创新、促进重大成果产生和创新生态系统形成的重要抓手。当前迫切需要破除交叉学科教师联合聘任的制度性障碍，充分调动院系和教师联聘的积极性，促进学科交叉融合和学科竞争力持续提升。③ 重庆工商大学陈运超强调学科的建设应实施基础突破、应用领先、融合发展的学科战略，将不同学科、不同领域、不同人员的优势和特色融合发展放在优先地位，以创新为支点，实现重点突破，产出原创性成果，实现跨越式的共同发展；通过项目、人才、基地三位一体，建立起促联合、重交叉的发展模式；以重大项目的组织与实施，推动交叉学科和新兴学科的发展。④

第五节 文献分布及其特点分析

2019年度学科建设专题研究文献共计254篇，其中的70篇被纳入本专题文献综述。专题由4部分组成：一流学科建设、学科评估、地方高校学科建设、学科建设存在的问题及策略研究。

一、文献分布

从文献类型来看，2019年度纳入学科建设专题的研究文献仍以学术期刊论文为主，共计61篇，占88.6%；报纸5篇，占7.1%；学位论文2篇，占2.9%；著作1篇，占1.4%。

与往年相比，纳入学科建设专题的研究文献总体数量上升，期刊论文、报

---

① 杨晴，王晓墨，成晓北，等. 新工科背景下的新能源科学与工程专业——哈佛大学工科教育在学科交叉方面的启示［J］. 高等工程教育研究，2019（S1）：23 - 24 + 33.

② 原帅，黄宗英，贺飞. 交叉与融合下学科建设的思考——以北京大学为例［J］. 中国高校科技，2019（12）：4 - 7.

③ 林成华. 完善教师联合聘任助力学科交叉融合［N］. 中国社会科学报，2019 - 06 - 06（4）.

④ 陈运超. 论学科建设的高度与显示度［J］. 中国高校科技，2019（3）：9 - 12.

纸文章有所增加，学位论文数量减少。2012—2019 年纳入学科建设专题的文献情况如图 7 - 1 所示。

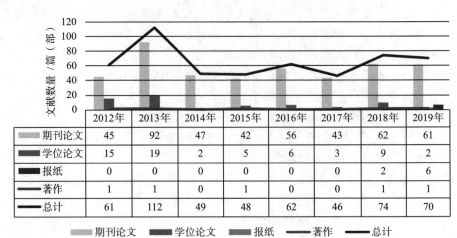

	2012年	2013年	2014年	2015年	2016年	2017年	2018年	2019年
期刊论文	45	92	47	42	56	43	62	61
学位论文	15	19	2	5	6	3	9	2
报纸	0	0	0	0	0	0	2	6
著作	1	1	0	1	0	0	1	1
总计	61	112	49	48	62	46	74	70

图 7 - 1　2012—2019 年度专题采纳文献总体分布

从文献来源看，61 篇期刊论文中，《中国高校科技》载文最多，达到 9 篇；其次是《中国高教研究》，有 7 篇；《学位与研究生教育》《研究生教育研究》《江苏高教》各有 5 篇。报纸文献主要来源于《中国科学报》和《中国社会科学报》。期刊文献来源如图 7 - 2 所示。

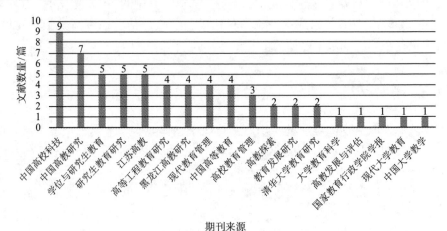

图 7 - 2　期刊文献来源

从文献研究主题来看，4 个主题文献分布相对均匀，关于学科建设存在的问题及对策研究文献最多，共计 19 篇，占 27.1%；一流学科建设研究文献 18

篇，占 25.7%；学科评估研究文献 17 篇，占 24.3%；地方高校学科建设研究文献 16 篇，占 22.9%。

从本专题文献作者来源单位看，主要是高等院校。华中科技大学发文数量最多，达到 6 篇，北京大学、南京林业大学发文各 4 篇，其次是天津大学、南京信息工程大学，发文各 3 篇。

二、研究方法与研究热点

从研究方法来看，与 2018 年度相比，2019 年度学科建设专题研究方法更加多样化。学科评估方面的研究，学者多采用统计分析法、比重法、指数模型、社会网络分析法等实证分析方法；地方高校学科建设、学科建设存在的问题及对策研究，学者多采用调查法、比较研究、案例研究等定性研究方法；一流学科建设研究，学者多采用定量与定性相结合的方法。

从研究的侧重点来看，延续 2018 年度研究主题与核心问题，分为学科评估、地方高校学科建设、一流学科建设、学科建设存在的问题及对策研究 4 个部分，研究热点主要包括学科评估体系与方法、学科评估存在的问题及对策研究、一流学科评估、跨学科建设、地方高校特色学科建设、学科建设存在的问题、学科策略研究、一流学科建设模式与路径等，见表 7 – 1。

表 7 – 1　2019 年学科建设的研究热点

研究主题	研究热点
学科评估	①学科评估体系与评估方法 ②学科评估存在的问题及对策研究
地方高校学科建设	①地方一流学科建设政策研究 ②地方高校特色学科建设
一流学科建设	①一流学科建设的作用与现状 ②一流学科建设存在的问题 ③一流学科建设模式与路径
学科建设存在的问题及策略研究	①学科建设存在的问题 ②学科建设策略研究

从 2011—2019 年学科建设研究发展趋势看，不同年度有不同的研究侧重点。近 7 年，学科评估、学科建设存在的问题及对策研究一直是学科建设主题中的热点研究领域，见表 7 – 2。

表 7－2　2011—2019 年学科建设的研究热点

年　　度	2011	2012	2013	2014	2015	2016	2017	2018	2019
学科评估	✓	✓	✓	✓	✓	✓	✓	✓	✓
具体学科建设	✓	✓	✓	✓	✓	✓			
跨学科建设			✓	✓		✓			
学科建设现状、问题及对策	✓	✓	✓	✓	✓		✓		
学科文化建设		✓					✓		
学位授权制度	✓		✓						
学科群建设	✓								
地方高校学科建设							✓	✓	✓
一流学科建设							✓	✓	✓

三、研究总结与未来展望

2019 年度学科建设研究特点总结如下。

第一，学科评估研究聚焦到各环节。新时代，"双一流"建设对学科评估提出了更高的要求。2019 年，学者们对学科评估的研究进一步深入。一方面强调学科评估中国化，立足外部社会需求和学科本体需求，构建中国特色的现代化评估体系；另一方面，学者从评估过程、评估主体、评估内容等不同环节深入分析了学科评估存在的问题，提出了针对性的建议。

第二，一流学科建设仍是研究热点。在"双一流"建设相关政策支持下，高校纷纷制定一流学科建设方案，优化学科布局，打造一流学科。2019 年一流学科建设研究文献较 2018 年有所增加。在研究方法上，一流学科建设研究仍采用定量分析与定性分析相结合的多元研究方法；在研究内容上，聚焦"双一流"建设五大建设任务和五大改革任务，立足中国特色，对一流学科的建设现状、存在的问题、模式与路径等展开研究，从而为一流学科建设提供实质性建议。

第三，地方高校学科建设紧密结合国家战略和地方行业特色。对接国家"双一流"建设、创新驱动发展战略、"一带一路"等国家重大战略和地方行业需求，基于地方高校学科建设的现状，立足于区域优势和学科特色，学者们从多角度、多方面提出地方高校特色学科建设的建议，强调凝练学科方向，实现学科链与产业链的匹配，服务区域产业发展需求。部分学者研究了地方特色学科向一流学科推进面临的挑战、可行的路径和策略。

第四，学科建设存在的问题及对策研究更加深入。学者深入分析了学科建设存在的科际发展不平衡、学科组织分化、学科鄙视等问题，解析了学科建设陷入的误区。从知识生产、组织建设、价值生态等视角，基于人才培养、科学研究、社会服务、文化创新、国际交流等维度，从国家、省域、高校等层面提出高校学科建设的建议和举措。部分学者探讨了新一轮科技革命和产业变革背景下，新工科发展的举措。

通过对 2019 年度学科建设相关文献的深入研究，结合当前时代背景、国家和高校发展需求，认为未来关于学科建设、学科评估的研究文献在数量上会有所提升，研究内容和方法上有所创新。未来研究的展望如下。

第一，学科建设相关研究将增加。2020 年是"十三五"规划收官年和"十四五"规划启动之年，是高校"双一流"建设和内涵式发展转型的关键时期。作为学校最重要的规划，学科建设发展规划成为热门话题。各高校围绕"十四五"规划积极召开学科发展规划研讨会，谋划学科发展方向、目标、路径、策略等。因此，相关学者将加强对学科建设的研究。

第二，学科评估将备受关注。第五轮学科评估即将开展，学科评估将成为社会关注的热点，关于学科评估的研究将会增加；2020 年 6 月 30 日，中共中央全面深化改革委员会第十四次会议审议通过了《深化新时代教育评价改革总体方案》，首次提出了"改进结果评价，强化过程评价，探索增值评价，健全综合评价"。8 月 6 日，教育部发布《关于完善高校学科评估制度，促进教育治理体系和能力现代化的提案》，针对破除"五唯"、突出内涵质量要求，强化人才培养地位，完善科学评估体系，提高动态监测功能等提出了建议。在政策影响下，未来学科评估将立足"四个评价"，创新评估方法和评估体系，突出质量创新、服务贡献。

第三，多视角、多方法深入研究。当前，关于学科建设的研究多属于经验类文献，实证性、系统性、理论性研究的文献较少，研究深度有待于提高，结论缺乏实证的支撑。未来研究将基于从不同视角、不同层面探讨学科建设存在的问题，创新研究方法，借助更多的实证方法，研究与学科建设相关的各种关系，以及影响学科发展的因素，进而对学科评估、学科建设提出针对性的建议和建设路径。

研究生教育管理研究进展

2019 年度有关研究生教育管理的研究文献共计89 篇、其中，著作1 部、期刊论文 67 篇、学位论文 13 篇、报纸文章 9 篇；入选本章文献共 57 篇。2019 年，研究生教育管理研究主要包括国家管理层面的研究生教育改革与发展策略，区域管理层面的省级研究生教育改革与发展策略，研究生培养单位管理层面的高校研究生教育管理、研究生教育收费与奖学金制度研究的三大主题。

第一节　宏观管理

2019 年度，宏观管理研究文献共 33 篇。其中，著作 1 部、期刊论文 30 篇、学位论文 2 篇。从 2019 年度研究者对国家宏观管理的研究情况来看，研究内容主要聚焦研究生教育发展策略和研究生教育改革。上述文献多采用文献研究、政策文本分析、比较研究、实证研究、问卷调查、访谈、案例研究等研究方法。

一、研究生教育发展方略

2019 年，中共十九届四中全会通过的《中共中央关于坚持和完善中国特色社会主义制度推进国家治理体系和治理能力现代化若干重大问题的决定》明确指出要构建服务全民终身学习的教育体系。"新时代呼唤新担当，新时代要有新作为"。发展新时代研究生教育，必须着眼于党和国家事业发展的需要，培养造就大批德才兼备的高层次人才。加快推进建设研究生教育强国，必须坚持中国共产党对研究生教育的全面领导，率先落实立德树人根本任务，服务国家发展战略，积极服务民生需求，进一步开放合作、协同共治，促进研究生教育高质量发展，走出一条中国特色的研究生教育内涵式发展之路。

1. 总体发展策略

本小节展示了研究者们对研究生教育发展的总体策略的研究成果。研究者分别从中国共产党对研究生教育的领导、研究生教育治理、非全日制研究生教育、研究生资助政策等方面进行剖析并提出有关的发展策略。

研究生教育是教育强国建设的制高点。国务院学位委员会办公室副主任洪大用认为，研究生教育强国一般有几个突出特征：具有充分教育自信，建立了科学高效的资源配置体制机制，形成了具有示范意义的研究生教育标准，拥有高水平导师队伍，培养出卓越毕业生，对经济社会发展和人类进步作出了卓越贡献，并因此具有重大国际影响力。提出加快推进新时代研究生教育强国建设，一是全面加强和改进中国共产党对研究生教育工作的领导；二是切实增强教育自信，坚定建成研究生教育强国的信心和决心；三是牢牢把握立德树人、服务需求、提高质量、追求卓越的工作主线；四是结合当前阶段的实际需要扎实推进研究生教育改革发展的若干重点工作。①

非全日制研究生教育本质上是一种提供学位教育的终身学习。清华大学杨斌等提出非全日制教育必须摆脱唯论文导向产生的伪需求，更有效地反映行业、社会和个体的真需求。非全日制研究生教育的未来发展，于个人，一定是全人提高而非学位信号的追求；于院校，一定是育人而非创收的导向，才可谓成功，也才具有永续持久的活力。高校要推进多种形式的因材施选，育人要找到长效与短效的平衡，高度重视集体建设的育人作用，适应与引领变化要成为非全日制研究生培养的常态，重视人才评价与项目评价的多样性。②

1949 年 10 月以来，国家出台了一系列规范和调整研究生资助的政策，有力推动了我国研究生教育事业的稳步发展。陕西师范大学陈亮等认为，我国研究生资助政策形成了特定的制度演进逻辑和变迁话语，在执行过程中存在着政策评估滞后、多元利益表达渠道不畅、深层次体制机制改革面临挑战等现实困境。从战略高度加快政府职能转变、从理念层面重塑资助价值基点、从制度层面加快推进资助政策评估和系统设计成为新时期我国研究生资助政策实现规范化、合理化、科学化发展的必然要求。③ 西南大学彭莹认为，完善研究生国家奖学金制度，提高研究生国家奖学金制度对文科博士生的激励效果，国家层面应加强顶层设计，设置合理的国家奖学金奖励金额梯度，扩大奖励覆盖面；给

① 洪大用. 扎根中国大地加快建设研究生教育强国 [J]. 学位与研究生教育, 2019 (3)：1-7.

② 杨斌, 康妮. 亟须激发活力：非全日制研究生教育发展的若干思考 [J]. 学位与研究生教育, 2019 (7)：49-53.

③ 陈亮, 马健云. 建国 70 年研究生资助政策的变迁逻辑与发展走向 [J]. 研究生教育研究, 2019 (4)：15-20.

予高校更大自主权，放宽对高校国家奖学金名额分配的管制；强化激励与约束机制，激发高校工作热情。[①]

2. 博士生教育发展策略

伴随着博士招生规模的扩大，博士生延期毕业现象越来越普遍。北京交通大学绳丽惠通过对具有一定代表性的高校博士生延期毕业情况的调查分析，认为博士生能否正常毕业与学习年限的设置、发表学术成果的要求、导师及博士生自身因素具有相关性，提出高校应深入开展博士生培养机制改革，采取合理设置博士生基本学习年限、提高生源质量、加强导师队伍建设、强化培养过程管理、科学制订学术成果要求、健全博士生教育投入机制等措施，有效解决博士生延期毕业问题，提高博士生教育质量。[②]

高等教育过程中如何帮助博士生完成学业、获得学位，也是美国研究生教育的一个焦点问题。齐鲁师范学院金传宝分析了影响美国博士研究生成功的因素，认为博士生和导师之间维持良好的关系是影响他们能否坚持学习、成功毕业并进入学术研究工作的最重要的因素。提出我国博士生自我发展策略：一是明确导师的资格要求和职责；二是提供多元化的指导方式；三是加强与导师和同伴之间的有效交流；四是搞好博士生指导工作的基础建设。[③]

3. 来华留学研究生教育发展策略

《推进共建"一带一路"教育行动》明确提出：教育为国家富强、民族繁荣、人民幸福之本，在共建"一带一路"中具有基础性和先导性作用；教育交流为沿线各国民心相通架设桥梁，人才培养为沿线各国政策沟通、设施联通、贸易畅通、资金融通提供支撑。南京农业大学程伟华等提出了新时代来华留学专业学位研究生教育的变革路径，即政府应加强来华留学专业学位研究生教育的顶层设计和配套实施制度建设，高校应明确来华留学"四化"专业学位研究生培养目标和健全来华留学专业学位研究生"输入—过程—输出—跟踪反馈"全过程质量管理体系，从而提升来华留学专业学位研究生的培养质量与效益。[④]

"一带一路"的建设使沿线国家与我国高等教育的交往和合作越来越密切，为我国高校留学研究生教育的发展提供了重要机遇。北京交通大学孙雪飞等分析了"一带一路"倡议下做好来华留学研究生教育工作的重要意义，剖析了当前来华留学研究生教育规模与结构，探讨了来华留学研究生教育存在的问题，

---

① 彭莹. 文科博士研究生国家奖学金制度绩效评价研究 [D]. 重庆：西南大学，2019.
② 绳丽惠. 博士生延期毕业现象：影响因素与治理策略 [J]. 学位与研究生教育，2019 (6)：60－64.
③ 金传宝. 美国博士研究生耗损及应对策略 [J]. 研究生教育研究，2019 (5)：89－97.
④ 程伟华，张海滨，董维春. 新时代来华留学专业学位研究生教育发展与变革路径——以两项政府奖学金项目为例 [J]. 学位与研究生教育，2019 (6) 53－59.

进而提出了促进来华留学研究生教育发展的策略选择：加强顶层设计，完善政策法规；做好留学研究生生源国别的平衡工作；拓展留学研究生奖学金项目和自费来华留学研究生招生；做好来华留学研究生招生宣传工作；建设科学而有特色的课程体系；加强留学研究生评估体系建设。①

随着我国"一带一路"倡议的推进，众多国企走出国门，对外科技和经贸交流不断增加，世界各国对具有中国背景的工科人才需求旺盛。在此背景下，工科留学生数量增长尤为迅速。北京理工大学汪滢等对 2007—2016 年在华留学生的统计分析表明，工科留学研究生教育的规模发展迅速，在留学生教育中的占比大幅提升，但也存在生源质量不高、国际接轨不足、支撑和管理体系不完善等问题。建议政府应将留学研究生教育工作纳入国家教育发展战略，对中国政府奖学金等政策进行改革；高校应将留学研究生教育工作纳入"双一流"建设之中，重点建设世界一流的工科留学研究生教育体系，提高培养标准，实施精英教育，还应进一步完善留学研究生教育管理和生活保障体系，大力加强对外宣传；通过政府与高校联动，大力提升工科留学研究生的培养质量，服务国家发展战略。②

4. 专业学位研究生教育发展策略

我国专业学位博士教育正处于改革与发展并行的特殊阶段，规模与质量需同步提升。南京农业大学罗英姿等基于全国专业学位博士教育质量调查的结果，认为我国专业学位博士教育存在培养目标定位不清，导师制度流于形式，不注重实践能力培养，欠缺校外力量参与，培养方案依附性强，成果产出偏重论文发表，学生能力提升与发展需求不匹配，对博士专业学位认知不清等问题。为推进专业学位博士教育的发展，应从扩大教育规模、分类构建培养模式、引导实践成果产出、完善相关监督体系、推进社会认同多方面加以改进。③

南京农业大学姚志友等认为，当前影响专业学位研究生教育发展的主要矛盾是国家与社会的有效需求与教育供给的不充分。基于整体性教育的视角，分析了专业学位研究生教育的本质，提出了改革专业学位研究生教育的路径，即打破政府、社会与高校的碎片化治理现状，构建专业学位研究生教育场域协同治理分析框架，建立"纵横内外"的协同发展机制，探索"科教协同、产教融

———————————

① 孙雪飞，苏海红. "一带一路"沿线国家来华：留学研究生教育的现状及发展策略研究 [J]. 学位与研究生教育，2019（4）：72-77.

② 汪滢，王战军. 在华工科留学研究生教育发展分析 [J]. 学位与研究生教育，2019（4）：65-72.

③ 罗英姿，李雪辉. 我国专业学位博士教育面临的问题与改进策略——基于"全国专业学位博士教育质量调查"的结果 [J]. 高等教育研究. 2019（11）：67-78.

合"教育模式与"集体培养、导师团队指导"培养方式。①

清华大学汪全报等也认为产教融合能促进专业学位研究生的培养，有助于解决产业与教育失衡，以及人才培养质量问题，基于培养目标导向的特色化建设思路，提出构建多立体协同的产教融合体系：促进研究性与应用性相结合的产教融合；探索产教融合模式，凝练特色；突出应用性评价，引导特色创建；构建多主体协同的特色化产教融合系统。②

浙江工业大学毛建青等运用实证研究方法，分析出"双一流"建设名单中107 所高校全日制专业学位硕士生收费现状和问题，提出将"双一流"建设高校作为先行试点院校，从三方面改进，使我国全日制专硕收费更加合理、科学和公平：一是赋予高校学费定价自主权；二是规范高校教育成本核算工作；三是拓展专硕教育经费来源渠道。③

二、研究生教育管理改革

习近平总书记指出："改革是由问题倒逼而产生，又在不断解决问题中而深化。"中国研究生教育 40 年在适应不同时期使命的需要过程中不断发展、改革和完善。推动新时代研究生教育改革，要积极稳妥推进"双一流"建设，推动研究生教育格局性、深层次的变革；要瞄准科技前沿和关键领域，坚持问题导向，不断提升主动服务需求的能力；要统筹国际国内的产教融合资源，持续优化研究生教育规模和结构，针对不同学位类型，完善研究生教育质量保障体系和评价体系；要扎实推进研究生教育法治化进程，在研究生教育改革中不断提升现代化的治理能力和水平，实现研究生教育改革发展再上新台阶。

1. 全面综合改革

本小节展示了研究者们对研究生教育综合改革的问题研究的研究成果。研究者们分别从深化研究生教育体制机制改革、研究生教育管理体制改革、改革开放以来研究生教育的成就和未来改革方向、学位与研究生教育改革发展热点、研究生教育监测评估改革、研究生教育学制变革和研究生招生选拔模式变革等方面进行分析，论述了研究生教育改革中出现的问题，并为研究生教育综合改革和创新发展提出了宝贵建议。

---

① 姚志友，董维春. 我国专业学位研究生教育改革路径探索——一个整体性教育的视角 [J]. 学位与研究生教育，2019（11）：7 – 13.

② 汪全报，卜春梅. 专业学位研究生教育的产教融合——基于目标导向的特色化策略 [J]. 学位与研究生教育，2019（3）：24 – 29.

③ 毛建青，侯春笑. 全日制专业学位硕士研究生收费的实证研究——基于 107 所"双一流"建设高校的数据分析 [J]. 黑龙江高教研究. 2019（7）：120 – 125.

改革开放 40 年来，我国研究生教育立足中国国情，在发展规模、治理模式、高水平大学建设、支撑国家创新发展、国际影响力等方面取得了重大成就，建立了具有中国特色的学位制度，形成了较为完整的研究生培养体系，构建了基本的研究生质量保障机制，实现了立足国内自主培养高层次人才的目标。中国学位与研究生教育学会赵沁平提出，我国要发展成为研究生教育强国，还需继续努力，摸着石头蹚过 3 条深水河：一是体制、机制深水河，将研究生招生规模的调节机制努力建成政府计划 + 培养单位国家科技项目数量调节模式；二是培养模式深水河，专业学位与学术学位的差异化培养，关键要加大探索构建适合专业学位研究生能力与成果的展示、评价平台；三是基础理论深水河，形成研究生教育学理论体系，使研究生教育改革逐步建立在更加理性和符合教育规律的基础上。①

教育部学位与研究生教育发展中心黄宝印等研究认为，40 年积累的宝贵经验为我们向"研究生教育强国"迈进提供了坚实基础。站在新的历史起点上，需围绕"立德树人"根本任务，进一步深化研究生教育体制机制改革，优化研究生教育结构；进一步聚焦内涵，在"双一流"建设中率先突破；进一步开放合作，多方着力共同促进研究生教育高质量发展。②

北京理工大学李明磊等全面梳理、提炼改革开放 40 年我国研究生教育管理在体制、政策和组织上取得了历史性成就。提出我国研究生教育管理体制具有纵向上中央、省级、培养单位三级管理和横向上教育管理与学位管理交叉融合等特色；管理政策构建了规范性文件、重点建设、宏观调控等工具箱；管理组织系统完善健全了国家和省级行政组织，以及社会组织等。展望未来，研究生教育管理面临着现代治理体系建设、管理法治化、"互联网 +"变革、战略和政策研究等挑战。③

四川大学韩芳等从探索建设世界"一流大学、一流学科"、提高研究生人才培养质量、促进研究生教育改革与创新能力入手、围绕新形势下研究生教育管理规律、研究生课程体系改革经验、研究生导师队伍动态管理模式等维度进行研究，力求能与国内从事研究生教育管理工作的同行交流探讨，为进一步提升研究生教育质量做出贡献。④

中国学位与研究生教育学会研究生教育成果奖是当前我国研究生教育领域

① 赵沁平. 研究生教育领域仍需摸着石头过的三条河 [J]. 研究生教育研究, 2019 (1)：1 - 2.

② 黄宝印, 王顶明. 继往开来, 坚定自信, 促进研究生教育高质量发展——纪念研究生教育恢复招生 40 周年 [J]. 研究生教育研究, 2019 (1)：3 - 7.

③ 李明磊, 王战军. 改革开放以来中国研究生教育管理：成就与挑战 [J]. 清华大学教育研究, 2019 (5)：105 - 111.

④ 韩芳, 张莹. 研究生教育管理探索与创新 2019 [M]. 成都：四川大学出版社, 2019.

最具权威性、专业性和影响力的奖项。华中师范大学叶晓力等以 3 届研究生教育成果奖获奖项目为研究对象，对获奖成果的主旨与内容进行统计分析，发现研究生培养模式创新、研究生课程教学建设、研究生教育质量保障、研究生教育国际化等是当前我国研究生教育改革的重点和前沿领域。归纳分析我国研究生教育改革的逻辑理路，包括实践性为本的生成逻辑、质量中心导向的发展逻辑、国际化与创新性的价值逻辑。理性审思获奖成果及其改革实践，仍然有诸如理论指导与实践探索的关系、泛化与窄化的实践张力等重要问题值得进一步研究。①

研究生教育作为"国之重器"，如何使之更有效地为国家选拔和培养人才历来是专家学者研究的重点，也是国家教育部门改革的着力点。汕头大学秦国柱等认为，改革开放以来，研究生招生选拔模式呈现出两大趋势：统考模式和推免模式成为主流；推免模式占比扩大。两大趋势引发研究生招生选拔考试的效度公平和选拔程序的机会公平问题。解决这些问题，既需要规避现实中的思想误区，也需要制订切实可行的改革方案；近景方案和远景方案在两种可行性层次上提出改革现行研究生招生制度的对策，促进新时代研究生教育朝着公平方向迈进。②

中华人民共和国成立以来，我国研究生教育学制经历了多次变革。浙江大学周文文等梳理了我国研究生学制的历史演变，分析学制变革的影响因素、逻辑起点、主要特点及存在的问题，并就深化我国研究生学制改革提出若干对策建议：应在厘清研究生学制与培养质量关系的基础上，明确研究生教育的定位及培养目标，注重不同学科专业的差异及培养规律，完善与学制相关的配套制度。③

当前，研究生教育监测评估存在难以发挥第三方评估的作用、流程复杂、可信度易受质疑、难以保证评估质量的问题。南京师范大学唐丽认为，区块链可以解决这些问题，基于区块链的研究生教育监测评估需构建相应的联盟链对被评单位进行监测，联盟节点负责共同生成评估指标、确定智能合约，第三方评估单位根据智能合约进行数据选择、分析、呈现与反馈评估结果，教育行政部门和社会公众能访问区块链监督评估过程和评估结果，从而保证第三方多元

---

① 叶晓力，欧阳光华. 研究生教育改革的实践特征与逻辑理路——基于中国学位与研究生教育学会研究生教育成果奖的分析 [J]. 学位与研究生教育，2019（11）：20－25.

② 秦国柱，孙志远. 改革开放 40 年来研究生招生选拔模式变革趋势、问题及对策 [J]. 黑龙江高教研究，2019（5）：100－106.

③ 周文文，余倩，倪加旎. 我国研究生学制的历史演变、现实问题与改革建议 [J]. 研究生教育研究，2019（6）：42－46＋81.

评估主体普遍发挥作用，监测评估过程扁平化，监测评估结果可信度高、质量好。①

2. 研究生教育供给侧改革

"一带一路"倡议为我国研究生教育提出了新的需求，孕育了新的机遇与挑战。清华大学王璐瑶等认为，我国研究生教育处于制度刚性与市场失灵双重制约下的系统性供需失衡，转型改革之路面临"二元困境"，并提出面向"一带一路"的研究生教育供给侧改革：以供需匹配为理论视角，透视发展转型困境的核心机理；以"一带一路"倡议为契机，探索"三位一体"的研究生教育供给侧改革路径；优化导向性制度供给，调整关键性资源供给，加大适用性人才供给，引导我国研究生教育从量的优势向质的飞跃转型。②

3. 《中华人民共和国学位条例》研究

1980 年 2 月 12 日，第五届全国人民代表大会常务委员会第十三次会议通过了《中华人民共和国学位条例》，这是中华人民共和国成立以后制定颁布的第一部教育法律。自此，我国高等教育有了法律性的制度规范，实现了有法可依。北京外国语大学秦惠民认为几乎未经重要修改的《中华人民共和国学位条例》，在诸多方面都不同程度地表现出滞后和难以适应。提出从几方面进行修订：增强权利保障功能，进一步充实有关人权保护的基本理念和涉及权利保护、权利救济的有关规定；全面增强作为法律的调整功能、指引功能和评价功能；适应实践发展和改革趋势应遵循法律的性质和功能；明确区分学术权力与行政权力；扩大高校办学自主权；我国高等教育管理体制改革和事业发展相适应。③

江西财经大学谭光兴等从历史观角度审视，中国学位制度始于自下而上的诱致性制度变迁；制度变迁方式逐渐演变为强制性制度变迁为主、诱致性制度变迁为辅；价值取向逐渐由工具价值转向人本价值。从结构观角度分析，政府强力主导，学位授予单位主动响应，社会些微参与，是中国学位制度变迁的结构特征。提出未来学位制度变迁需努力解除路径锁定效应，畅通制度变迁通道，保障学位制度的合理高效变迁，在服务国家需要的同时关注个体不同层次的需求，建立政府主导、多方参与的制度运行机制，构建具有中国特色的学位制度体系。④

天津大学高耀等认为由资源投入型的"输血式改革"转向以学位授权审核

① 唐丽. 基于区块链的研究生教育监测评估模式 [J]. 现代教育管理，2019 (9)：113 –117.

② 王璐瑶，王晓阳，刘进. 面向"一带一路"的研究生教育供给侧改革 [J]. 研究生教育研究，2019 (9)：49 – 53.

③ 秦惠民.《学位条例》的"立""释""修"——略论我国学位法律制度的历史与发展 [J]. 学位与研究生教育，2019 (8)：1 – 7.

④ 谭光兴，冯钰平. 中国学位制度变迁的逻辑——历史制度主义的视角 [J]. 大学教育科学，2019 (5)：22 – 27 + 123.

机制为核心的能力建设型的"造血式改革"是盘活内外部调控机制的"核心杠杆",有助于优化我国研究生教育的多重结构,发挥各利益主体发展研究生教育的积极性,对中西部地区加强自身能力建设,实现研究生教育由"单一化集聚模式"转向"多元化扩散模式",进而推动东部、中部、西部研究生教育协调发展具有重要和深远的意义。①

北京大学陈洪捷等以博士学位授权审核机制为切入点,以服务需求为导引,研究通过完善博士学位授权审核机制来推进地方高水平大学的发展,从高等教育生态的角度论证建设地方高水平大学的重要意义,并提出支撑地方高校发展的博士学位授权审核机制的改革思路:服务需求,优化机制的新思路;严守标准,质量为先的新举措。②

浙江万里学院钱国英等提出新时代产业转型升级加速,迫切需要借鉴发达国家的项目制专业学位授权模式,构建人才培养的灵活应对新机制,改变"学位授权点只在具有相应学位授权的学位授予单位内进行"的传统授权模式。项目制授权有利于促进我国应用型高等教育发展,发挥地方高校学科专业特色优势,符合国际专业学位授权模式改革趋势。构建多样化的项目制授权管理制度,加强项目制教育质量管理,才能更好地服务新兴产业和地域特色产业发展需要。③

华东师范大学马爱民通过研究美国加州大学系统研究生学位授权审核制度,提出对我国完善研究生学位授权审核制度的启示:一是通过制定更加明确的高等教育发展规划和立法来对高校进行分层定位和管理,并根据其发展定位给予相应层级的学位授权;二是充分发挥申报单位的积极性和主动性,强化并不断完善高校内部审核机制和审核流程,细化申报材料要求,加强高校内部的保障和支持,从而提高学位授权点的申报质量和水平,增强高校自主办学的成效并从源头上保障研究生教育的质量。④

4. 研究生教育法治建设

依法治理是人类社会治理的基本经验,法治是治国理政的基本方式,法治化是实现研究生教育内涵式发展的有力保障。山东大学陈一远指出,实现研究

① 高耀,陈洪捷,沈文钦. 学位与研究生教育主动服务需求的动态调控机制研究——基于学位授权审核的视角 [J]. 中国高教研究,2019 (6):87 - 93.

② 陈洪捷,何爱芬,王顶明. 改革博士学位授权审核机制促进地方高水平大学发展 [J]. 高等教育研究,2019 (11):59 - 66.

③ 钱国英,徐立清,袁勇军. 基于新时代产业发展需要的项目制专业学位点授权机制探索 [J]. 研究生教育研究,2019 (5):59 - 64.

④ 马爱民. 美国加州大学系统研究生学位授权审核制度研究 [J]. 学位与研究生教育,2019 (1):72 - 77.

生教育法治化，应落实回应性的基本要求，关注研究生教育领域现实与突出问题；坚持权力法定、权利保障、程序正当与信赖保护原则；以良法善治为目标，着力提升研究生教育制度供给、制度实施、制度监督与制度保障水平。确保研究生教育改革发展与研究生教育制度建设与法治进程协同推进、一体发展。①

伴随着《学位授权点合格评估办法》和《博士、硕士学位授权学科和专业学位授权类别动态调整办法》的出台和实施，撤销学位授权点机制的常态化运转已初步实现，但无论是从制度规范还是从现实效果来看，撤销学位点的机制仍需进一步完善。南开大学杨杰提出应当认定省级学位委员会在撤销学位点中的权力源于"行政委托"而非"行政授权"，并且应从细化评估标准、优化评估主体结构、从轻处理新设学位点等实体维度和确立事中申辩权、保障事后救济权、创新撤销学位点的信息公开制度等程序着手，实现撤销学位点的规范化，推动高等教育法治化进程。②

为适应高等教育治理模式的变化，印度学位管理机制不断变革。浙江师范大学潘闻舟认为印度学位管理机制变革在改进学位分类目录设置、提高中介组织与社会力量参与层次方面对我国的学位管理机制改革具有重要参考价值。第一，我国可以考虑编制科学合理的学位分类目录；第二，完善学位发展面向市场机制、扩大高校自主权也是我国学位管理机制重要的改革方向，可为中介组织参与学位管理工作提供立法保障，使社会力量被赋予更大的责任与使命，参与到学位标准和学位质量保障体系建设中来。③

5. 博士生教育改革

北京航空航天大学赵世奎等以我国博士教育改革发展过程中的一系列政策文件为指引，系统梳理总结了近40年我国博士生教育改革的历程，对博士生教育改革的逻辑、路径和面临的张力等问题进行了探讨，阐述了博士生教育改革的基础、落脚点和主线，对博士生培养模式改革、学位授权审核机制改革、招生选拔机制改革进行了论述，也探讨了"学科中心"和"实践导向""效率优先"和"均衡发展""计划依赖"和"资源驱动""自下而上"和"自上而下"的张力。④

中国教育科学研究院秦琳认为现代博士生教育的本质是科研训练，知识生产的转型对博士生教育的内涵和形态具有重要影响。回顾知识生产转型相关理

① 陈一远. 法治化：实现研究生教育内涵式发展的有力保障 [J]. 学位与研究生教育, 2019 (12)：56-61.

② 杨杰. 撤销学位授权点的法治化路径探析 [J]. 学位与研究生教育, 2019 (8)：8-14.

③ 潘闻舟. 21世纪以来印度学位管理机制变革研究 [D]. 金华：浙江师范大学, 2019.

④ 赵世奎, 吴彬. 中国博士生教育改革的逻辑、路径和张力 [J]. 学位与研究生教育, 2019 (11)：14-19.

论，当代知识生产作为一个复杂的创新生态系统，呈现出多模式、多主体、多价值取向和多动力机制的特征。从这个视角出发，对当前博士生教育改革的多重逻辑进行梳理，理解博士生教育承载的多维目标，进而构建博士生教育的多元评价体系，创新博士生培养的组织形式，提升博士生教育质量，加强对博士毕业生的就业支持。①

第二节　省级区域管理

2019 年度，省级区域管理研究文献共 9 篇。其中，期刊论文 7 篇、报纸文章 2 篇。从 2019 年度研究者对省级区域管理的研究情况来看，研究内容主要聚焦于研究生教育发展策略和研究生教育改革。上述文献多采用文献研究、政策文本分析、比较研究、定量分析与定性分析结合、模型构建、实证研究、数量研究等研究方法。

国家研究生教育主管部门、省级研究生教育主管部门和研究生培养单位是研究生教育管理的重要组成。省级研究生教育要充分发挥好"承上启下"的作用，积极构建完善的研究生管理体系，贯彻落实好教育部有关精神和政策，更要立足本省、本区域制定符合实际的研究生教育发展规划，坚持分类指导和分层评价的发展策略，建立健全动态监测评价体系，抓落实强贡献，深入推进省域"双一流"建设，推动省级研究生教育内涵式发展。

自 1978 年中国恢复研究生教育以来，江苏省研究生教育规模不断扩大、基础不断夯实、改革不断深入，取得了显著成效。江苏省教育厅洪流研究认为，这主要受益于改革开放的大好政策，得益于省委和省政府的高度重视、支持推动，培养单位奋发有为、锐意进取，以及研究生导师使命担当、潜心育人。当前和今后一个时期，江苏省研究生教育工作要以习近平新时代中国特色社会主义思想为指导，更加坚定地走内涵式发展之路，聚焦立德树人根本任务、坚持服务需求根本导向、抓住提高质量根本目标，思想再解放、改革再深入，为实现中华民族伟大复兴的中国梦、建设"强富美高"新江苏，提供更加坚强有力的人才保障和智力支持。②

各省份"双一流"建设是对我国"双一流"建设的支撑，是我国建设高等

---

① 秦琳. 博士生教育改革的逻辑、目标与路向——知识生产转型的视角 [J]. 教育研究，2019
（10）：81 - 90.

② 洪流. 江苏研究生教育 40 年回顾与未来展望 [J]. 江苏高教，2019（3）：9 - 12.

教育强国的基础。北京理工大学王战军等通过梳理各省域"双一流"建设方案，发现省域"双一流"建设政策呈现共性特征，各省份的"双一流"建设目标均紧密结合本地区的经济社会发展特点，展示了高等教育的省域智慧，也具有鲜明的地域特色。全面统筹省域高等教育，推动省域高等教育整体水平提升；突出建设特色，倡导异质化发展；实施动态监测，全面保障建设质量，是进一步推进省域"双一流"建设的有效策略。① 燕山大学李春林等对中国省域"双一流"政策文本量化分析得出如下结论：第一，政策制定具有明显的政府主导特征；第二，政策工具应用不均衡；第三，政策主题支持力度存在差异。省域政府优化策略应是主动谋划完善政策体系、综合应用多种政策工具、适度调整政策力度3方面。②

以有限的资源办好令人民满意的研究生教育，应关注效率问题。湖南师范大学常思亮等基于湖南省17所研究生培养高校的翔实数据，加入生源指标运用DEA模型对湖南省研究生教育效率进行评估，并对非DEA有效高校进行了投影分析。结果表明：湖南省研究生教育效率整体处于中等水平；不同性质、不同类型的高校效率存在差异；非DEA有效高校普遍存在产出不足；导致非DEA有效高校的主要原因是资源经营管理不善和经费利用率不高。提高湖南省研究生教育效率应该增加研究生教育投入并提高投入质量，建立科学激励机制，扩大研究生教育产出，构建资源共享体系以提高资源利用率。③

自1999年澳门回归以来，研究生教育进入快车道。澳门科技大学曾娇通过纵观历史发展脉络，找出了回归20年来，澳门研究生教育发展主要经历规模扩张、转型发展和提质增效三大阶段，逐步形成了澳门研究生教育发展的基本特征，包括以提升科研能力为推动研究生教育发展的抓手，以国际化办学为促进研究生教育发展的重要途径，以出台相关政策制度为研究生教育发展的推进方式，并提出在新的机遇与挑战下，澳门研究生教育改革与发展应注重政府顶层设计、强化国际化内涵发展理念、深化特色竞争意识。④ 澳门城市大学王贞惠等认为，20年来，澳门研究生教育经历了规模发展和内涵发展两个阶段，完成了"教育兴澳、人才建澳"的本土化体系改造。以提高质量为目标，研究生培养特色鲜明；秉承开放办学，国际化程度较高。在新时代，澳门研究生教育发

---

① 王战军，刘静，杨旭婷，等. 省域"双一流"建设推进策略研究 [J]. 江苏高教，2019（10）：20–27.

② 李春林，邓寒怡. 中国省域"双一流"政策文本量化分析 [J]. 高等工程教育研究，2019（4）：145–151.

③ 常思亮，吴兵. 基于DEA模型的省域研究生教育效率研究——对湖南省17所研究生培养高校的实证分析 [J]. 现代教育管理，2019（11）：30–36.

④ 曾娇. 回顾与展望：澳门研究生教育发展20年 [J]. 黑龙江高教研究，2019（11）：7–12.

展应立足澳门需求，助力城市发展；以服务粤港澳大湾区发展战略为契机，扩大研究生教育合作交流；积极融入国家"双一流"建设，提升澳门研究生教育综合实力，培养爱国爱澳的创新性人才，促使澳门研究生教育发展立足澳门、融入湾区、面向全国、走向世界。①

广东省深化大学与粤港澳大湾区融合发展。广东省高等教育学会张耀荣梳理了第十三届海峡两岸（粤台）高等教育论坛专家学者的观点，认为两岸高等教育深化合作、创新发展是加快推进"双一流"建设的有力保障，为进一步提升区域内高校整体办学水平和提高合作层次，打造珠三角的人才高地、教育高地，促进粤港澳大湾区建设做出贡献。②

2019 年，山东省出台了《关于推进新时代山东高等教育高质量发展的若干意见》，提出 8 个部分 20 条举措，对今后 10 年内山东省高等教育高质量发展做出了总体部署。《联合日报》记者岳远攀报道了《关于推进新时代山东高等教育高质量发展的若干意见》在研究生教育方面的主要发展策略：一是提出了"补短"举措，加强学位授权单位建设，支持有条件的高校申报获得博士、硕士学位授予单位；二是支持省属高校与国内外知名高校联合为山东省培养更多专业学位研究生；三是积极引进"双一流"高校和国家级大院大所与省属高校联合设立研究生院。③

《江苏教育报》记者任素梅报道，2019 年 12 月省教育厅召开新闻会，发布《江苏省研究生教育质量年度报告（2019）》。报告显示：①江苏省严把研究生教育"出口"质量关，积极推动高校建立健全研究生分流淘汰机制、时限终结机制和学术不端零容忍机制，促使"学位挤水"，切实提高研究生培养水平。②江苏省高校一直在不断完善研究生生源保障体系，包括优化招生计划配置、完善招生考试制度、建立优质生源激励机制等。③江苏省各高校对学位点增设愈加理性，主动撤销需求不足、水平不高或可能达不到合格评估标准的授权点，积极增列符合经济社会发展需要、特色鲜明的学位授权点。④江苏省在工学、医学、艺术学和农学等学科门类上培养研究生的能力较强，在全国占比明显高于其他学科门类，但其他一些学科全国占比指标并不出众，其中不乏一些对经济社会发展具有重要推动作用的学科。⑤江苏省在加强导师队伍建设、研究生课程教学，深化研究生教育产教融合、协同育人等方面进行了许多探索，形成

① 王贞惠，王战军. 回归 20 年澳门研究生教育的成就与展望 [J]. 学位与研究生教育，2019（11）：63 - 70.

② 张耀荣. 深化粤台高教合作，推动高教创新发展——第十三届海峡两岸（粤台）高等教育论坛综述 [J]. 高教探索，2019（8）：119 - 125.

③ 岳远攀. "一流"建设分类发展 [N]. 联合日报，2019 - 5 - 7（3）.

了"江苏经验"。①

第三节 研究生培养单位管理

2019 年度，关于研究生培养单位管理研究的文献有 8 篇。其中，期刊论文 6 篇、学位论文 1 篇、报纸文章 1 篇。从本年度研究者对研究生培养单位管理的研究情况来看，研究内容主要聚焦在高校教育管理、研究生教育收费与奖学金方面；上述文献多采用文献研究、调查研究、实证研究、比较研究、政策文本分析、统计分析、个案研究、案例分析、问卷调查和访谈法等研究方法。

一、高校研究生教育管理

武汉理工大学梁传杰认为，我国高校研究生教育综合改革模式分为要素式改革模式、过程式改革模式和主体式改革模式；3 种模式存在内涵认知偏差、改革方向不明、治理体系缺乏张力等突出问题。提出，高校研究生教育综合改革模式的重构路径，一是需要重构高校研究生教育综合改革框架体系，主要在于把握综合改革的科学内涵，对现行改革模式和方案文本的总体框架进行调整，主要是改革内容和改革举措的调整；二是需要重构高校研究生教育综合改革目标，把握高校研究生教育合理定位，树立科学的研究生教育质量观；三是需要重构高校研究生教育综合改革治理体系，首先要明确高校研究生教育的利益相关者，其次基于服务需求的全面质量观建立追责问责机制，最后是形成治理体系的应有张力。②

西北工业大学张奕认为亟须构建我国新时期国际化研究生管理体系。一是要建立目标一致的国际化研究生培养体系，统一的培养方案有利于教师进行教学，有利于统一管理、统一要求；二是要建立标准统一的国际化研究生考核体系，高校对本土研究生与留学研究生的教育质量评估应中外统一，并出台中英文对照研究生管理手册；三是要建立职责明确的国际化研究生管理模式，留学生的管理应打破固有的国际教育学院、专业学院两方管理模式，倡导国际教育学院（负责招生）、专业学院（负责培养）、研究生院（负责监督与调控）三位

---

① 任素梅. 我省发布研究生教育质量年度报告 [N]. 江苏教育报, 2019 – 12 – 27 (1).

② 梁传杰. 高校研究生教育综合改革模式：审视与重构 [J]. 学位与研究生教育, 2019 (11)：1 – 7.

一体的管理模式。①

在学术知识专业化迅速发展的基础上，学科交叉融合在不断增加，交叉学科研究生培养规模也在不断增大，给以传统学科分类分配资源的高等教育组织管理带来了巨大的挑战。中国农业大学杨娟基于对美国加州大学戴维斯分校实践的探究，认为该分校在项目依托主体、教师组织形式、招生与培养等方面积累了实践经验，形成了适合自身发展情况的组织管理模式。并提出可供我国研究生培养和管理工作借鉴的建议：交叉学科研究生教育不仅需要交叉学科研究的发展，更需要大学内部管理的创新和改革。除了在经费和管理上保证交叉学科研究生项目的顺利运行，还要注意对交叉学科项目应根据相关标准进行评估，评估指标可以包括互相平衡的几方面。②

泰国高度重视研究生教育在人才培养方面的重要作用，不断扩大研究生教育规模。北京航空航天大学胡天助研究泰国国王科技大学发现其将研究生教育发展航向锁定为"产业导向"，ChEPS 项目特色明显，取得的成效主要体现在吸引力、学生就业情况、影响力、学生学习效果等方面。该项目运行依赖 5 个要素：发展定位、组织架构、准入资格、运行程序、保障措施。"产业导向"研究生教育模式的成功实施不仅需要资源投入，更需要良好的体制与机制建设。泰国国王科技大学"产业导向"研究生教育模式对我国研究生教育发展的启发意义在于：①调整课程设置；②重塑课堂教学；③提升实践基地培训质量。③

二、研究生收费与奖助政策

北京师范大学洪柳对研究生收费政策对研究生学业影响展开调研，实证分析了研究生收费政策对研究生学业的影响、研究生学业投入对学业发展影响、学业参与对研究生学术水平影响。得出结论：为了激发研究生潜心求学，增加学习投入，提高研究生学业成就，提升研究生教育质量，要加大对研究生收费政策的深度宣传和指导，创新贫困生资助制度，完善研究生奖助体系，充分发挥研究生收费政策和奖助体系的保障和激励作用。④

研究生资助政策作为支持研究生学业生活的公共政策，不仅有利于促进教育公平，也有利于调整当前研究生招生的供求矛盾，优化研究生教育结构，保

---

① 张奕. 新时期呼唤统一的中外研究生管理体系 [N]. 中国科学报，2019 - 12 - 18 (4).

② 杨娟. 交叉学科研究生项目的组织管理——基于加州大学戴维斯分校实践的探究 [J]. 研究生教育研究，2019 (1)：80 - 86.

③ 胡天助. 产业导向：泰国国王科技大学研究生教育改革的经验与启示——以 ChEPS 项目为例 [J]. 外国教育研究，2019 (6)：74 - 88.

④ 洪柳. 研究生收费政策与奖助体系对研究生学业影响研究 [J]. 教育学报，2019 (1)：89 - 98.

障研究生健康可持续发展。重庆师范大学蒋银银通过调查研究发现,地方高校全日制硕士研究生资助存在一系列问题,并提出了改进建议:一是转变资助理念,提升公平与效率;二是完善发展资助类型多元化,加强资助监督管理工作;三是制定差异化资助标准,建立国家贫困认定标准;四是促进资助主体多元化,扩大资助经费来源渠道。[①]

华南农业大学林佩云等认为,当前高校研究生奖助体系主要表现在重视以奖代补,倡导以劳代补,注重过程评价,这些是导致研究生奖助工作绩效不高的原因。高校应借鉴双因素理论,要重视资助功能,发挥导向效应;特别强化情感激励,形成教育合力;加强调查研究,开展动态评估,以此找到最佳激励方案,不断优化研究生奖助体系,为提高生源质量和培养质量保驾护航。[②]

山东师范大学范晓婷等对教育资源较为丰富的 5 地 10 所"双一流"建设高校的研究生国家奖学金评审实施细则进行分析,从实施细则的共性与差异中凝练评审共识,探究高校在研究生国家奖学金评审过程中存在的现实困境与优化路径。结果表明:目前,我国研究生国家奖学金评审面临着实施细则专门性不足、分类评价理念彰显不足、对刚入学的新生评价方式有待商榷、信息公开程度不足等现实困境。认为进一步制定完善的校级评审实施细则、建立健全分类评价机制、重新审视新生参与评选的必要性、实施申请人公开答辩与差额评选等优化路径等,以深入推进研究生国家奖学金政策的有效贯彻落实,助力我国研究生培养质量提升与高校"双一流"建设。[③]

第四节　文献分布及其特点分析

2019 年度,研究生教育管理专题主要涉及 3 个主题:宏观管理、省级区域管理、研究生培养单位管理。

一、文献分布情况

通过检索关键词,并根据内容进行筛选,入选 2019 年度研究生教育管理的

① 蒋银银. 地方高校全日制硕士研究生资助现状研究 [D]. 重庆:重庆师范大学, 2019.

② 林佩云, 蒋育燕. 双因素理论视角下优化研究生奖助体系的路径选择 [J]. 教育理论与实践, 2019 (12):15 – 17.

③ 范晓婷, 刘佩琪, 张茂聪. 研究生国家奖学金评审的现实困境与优化路径——基于 10 所"双一流"建设高校的评审实施细则分析 [J]. 学位与研究生教育, 2019 (11):45 – 49.

文献包括著作 1 部、期刊论文 43 篇、学位论文 3 篇、报纸文章 3 篇，共计 50 篇。国家宏观管理研究文献包括著作 1 部、期刊论文 30 篇、学位论文 2 篇，共计 33 篇；省级区域管理研究文献包括期刊论文 7 篇、报纸文章 2 篇、共计 9 篇；研究生培养单位管理研究文献包括期刊论文 6 篇、学位论文 1 篇、报纸文章 1 篇，共计 8 篇。文献结构情况如图 8 - 1 所示。

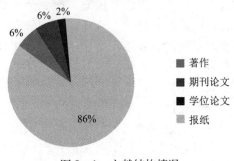

图 8 - 1　文献结构情况

二、文献特点分析

本专题文献特点主要包括文献来源特点、文献内容特点、研究方法两方面。

1. 文献来源特点

从文献来源分析，纵观 2011—2019 年，纳入本专题的文献总量由于与当年研究生教育政策密切相关，呈现较为多变的特点。其中 2014 年，为贯彻落实中共十八大和教育规划纲要精神，推动研究生教育改革发展，国务院学位委员会对研究生教育综合改革进行了系统设计和谋划，引发了研究者们对研究生教育管理问题的热议。2011—2019 年入选文献的类型分布见图 8 - 2。

2. 文献内容特点

从文献内容分析，2019 年度研究生教育管理专题的研究热点主要为研究生教育发展策略、研究生教育管理改革、研究生法治化建设、学位制度、研究生教育管理的国际比较、研究生收费与奖学金。2019 年度关于"双一流"建设背景下的研究生教育研究是热点，相较于 2011—2018 年度的研究，2019 年度"一带一路"来华留学生研究生教育发展、学位制度改革、借鉴国外高校研究生教育管理等受到了学界的高度关注。这说明研究生教育管理既具有国际视野又契合中国实际，已经逐步走向法治化、多元主体治理的内涵式发展道路。2011—2019 年研究生教育管理的研究热点详见表 8 - 1。

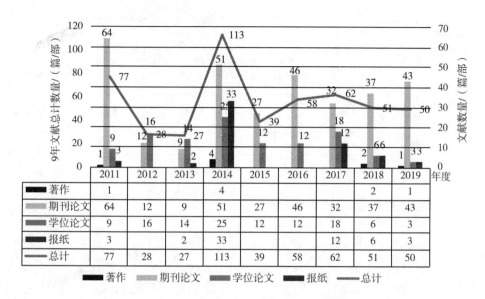

研究主题	著作	期刊论文	学位论文	报纸	总计
著作	1		4		2	1

图 8-2 2011—2019 年入选文献的类型分布

表 8-1 2011—2019 年研究生教育管理研究热点

研究主题	年度研究热点								
	2011	2012	2013	2014	2015	2016	2017	2018	2019
研究生教育总体发展策略	✓	✓	✓	✓	✓	✓	✓	✓	✓
博士研究生教育发展策略							✓	✓	✓
来华留学生教育发展策略								✓	✓
研究生教育法治化建设						✓	✓		
研究生教育综合改革研究	✓	✓	✓	✓	✓	✓	✓	✓	✓
研究生教育治理									
研究生教育供给侧改革						✓	✓		
学位制度及学位点评估		✓		✓	✓	✓	✓	✓	✓
专业学位研究生教育		✓	✓		✓	✓	✓	✓	✓
研究生教育收费与奖助政策	✓	✓	✓	✓	✓	✓			✓
省级研究生教育改革与发展策略		✓				✓		✓	✓
高校研究生教育综合管理	✓	✓	✓		✓	✓	✓	✓	✓

续表

研究主题	年度研究热点								
	2011	2012	2013	2014	2015	2016	2017	2018	2019
大数据、信息化、互联网＋时代下的研究生教育		✓	✓	✓		✓	✓		
研究生教育管理的国际比较									✓

三、研究方法

2019 年度本专题在研究方法上多采用政策文本研究、文献研究、比较研究、案例研究、定性、定量分析研究、模型分析、实证分析和问卷调查等研究方法。有些研究者从政策文本研究入手，在分析并总结的基础上开展研究；有的研究者从案例研究入手，在对案例特点分析的基础上开展研究；有的研究者从访谈研究入手，在分析并归纳观点的基础上开展研究。与之前几年相比，更多专家学者采用跨学科研究方法，引入法学、社会学、经济学、统计学、管理学、计算机科学等学科研究方法，使研究生教育管理问题研究趋于更加全面、更加系统、更加深入、更加科学、更加合理。

四、研究总结与未来展望

通过对本年度关于研究生教育管理文献的全面分析，发现研究生教育管理问题研究不断深化，增加了新的研究方法，扩充了新的研究领域，丰富了研究生教育总体发展策略和综合改革方略。

宏观管理一节本年度热点集中在研究生教育政策的综合改革与发展战略，并对研究生教育管理的具体问题进行探究，未来研究者们应该会在如何推动研究生教育适应党和国家事业发展需要方面加强研究，加大对研究生教育评价、研究生教育治理、研究生教育法治化建设等领域进行深入研究；省级区域管理一节本年度文献集中在少数省份，但数量相较于去年略有增长，未来会在积极发挥省级政府统筹作用，服务区域经济社会发展、推动研究生教育高质量发展等方面涌现出更多研究；研究生培养单位管理一节中，高校研究生教育综合管理、研究生教育管理的国际比较、研究生收费与奖学金政策的实施等仍是研究者们最为关注的问题，未来将会出现更多对高校研究生教育治理体系建设、管理实施方面等的新成果。

　　未来对研究生教育管理的研究将聚集全国研究生教育会议精神，围绕国家系列文件展开，继续拓宽研究领域、丰富研究方法，不断产出高水平、高质量的研究生教育管理文献，推进研究生教育治理能力和水平不断攀升。

专题九 "双一流"建设研究进展

我国"双一流"建设自 2016 年启动，已进入第一轮建设后期。各建设高校、建设学科积极作为，奋力发展，全力以赴地实现"双一流"建设目标。2019 年 5 月，教育部学位管理与研究生教育司发布《开展"双一流"建设中期自评工作的通知》，要求各单位、各高校以习近平新时代中国特色社会主义思想为指导，从服务国家发展战略出发，本着对事业高度负责的态度，认真组织中期自评工作，制订中期自评方案，包括时间安排、自评方式、自评组织、自评内容等，以评促建，客观检视建设过程。各地方、有关部门加强统筹管理，对本地区、本部门高校的"双一流"建设和中期自评工作加强指导。

本专题检索关键词为"双一流""一流大学""一流学科"。检索结果显示，2019 年的有关文献共计 502 篇（部）。其中，期刊论文 275 篇、报纸文章 185 篇、学位论文 16 篇、著作 26 部。经筛选，本专题采纳文献数量为 148 篇（部），含期刊论文 121 篇、报纸文章 20 篇、著作 7 部。本专题保持了 2018 年度、2019 年度的结构框架，分为"双一流"建设基本理论、"双一流"建设实践、"双一流"建设评价、世界一流大学发展与比较四大主题。

第一节 "双一流"建设基本理论

我国"双一流"建设以习近平新时代中国特色社会主义思想为指导，落实立德树人根本任务，全面加强党的领导，以中国特色、世界一流为核心，建设一批中国特色社会主义标杆大学。2019 年，"双一流"建设基本理论文献涵盖理念与逻辑、路径、关键要素等研究模块，包括期刊论文 50 篇、报纸文章 5 篇、著作 1 部，共 56 篇（部）。文献数量比 2018 年减少 26 篇（部）。本节文献较多采用归纳法、理论思辨、文献法、文本分析等研究方法。本部分文献重点体现出以下价值理念：一是"双一流"建设坚持党的领导、坚持社会主义办学方向、坚持立德树人；二是"双一流"建设扎根中国大地、彰显中国特色、基于国家战略，推动高校内涵式发展。

一、"双一流"建设理念与逻辑

"双一流"建设基本理论的核心是建设理念与逻辑，对推进"双一流"建设实践、"双一流"建设评价具有思想引领和理论指导作用。2019 年本部分文献研究涉及"双一流"建设理念与逻辑、一流大学建设理念与逻辑、一流学科建设理念与逻辑，与 2018 年议题划分一致，但文献数量有所减少。从内容上看，本部分文献研究突出"双一流"建设坚持党的领导、坚持中国特色社会主义办学方向、坚持立德树人等价值导向。

1. "双一流"建设理念与逻辑

"双一流"建设高举党的领导伟大旗帜、坚持中国特色社会主义办学方向、落实立德树人的根本任务，培养德智体美劳全面发展的社会主义建设者和接班人。北京理工大学赵长禄提出，"双一流"建设要加强中国共产党的领导，建立高水平的党建工作体系，这是办好中国特色社会主义大学的根本保证。[①] 中国人民大学朱信凯阐述了习近平总书记关于教育的重要论述对"双一流"建设有规定性和指导意义，"双一流"建设要旗帜鲜明地坚持中国共产党的领导、坚持立德树人根本任务、坚持社会主义办学方向、坚持扎根中国大地、坚持以人民为中心。[②] 兰州大学严纯华认为，"双一流"建设应从中国实际出发，牢牢扎根中国大地，根植党情、国情、民情，加强中国共产党对教育工作的全面领导为根本保证，培养德智体美劳全面发展的社会主义建设者和接班人为根本任务，提升教育服务经济社会发展能力为基本方向，特色发展争创一流为基本途径。[③] 北京外国语大学王定华论述了推动"双一流"建设坚持中国共产党的领导是前提，落实立德树人是根本，服务国家战略是导向，一流的人才队伍是基础，改革评价导向是关键。[④] 南昌大学喻晓社认为坚持党的领导是创造"中国奇迹""中国之治"的"制度密钥"，"双一流"建设要发扬制度优势，即要充

---

① 赵长禄. 面向世界一流大学目标建设高水平人才培养体系 [J]. 中国高等教育，2019（Z1）：40 – 42.

② 朱信凯. 习近平关于教育的重要论述对"双一流"建设的规定性和指导意义 [J]. 国家教育行政学院学报，2019（6）：3 – 8 + 50.

③ 严纯华. 融入国家战略突出区域特色扎根中国大地建设世界一流大学 [J]. 中国高等教育，2019（17）：22 – 24.

④ 王定华. 试论"双一流"建设的若干方略 [J]. 中国高教研究，2019（10）：20 – 24.

分坚持中国共产党的集中统一领导，提供政治保障；坚持以人民为中心，凝聚师生力量；坚持全面依法治国，营造法治环境。① 南京中医药大学殷忠勇提出"双一流"建设要增强教育自信，牢固树立和坚守立德树人的根本任务，坚持中国特色的国情基础，推动实现"双一流"建设的总体目标。② 南京师范大学王建华认为，"双一流"建设从优秀迈向卓越要围绕全面提高人才培养能力核心点，加快形成高水平人才培养体系，培养德智体美劳全面发展的社会主义建设者和接班人。③

"双一流"建设基于国家战略、扎根中国大地、彰显中国特色，推动高校内涵式发展。教育部教育发展研究中心马陆亭等提出"双一流"建设是国家战略发展的需要，紧抓扎根中国大地办大学的时代主题、瞄准世界科技前沿赢得国际竞争、引领高等教育内涵式发展。④ 福建省教育科学研究所龚森认为新时代"双一流"建设必须牢牢掌握新时代赋予的历史使命，明晰发展变化和建设定位，勾画坐标系"特色"与"一流"两个核心，以"中国特色"为"魂"、以"世界一流"为"形"。⑤ 北京航空航天大学赵颖等梳理了近 30 年从"世界一流大学"建设到"双一流"建设的研究史，认为"双一流"建设作为世界一流大学建设的继承和发展，是一项不断动态优化的系统工程，应构建中国特色"双一流"建设核心理论、话语体系及建设模式。⑥ 吉林师范大学赵朋提出以内涵式发展推动高校"双一流"建设，凸显特色与需求；开展系统变革，把握重点和关键；弘扬创新精神，优化文化和环境。⑦

"双一流"建设应协调统一外部和内部关系，外部关系涉及对外开放、国家治理等；内部关系涉及发展理念、学术文化等要素。教育部翁铁慧指出推进"双一流"建设是一项系统工程，需要中央、省（区、市）和高校共同努力，建设政府、学校、教师、社会之间的新型关系，构建法治化、科学化的现代治理体系，提升治理能力。⑧ 南京中医药大学尚丽丽认为"双一流"建设中政府应积极转变职能，真正落实大学办学自主权，做好建设的"掌舵者"，完善大

① 喻晓社. 扬制度优势加快"双一流"建设 [N]. 江西日报, 2019 - 12 - 30 (10).

② 殷忠勇. 增强教育自信推进"双一流"建设 [J]. 中国高等教育, 2019 (5)：54 - 56.

③ 王建华. 从优秀到卓越："双一流"建设的价值澄清 [J]. 江苏高教, 2019 (1)：1 - 6.

④ 马陆亭, 刘承波, 鞠光宇. 扎根中国大地建设"双一流" [J]. 现代大学教育, 2019 (3)：11 - 16.

⑤ 龚森. 新时代"双一流"建设的若干思考 [J]. 中国高校科技, 2019 (Z1)：16 - 19.

⑥ 赵颖, 刘芳, 赵婷婷. 从"世界一流大学"建设到"双一流"建设——基于知网的研究史梳理 [J]. 国家教育行政学院学报, 2019 (3)：25 - 32.

⑦ 赵朋. 以内涵式发展推动"双一流"建设 [N]. 吉林日报, 2019 - 10 - 28 (11).

⑧ 翁铁慧. 加快推进"双一流"建设努力建设高等教育强国 [J]. 中国高教研究, 2019 (11)：1 - 4.

学发展的外部机制，构建和谐有序、协商合作的新型府学关系。① 国家教育发展研究中心涂端午认为教育对外开放是"双一流"建设的"支点"，高水平的对外开放能提升大学内部治理、师资、学科、课程和生源结构优化的进度和效益，更快实现大学国际竞争力的飞跃。② 北京理工大学姚思宇等认为，一流大学建设实现知识发掘、综合、应用和传播，通过科学研究推动学科发展，实现教学与科研在不同层次上的交叉融合。③ 中南财经政法大学杨灿明提出"双一流"建设过程要正确处理教育者与受教育者、大学与社会、中国特色与世界一流三大关系，理顺关系、精准定位、明晰方向。④ 山西师范大学闫建璋等认为"双一流"建设应该处理好内外部矛盾，坚持以需求为导向，明确中国特色、世界一流的真正内涵；以合作共赢为理念，积极树立"四个意识"；以评价为手段，改革评价制度；以卓越为原则，设置一流优势学科平台；以自信为动力，打造具有中国特色、世界水平的一流高校。⑤ 安徽大学储节旺认为学术文化的高度和宽度直接影响大学"双一流"建设成效，需要处理学术权力和行政权力的统一关系、学术生产和学术传播的源流关系、学术积淀和学术创新的互益关系、学术名家和学术团队的依存关系、学术约束和学术激励的平衡关系。⑥

2. 一流大学建设理念与逻辑

2019 年，本部分文献强调一流大学建设坚持中国共产党的领导、坚持社会主义方向，扎根中国大地和中国文化，加强大学文化建设和大学精神培育。相比 2018 年，本年度的文献数量减少。

一流大学建设坚持中国共产党的领导，坚持社会主义方向，扎根中国大地，建设中国特色的世界一流大学。清华大学陈旭认为，建设世界一流大学要在共和国的旗帜下以习近平新时代中国特色社会主义思想为指导，增强"四个意识"，坚定"四个自信"，坚决做到"两个维护"，坚持为人民服务、为中国共产党治国理政服务、为巩固和发展中国特色社会主义制度服务、为改革开放和社会主义现代化建设服务，为国家发展、人民幸福、人类文明进步做出新的更大贡献。⑦ 东南大学耿有权提出中国特色世界一流大学建设的根本遵循和前提

---

① 尚丽丽. 政府善治视角下"双一流"建设中府学关系的重构 [J]. 江苏高教，2019 (2)：48 – 52.
② 涂端午. 加快"双一流"建设，教育对外开放何为？[J]. 教育学术月刊，2019 (1)：51 – 57.
③ 姚思宇，何海燕. 一流大学和一流学科建设的逻辑关系 [J]. 学位与研究生教育，2019 (1)：19 – 26.
④ 杨灿明. 正确处理三大关系推动"双一流"建设迈上新台阶 [J]. 中国大学教学，2019 (3)：4 – 7 +32.
⑤ 闫建璋，郑文龙. "双一流""热"背后的"冷"思考 [J]. 江苏高教，2019 (7)：8 – 14.
⑥ 储节旺. 学术文化是"双一流"建设的基石 [N]. 安徽日报，2019 – 02 – 19 (6).
⑦ 陈旭. 在共和国的旗帜下谱写建设世界一流大学的壮丽篇章 [N]. 新清华，2019 – 09 – 27 (B02).

条件是坚持中国共产党的领导，贯彻教育方针，培养社会主义核心价值观的践行者。① 西北师范大学王嘉毅等提出中国特色世界一流大学建设要把培养坚定理想信念的社会主义接班人作为根本任务，把为中华民族伟大复兴提供人才支撑作为总体目标，把坚持文化自信办出中国特色大学作为核心理念，把向世界贡献中国教育智慧与方案作为价值追求。②

一流大学建设扎根于中国文化，加强大学一流文化建设和大学一流精神培育。天津大学胡德鑫认为，一流大学建设要认清承担的教育和文化使命，努力为培育"以学术为志业"的学术共同体营造良好制度环境，提升消弭市场价值和文化冲击的能力，重塑学术专业主义精神，构建以学术逻辑为主、政治逻辑和市场逻辑为辅的内生性创新制度体系。③ 江苏大学颜晓红等提出强化一流大学治理的"理想化高度"，凸显一流大学精神的"新时代特征"。④ 曲靖师范学院王飞等认为，世界一流大学的产生有其特定的学术文化根源，新时代文化系统为中国建设自由、理性和法治的世界一流大学提供价值上的合法性，为大学发展提供批判性源头。⑤

一流大学建设重视新时代培养一流人才、产出一流成果、构建一流生态。中国工程院谢和平认为，新时代全面加快世界一流大学建设应以中共十九大精神为指引，应培养一流的人才、建设一流的师资队伍、打造一流的学科、产生一流的成果、构建一流的成果转化机制、开展一流的校地合作、开展一流的国际合作交流、提供一流的文化传承创新、建设一流的校园环境。⑥ 清华大学王战军等提出，新时代一流大学的内涵需要多维审视，是能够培养一流人才、产出一流成果、促进社会发展、引领文化方向、参与全球治理的大学。⑦ 浙江大学吴朝晖提出一流大学建设要与时代共进、与世界同行，建设过程中要把握好培养一流拔尖创新人才、构建一流学术创新生态、实施全球开放发展战略。⑧

3. 一流学科建设理念与逻辑

2019 年，本部分文献阐释了一流学科建设内涵，突出学科治理能力创新与

---

① 耿有权. 论中国特色世界一流大学 [M]. 北京：中国科学技术出版社，2019：7.

② 王嘉毅，张晋，彭勇. 论新时代中国特色世界一流大学建设——学习习近平总书记关于教育的重要论述 [J]. 教育研究，2019，40（3）：4–11.

③ 胡德鑫. 我国世界一流大学建设的困境与治理挑战——基于多重制度逻辑分析范式 [J]. 高等工程教育研究，2019（2）：134–139.

④ 颜晓红，刘颖. 以一流大学精神推进现代大学治理 [J]. 中国高等教育，2019（20）：25–27.

⑤ 王飞，王运来. 中国产生世界一流大学困境的文化根源考察 [J]. 江苏高教，2019（2）：28–34.

⑥ 谢和平. 以党的十九大精神为指引全面加快新时代世界一流大学建设步伐 [J]. 中国高等教育，2019（2）：31–33.

⑦ 王战军，蓝文婷. 新时代一流大学的内涵探析 [J]. 现代教育管理，2019（8）：1–7.

⑧ 吴朝晖. "双一流"建设的三重协奏曲 [J]. 中国高等教育，2019（Z1）：37–39.

机制的整体建设。

一流学科建设关键在于知识创新、治理能力创新，坚持服务社会的理念。大连理工大学李枭鹰认为整体视域下一流学科建设的本质是生产、发展和创新知识，建设核心是全面提升知识的生产能力、发展能力和创新能力，建设重点是发展学科的知识载体或知识平台。① 北京化工大学员荣平等提出一流学科建设与科技成果转化在科教融合、产学结合形态中存在着复杂的耦合共生关系，重视科技转化对一流学科建设的支撑作用。② 大连理工大学何晓芳提出一流学科的培育需要加强学科治理体系与治理能力建设，特别是学科生态系统创建、学科结构优化与协调、学科治理与学院治理关系理顺等关键领域实施制度创新。③

一流学科建设重视学科发展规律、机制整体建设。南京农业大学刘国瑜认为建设世界一流学科就是建设主体遵循学科发展规律，基于学科的本质内涵和核心要素，合理配置和有效利用资源，推进学科组织走向世界一流并在竞争中延续和保持优势的过程。④ 陕西科技大学武建鑫提出一流学科的建设必须重视学科组织健康，培育健康且充满活力的学科组织，聚焦于学术人身心健康的保障，以及以学科群为核心的知识网络构建；创新跨学科制度供给，以学科"组织化"方式介入建设；树立超越学术绩效的评估理念，将社会贡献、理念输出、制度创新纳入考核范围。⑤ 中国矿业大学李爱彬等对一流学科研究的关键词进行可视化分析，提出未来一流学科的研究应重视动力机制、组织形式与运行机制、保障机制等系统机制的整体建设。⑥

二、"双一流"建设路径

"双一流"建设作为新时代研究生教育改革与发展的战略，将推动我国从

① 李枭鹰，齐小鹍. 生成整体论视域中的一流学科建设［J］. 学位与研究生教育，2019（12）：25－29.

② 员荣平，孙留洋，党高飞. 科技成果转化与一流学科建设的共生关系［J］. 中国高校科技，2019（S1）：53－54.

③ 何晓芳. 学科嵌入式治理：一流学科生成与发展的制度逻辑［J］. 中国高教研究，2019（9）：29－34.

④ 刘国瑜. 论世界一流学科建设与研究生教育高质量发展的协同推进［J］. 研究生教育研究，2019（5）：21－25.

⑤ 武建鑫，郭霄鹏. 学科组织健康：超越学术绩效的理性诉求——兼论世界一流学科的生成机理［J］. 学位与研究生教育，2019（6）：19－25.

⑥ 李爱彬，杜晓虹. 一流学科研究述评：热点、趋势与展望——基于CNKI文献关键词的可视化分析［J］. 学位与研究生教育，2019（1）：27－33.

研究生教育大国向强国迈进。2019 年，本部分文献总结归纳"双一流"建设的实施路径，强调"双一流"建设应合理选择政策工具、创新发展路径、转变政府职能、变革管理方式。相比 2018 年，2019 年本部分文献数量有所减少。

"双一流"建设需要聚焦政策工具及使用效果。华东政法大学孙科技认为政策工具选择直接决定了"双一流"政策目标能否顺利实现，因而优化"双一流"政策的实施路径需优化政策工具选用组合结构，实现政策工具间的优势互补；加强中央政府宏观调控，协调使用市场工具；借鉴政策工具选择综合模型，合理选用政策工具。[①] 中南大学周付军等基于政策工具视角提出实现"双一流"建设从政策文本到实践成效的高效转化可选择优化政策工具的组合结构；提高政策工具与目标群体的契合度；政策工具要兼顾短期规划和长期能力建设；增强政策工具使用的系统性程度等方面。[②]

"双一流"建设需要管理大学战略、创新发展路径、转变政府职能、变革管理方式。教育部教育发展研究中心马陆亭认为新时期"双一流"建设调整方向是以合作为主导的系统生态，国家政策层面支持建设常规化、制度化，加强育人工作，推动科研和服务职能的融合，进一步扩大开放；大学层面树立服务强国建设和民族复兴的远大理想，培养引领社会的时代新人，融入和引领世界科技，支撑区域社会经济，以制度维护好学科生态；院系学科层面强化特色追求创新，推动内外部的协同合作，努力造就学术领衔大师。[③] 厦门大学别敦荣提出推动"双一流"建设的突破口在大学战略管理，开展战略研究，制定符合自身发展要求的战略。其中，目标战略是建立大学发展的目标愿景和目标链；动力战略是解放和释放大学术生产力，激发干部、教师和学生的内动力；资源战略要与目标战略统一，保障充足资源；文化战略是在大学植入和谐、进取、创新的文化基因，培育创新文化。[④] 南京大学周志刚提出"双一流"建设的实施逻辑与推进机制是培养建设高校的"自生能力"，应坚持学科基础、完善动态调整机制、打破身份壁垒、摆脱路径依赖。[⑤] 太原理工大学吴玉程等构建了"双一流"建设三维路径，即以高水平人才培养体系为重要保障、以全方位协

① 孙科技. 论"双一流"政策执行的阻碍因素及其优化路径——基于政策工具理论的分析框架 [J]. 复旦教育论坛, 2019, 17 (3): 67-73.

② 周付军, 胡春艳. 政策工具视角下"双一流"政策工具选择研究——基于政策工具和建设要素双维度的分析 [J]. 教育学报, 2019, 15 (3): 84-93.

③ 马陆亭. 新时期"双一流"建设的推进战略 [J]. 中国高教研究, 2019 (12): 15-20+28.

④ 别敦荣. "双一流"建设与大学战略 [J]. 江苏高教, 2019 (7): 1-7.

⑤ 周志刚, 宗晓华. "双一流"建设政策的制度调适、实施逻辑与推进机制 [J]. 现代教育管理, 2019 (6): 11-17.

同创新体系是为重要源泉、以多元化综合评价体系为重要支撑。① 北京航空航天大学夏国萍论述了我国作为后发外生型国家，建设世界一流大学应选择适应性发展路径，即根据我国发展战略和现实条件，建设一流师资队伍，培养拔尖创新人才；实施特色学科布局，提升科研服务水平；变革组织管理体制，建立现代大学制度；拓展经费筹措渠道，夯实资源条件保障。② 天津大学胡德鑫认为我国世界一流大学建设路径必须厘清政治"控制"和市场"竞争"的运行边界，构建以"缓冲器"式中介组织为核心的政治、学术和市场3种制度逻辑的利益协调与整合机制的有效路径。③ 华中科技大学段梦涵等提出一流学科建设行动结构的主体是国家、地方政府、高校，需要实现开放与多元，从三环封闭嵌套走向三环交叉嵌套。国家、地方政府要明晰在一流学科建设的过程中不能包揽一切，要给高校自主行动的空间，高校要努力成为实现内部理解的自主建设实体，即不再完全受制于其他行动者，获得独立自主的发展空间。④ 华东交通大学苏红认为管理视角下一流学科建设的有效路径包含教学管理、教师人才管理和专业人才培养3方面，全方位解决建设中的制度、运行机制、教学人才储备，以及学科人才培育策略等问题，切实提高建设的系统化水平、科学化水平和市场化水平。⑤

三、"双一流"建设关键要素

2019年，本部分文献围绕"双一流"建设的制度保障、人才培养、领导队伍、人才引进、经费支持等关键要素展开研究，文献数量比2018年有所增加。

"双一流"建设要重视大学治理体系和治理能力的现代化。浙江大学眭依凡认为"双一流"建设既受到来自大学系统外部的制度和资源供给的影响，也受到大学内部治理体系的直接影响，因此要达到一流大学的治理理念现代化、

---

① 吴玉程，李平. 高等教育现代化视域下把握"双一流"建设实践路径［J］. 中国高等教育，2019（10）：37－39.

② 夏国萍. 世界一流大学关键特征与中国路径依赖研究［J］. 中国电化教育，2019（9）：74－81+111.

③ 胡德鑫. 我国世界一流大学建设的制度逻辑与路径选择［J］. 复旦教育论坛，2019，17（3）：74－80.

④ 段梦涵，柯佑祥，黄彧. 封闭嵌套与开放交叉：一流学科建设行动结构探究［J］. 现代大学教育，2019（2）：87－94.

⑤ 苏红. 管理视角下大学一流学科建设路径研究——评《问道双一流——中国一流大学建设回顾与反思》［J］. 高教探索，2019（7）：133.

治理结构现代化、治理能力现代化。① 兰州大学袁占亭提出高校治理体系和治理能力现代化是"双一流"建设的重要保证，高校要推动形成扁平化的校院两级管理体制，建立权责明晰的工作推进机制、多层次的监督制约机制、全员发力的工作协调机制、导向鲜明的考核评价机制。② 山西师范大学陈亮认为学科治理能力现代化是全面推进"双一流"建设的逻辑旨归，高校应形塑学科治理的权力结构，培育学科治理的理性价值，营造学科治理承认、批判与共生的文化生态氛围。③

"双一流"建设要构建人才培养新机制。清华大学史静寰等提出"双一流"建设高校形成面向不同对象、满足多样性和差异性需求的教育方案和人才培养模式，有机融合国家发展需要、学校发展目标和个人发展需求，培养高水平创新型人才。④ 西南大学陈恩伦认为"双一流"建设师范类院校人才培养模式的重心在于构建"一流学科＋地域特征"的特色人才培养方案，构筑"专业素养＋创新技能"的拔尖人才培养机制，建设"实践平台＋社会服务"的应用型人才培养工程。⑤ 湖南师范大学刘光成等论述了提高人才培养质量是"双一流"建设的核心要义，实现一流学科建设与人才培养在制定学科发展战略、统筹学科专业建设、加强科教融合等方面的协同互动。⑥

"双一流"建设要完善学校领导队伍的遴选机制。湖南大学马春波等分析了 140 所"双一流"建设高校校领导的人口统计学信息、学历背景和工作经历等特征，提出了加强学校领导班子建设的建议：运用多种遴选方式，扩大选人视野；适度放宽任职年龄和任期限制；注重学科专业结构；提高国际交流与合作能力；提升争取外部资源能力；注意遴选女性成员。⑦ 国家教育行政学院姚翔研究了 35 所"双一流"建设 A 类高校学术领导群体，发现学术成就和国际

① 眭依凡. 关于一流大学建设与大学治理现代化的理性思考 [J]. 中国高教研究, 2019 (5)：1 - 5 + 48.

② 袁占亭. 治理体系和治理能力现代化："双一流"大学建设的重要保证 [J]. 中国高等教育, 2019 (22)：7 - 9.

③ 陈亮. 学科治理能力现代化："双一流"建设的逻辑旨归 [J]. 高校教育管理, 2019, 13 (6)：55 - 63.

④ 史静寰, 陈乐. 构建"本研一体""双一流"高校人才培养模式 [J]. 中国高等教育, 2019 (1)：23 - 26.

⑤ 陈恩伦, 马健云. 师范院校人才培养模式比较研究——基于"双一流"建设方案的文本分析 [J]. 现代教育管理, 2019 (7)：71 - 78.

⑥ 刘光成, 唐贤清. 一流学科建设与人才培养如何实现协同互动 [J]. 湖南师范大学教育科学学报, 2019, 18 (1)：124 - 125.

⑦ 马春波, 龙献忠, 陈来. "双一流"建设高校校领导群体特征研究 [J]. 大学教育科学, 2019 (3)：116 - 121.

化经历是担任学术领导的重要因素，基于此提出要加强高校学术领导团队的选拔与组建，制定遴选标准框架，遴选和分工中要关注重要因素；改革遴选机制，提高甄选程序和过程透明度及参与度；供给更多提高学术管理能力的专门化培训项目，提高专业化管理水平。①

"双一流"建设要吸引具有国际竞争力的海外人才。中国教育发展战略学会李志民认为加速"双一流"建设应从战略高度重视吸引海外人才，加强制度建设，既要吸引早年留学人才，又要吸引更多国际优秀人才，要不断吸纳携世界一流大学文化和一流学科素养的海外优秀学者。② 北京大学俞蕖提出集聚具有国际竞争力的外籍学者已成为国家人才战略的重要部分，必须发挥国家主导的人才战略引领作用，带动实施更加开放、更加有效的人才集聚政策；持续提升"双一流"建设高校在全球学术劳动力市场的竞争力；加大"放管服"改革落实力度，赋予大学投入全球人才竞争更多资源自主权，打造与世界一流师资队伍相匹配的一流学术治理和管理支撑体系。③

"双一流"建设经费多元化极为重要。浙江工业大学毛建青等提出"双一流"建设高校收入来源过度依赖政府和学生两大主体，尤其是对政府资源存在绝对依赖，为此随着学校办学能力提升，社会各界亟须提供经费和资源支持。④ 华北理工大学刘旭东等认为校友捐赠是"双一流"建设高校社会捐赠的主要组成部分，是高校社会参与机制的重要形式。⑤ 北京化工大学吴卫红等提出国家自然科学基金强有力地支撑了"双一流"建设高校发展，推动高校学科建设稳步推进、科技突破与应用不断进步、人才培养质量稳步提高。⑥

---

① 姚翔. 中国一流大学学术领导任职的影响因素分析——基于 35 所"双一流"建设 A 类高校的实证研究 [J]. 国家教育行政学院学报，2019（8）：81－88.

② 李志民. "双一流""梧桐树"要吸引国际"凤凰"[N]. 中国科学报，2019－10－23（4）.

③ 俞蕖. 中国顶尖大学外籍学者集聚现状及其制约因素探析——基于 30 所"双一流"建设高校的数据调查与分析 [J]. 中国高教研究，2019（8）：62－69.

④ 毛建青，陈文博. 资源依赖视角下中国一流大学收入来源的困境研究——基于 32 所世界一流大学建设高校的数据 [J]. 高校教育管理，2019，13（3）：70－78.

⑤ 刘旭东，高建胜. "双一流"建设高校校友捐赠机制研究 [J]. 河北师范大学学报（教育科学版），2019，21（5）：89－95.

⑥ 吴卫红，刘佳明，盛丽莹，等. 国家自然科学基金对依托单位发展的支撑作用 [J]. 中国高校科技，2019（11）：8－11.

第二节 "双一流"建设实践

各区域（区域指省、自治区、直辖市）和"双一流"建设高校全面实施建设方案，加大力度推进实践行动。2019 年，"双一流"建设实践研究主要分为区域层面和高校层面的研究。本节文献数量共计 35 篇（部），包括期刊论文 22 篇和报纸文章 13 篇。研究方法主要有文献分析法、个案研究法、文本分析法等。

一、区域"双一流"建设实践

2019 年本部分文献分为"双一流"建设政策研究、某一区域"双一流"建设研究和地方高校"双一流"建设研究。相比 2018 年，2019 年度文献数量减少。

区域"双一流"建设政策研究围绕政策文本、建设实践等展开。北京理工大学王战军等梳理了省域"双一流"建设的共性动因，包括推动区域高等教育发展、助推区域发展战略落实、提升区域的国内外吸引力、回应国家"双一流"建设战略，省域推进建设策略包括全面统筹省域高等教育，推动省域整体水平提升；突出建设特色，倡导异质化发展；实施动态监测，全面保障建设质量等。[①] 燕山大学李春林等运用政策工具和政策主题两维框架分析了 30 份省域"双一流"政策文本，结果表明政府主导特征明显、政策工具应用不均衡、政策主题集中，提出省域政府应主动谋划完善政策体系、综合应用多种政策工具、适度调整政策工具力度。[②] 武汉大学宋博等分析了国家"双一流"建设高校和学科的省际分布，造成省际分布不均衡的原因包括国家政策因素、地区经济发展水平、地区重视程度、历史条件和区位因素，提出缩小分布不均衡的发展路径包括因省施策，走差别化、特色化发展之路；加大财政支持和人才引进力度，助力高校发展水平跃升；采取分类评价策略，引入市场机制等。[③] 同济大学张

---

① 王战军，刘静，杨旭婷，等. 省域"双一流"建设推进策略研究 [J]. 江苏高教，2019（10）：20 – 27.

② 李春林，邓寒怡. 中国省域"双一流"政策文本量化分析 [J]. 高等工程教育研究，2019（4）：145 – 151.

③ 宋博，邱均平. 国家"双一流"建设的省际分布分析与发展路径 [J]. 现代教育管理，2019（3）：32 – 37.

端鸿等分析了31个省级行政区域"双一流"政策创新扩散的动力机制，发现其具有文本颁布时间与名称选择体现区域特色、建设时间节点多样性、建设目标设定多元化等特征。地方政府受到强制机制、学习机制、竞争机制的共同作用，展现出较强的自主性和创新性。地方教育政策创新扩散的效率提高需要重视强制机制的关键作用；学习机制与竞争机制联动提供动力；适度下放权力，提供政策创新空间。① 华南理工大学李石勇等剖析了我国30个省份的科技资源配置绩效，发现各区域科技资源投入要素对配置绩效的影响不同，提出资源相对有限的情况下应围绕"双一流"建设目标，充分发挥省级政府教育统筹作用，依据配置绩效水平采取不同的资源配置策略。② 上海师范大学宋佳等认为香港建设世界一流大学的政策建构在于其定位紧密结合城市发展和择优发展的分类策略；坚持协商自由、"中庸"治理；研究主导策略与重视教学；多元化筹措资金；注重院校交流和资源共享等。③

部分区域"双一流"建设实践立足区域需要，加快推进建设。浙江工业大学徐吉洪提出边疆民族地区是国家"双一流"建设的重要参与者和推动者，存在着理念滞后、基础薄弱、资源匮乏、体制窘迫等困境，需要着力转变发展理念、用足用好国家政策、夯实发展基础、创新体制机制、巧用地缘优势。④ 湖北省财政厅牟发兵提出湖北省属高校"双一流"建设应完善师资队伍管理机制，加大高端人才引进培育力度；围绕战略新兴产业的发展，开展"双一流"学科的动态调整；加快科研成果转化，提升高校服务地方经济发展的能力；进一步对外开放，推进省属高校国际化发展。⑤ 河北经贸大学魏健等认为推进河北省高校"双一流"建设应围绕人才和平台两个关键要素，以学科建设为重点，创新体制机制，激发高校活力。⑥ 南京林业大学周统建认为江苏省行业类"双一流"建设高校应立足现有基础，明确办学定位和建设目标；强化学科优势，构建更有竞争力的学科群；强化办学特色。⑦

① 张端鸿，陈庆. 省级行政区域高等教育政策创新扩散的动力机制研究——以"双一流"政策为例 [J]. 教育发展研究，2019，39（7）：53－59.

② 李石勇，王春梅. 省级政府教育统筹助推"双一流"建设路径研究——高等教育科技资源配置视角 [J]. 高教探索，2019（2）：13－22.

③ 宋佳，刘宝存. 香港创建世界一流大学的政策回顾与现实审思 [J]. 高教探索，2019（9）：68－75.

④ 徐吉洪. 寻根问路：我国边疆民族地区"双一流"建设之审思 [J]. 研究生教育研究，2019（5）：70－75.

⑤ 牟发兵. 关于我省省属高校"双一流"建设的路径思考 [N]. 湖北日报，2019－11－03（6）.

⑥ 魏健. 加快推进我省高校"双一流"建设 [N]. 河北日报，2019－08－14（7）.

⑦ 周统建. 地方行业高校如何推进"双一流"建设——以入选"双一流"建设名单的江苏四所行业特色大学为例 [J]. 中国高校科技，2019（Z1）：20－24.

部分文献提出了地方高校"双一流"建设策略。厦门大学贺芬认为地方高校"双一流"建设发展面临着调整支持模式，赢得发展空间；强化学科地位，引导特色发展；推进高校改革，激发内生动力的机遇；针对存在着资源、转型和评价困境，提出发展路径包括秉持服务地方理念，推行错位发展战略；采用多元化评价方式，引导学科建设与地方需要相结合；应对社会人才新需求，彰显办学特色；深化综合改革，激发内生动力。① 陕西科技大学郝瑜强调地方高校推进"双一流"建设的战略选择应着力加强内涵建设、实现转型发展、重点突破特色发展、加快推进国际化发展、择机选择共享发展。② 湖南工学院王小兵提出新时代地方高校加强"双一流"建设要以综合改革为突破口，既要建设学术性的研究型大学，又要激发技能型、应用型大学等不同类型高校争创各类一流，实现多元发展。③ 陕西师范大学杨聚鹏认为西部地方院校具有比较优势，应积极参与"双一流"建设；同时，地方政府创新驱动发展战略能够激发其参与建设。④

二、高校"双一流"建设实践

高校"双一流"建设实践分为一流大学建设实践和一流学科建设实践。相较2018年，2019年度"双一流"建设高校立足学校特色，扎根中国大地建设世界一流大学。

1. 一流大学建设实践

一流大学建设实践研究围绕一流大学建设高校实践、一流学科建设高校实践和地方高校实践展开。

一流大学建设高校积极贯彻习近平新时代中国特色社会主义思想，加快推动高校"双一流"建设，为实现"两个一百年"奋斗目标和中华民族伟大复兴的中国梦提供有力支撑。清华大学陈旭提出学校深入学习贯彻习近平新时代中国特色社会主义思想，坚守初心、砥砺奋进，践行使命、锐意进取，全面深化

---

① 贺芬. 地方高校"双一流"建设：机遇、困境和出路 [J]. 国家教育行政学院学报，2019(7)：36-42.

② 郝瑜. 地方高校"双一流"建设的战略选择 [J]. 中国高校科技，2019（Z1）：8-11.

③ 王小兵. 地方高校"双一流"建设的战略定位与建设路径 [N]. 中国社会科学报，2019-10-15（7）.

④ 杨聚鹏. 地方院校转型发展的行动逻辑与战略选择——基于西部地方院校的研究 [J]. 现代教育管理，2019（9）：26-31.

综合改革，加快推进"双一流"建设，奋力迈向世界一流大学前列。① 北京大学邱水平论述了学校继续发扬"常为新"的优良传统，挺立时代潮头，争当教育改革排头兵，通过全面深化改革，为持续加快"双一流"建设提供强大动力。② 南京大学吕建提出扎根中国大地，遵循教育规律，拓展学校"双一流"建设的思想空间、谋划空间、行动空间和成就空间，实现立德树人、卓越研究、一流队伍建设三大突破。③ 北京理工大学张军认为学校要办中国特色社会主义标杆大学，走高质量内涵式发展道路，需要从政治方向、价值取向、改革导向3个向度来谋划发展路径，抓立德树人根本，抓学科建设"龙头"，抓队伍建设关键，带动改革建设发展全局。④ 中国海洋大学田辉提出学校依托青岛全面支持高校发展方略、办学空间、创新平台、人才队伍建设，同时学校服务青岛"海洋攻势"，加快世界一流大学建设。⑤ 西北农林科技大学吴普特认为学校切实找准农业高校助力乡村振兴的战略着力点，坚持走产学研紧密结合的道路，在服务乡村振兴的伟大实践中加快推进世界一流农业大学建设。⑥ 郑州大学刘炯天提出学校将不忘办人民满意的教育初心，牢记推进一流大学建设使命，坚持目标牵引、问题导向，推动变革和转型，提高学术产出与办学水平。⑦

一流学科建设高校立足学校特色和实际，切实发力建设世界一流大学。中国人民公安大学詹林提出学校坚持政治建校、人才强校、学科立校、改革兴校，为建设教育强国、平安中国、法治中国做出贡献。⑧ 海南大学成卓提出学校在国家大力支持、海南省倾力相助下，创建世界一流学科的合力迅速形成，建设成效明显，将汇聚学科领军人才、推动党的建设创新发展，继续高标准高质量推进"双一流"建设。⑨ 大连海事大学焦蕴平强调世界一流海事大学建设要服务于社会主义现代化强国建设、服务于交通强国建设，牢记立德树人使命，将

---

① 陈旭. 坚守初心使命强化担当作为奋力迈向世界一流大学前列 ［N］. 新清华，2019 - 07 - 05 (1).

② 邱水平. 发扬传统深化改革勇担使命再立新功加快北京大学创建中国特色世界一流大学步伐 ［J］. 学校党建与思想教育，2019 (7)：4 - 5.

③ 杨亚辉. 新时代"双一流"建设之道——访全国人大代表、南京大学校长、中国科学院院士吕建 ［J］. 中国高等教育，2019 (6)：16 - 18.

④ 张军. 内涵发展. 世界一流大学建设关键 ［N］. 学习时报，2019 - 08 - 02 (6).

⑤ 田辉. 服务青岛"海洋攻势"加快世界一流大学建设 ［N］. 青岛日报，2019 - 10 - 24 (2).

⑥ 吴普特. 在服务乡村振兴战略的伟大实践中创建世界一流农业大学 ［J］. 中国高等教育，2019 (2)：28 - 30.

⑦ 刘炯天. 不忘办人民满意教育初心牢记推进一流大学建设使命 ［N］. 河南日报，2019 - 06 - 22 (8).

⑧ 詹林. 全面推进"世界一流学科大学"建设 ［N］. 人民公安报，2019 - 02 - 10 (3).

⑨ 成卓. 高标准高质量建设好世界一流学科和国内一流大学 ［N］. 海南日报，2019 - 04 - 12 (A07).

立德树人成效作为检验中国交通教育事业发展的根本标准。① 上海财经大学蒋传海探析了学校"双一流"建设面临的新挑战：经济社会环境变化迅速、国内外高校竞争日益激烈、学科建设水平有待提升、全面的综合改革仍需推进和深化等，提出"双一流"建设带动学校形成优势、办出特色；以一流学科建设为引领，统筹推进学科建设和整体建设。② 江南大学张青指出学校将"探索创新创业教育模式改革"作为综合改革的重点任务，践行立德树人，全面加快推进"双一流"建设。③

地方高校借势"双一流"建设重大契机，努力迈向一流大学。贵州民族大学陶文亮认为学校应扎根地方、立德树人、提升内涵、服务师生、深化改革，努力迈进高水平一流民族大学前列。④ 武汉纺织大学彭育园提出行业特色大学"双一流"建设应坚定社会主义办学方向、秉持回归本位办学走向、明确立德树人的实践指向、把牢特色立校的发展方向 4 个"基本遵循"，坚持创新内部治理体系，多层次激发办学活力；创新师资引育机制，多举措构筑人才高地；培育创新科技成果，切实解决行业技术难题；培养高素质应用型创新人才；拓宽开放办学路径，多领域融入社会发展等"五位一体"措施。⑤

2. 一流学科建设实践

一流学科建设实践研究围绕某一学科领域建设一流学科和一级学科建设一流学科展开。

部分学科领域积极探索一流学科建设方法。清华大学尤政提出建设一流工程学科、引领工程教育发展，认为工科是冲击世界一流前列学科的领头羊、工科发展是国家重大战略的有力支撑、工程教育改革是世界一流大学的共同趋势，阐述了工科的人才培养目标、"工科＋"的发展思路、建设清华大学工科规划的理念。⑥ 中国人民大学周光礼认为中国一流工程学科建设的挑战包括学术软环境欠佳；重主干学科、轻支持学科；经费来源单一；重视内部行政性评价。⑦ 中国石油大学金玉洁提出"双一流"建设理工院校人文社会学科建设应科学定位发展战略，包括优化调整学科结构布局、整合优化学术研究平台、培育结构

① 焦蕴平. 奋力建设世界一流海事大学［N］. 中国交通报，2019 – 06 – 05（1）.

② 蒋传海. 聚焦一流追求卓越推进高水平研究型大学建设［J］. 中国高等教育，2019（1）：20 – 22.

③ 张青. 无锡高校持续发力"双一流"建设［N］. 无锡日报，2019 – 06 – 12（11）.

④ 陶文亮. 书写高水平一流民族大学建设发展的奋进之笔［N］. 贵州日报，2019 – 12 – 11（6）.

⑤ 彭育园. 行业特色大学"双一流"建设研究［J］. 学校党建与思想教育，2019（16）：73 – 75.

⑥ 尤政. 建设世界一流工科引领工程教育发展［J］. 清华大学教育研究，2019，40（3）：1 – 7 + 20.

⑦ 周光礼. 建设世界一流工程学科："双一流"高校的愿景与挑战［J］. 现代大学教育，2019（3）：1 – 10 + 112.

合理的优秀人才队伍、深化管理体制机制改革与创新。①

部分一级学科探索一流学科建设之路。南京信息工程大学李北群等探析了行业特色高校一流气象学科建设的国际化路径,包括推动国际化平台建设,打造学术前沿高地;转变管理理念,汇聚国际高水平人才;着力培养高质量人才,应对全球竞争挑战;打造高水平教育联盟,提升国际话语权。② 西南民族大学贺健等认为学校民族学建设一流学科应树立强烈的人才意识、加强经世致用的定位、培育创新多元的高质量平台等。③ 哈尔滨师范大学滕丹提出音乐学建设一流学科需扩大学科整体规模、提高人才培养质量、发挥社会总体效应。④ 岭南师范学院闫闯等剖析了建设世界一流教育学面临的"数字化"困局,包括比较思维导致发展"功利化"、竞争原则使得发展"公司化"、计量指标造成发展"绩效化"、硬性标准酿成发展"模式化",提出正视量化标准的比较评判、彰显学科发展的独特价值、深耕人文价值和社会文明的"数字化"等突围措施。⑤

第三节 "双一流"建设评价

依据 2019 年 5 月教育部关于"双一流"建设中期自评通知要求,"双一流"建设高校开展中期自评工作"以人才培养、创新能力、服务贡献和影响力为核心要素,主观和客观结合,定量和定性结合,用数据事实说话。既要评估学科建设,也要对学校整体建设成效做出分析判断"。2019 年,本节收录文献共 18 篇(部)。其中,期刊论文 14 篇、著作 2 部、报纸文章 2 篇,比 2018 年增加 2 篇(部)。2019 年度文献研究主题包含一流大学建设评价和一流学科建设评价,研究方法主要采用定量研究、理论归纳、文本分析、比较分析等。本节文献集中研究中国特色"双一流"建设的评价理念创新、指标体系构建和"双一流"评价经验等。

---

① 金玉洁. "双一流"理工院校人文社会科学建设路径探究 [J]. 教育理论与实践,2019,39 (27):22 – 23.

② 李北群,陈美玲,马星. 行业特色高校一流学科建设的国际化路径探析 [J]. 中国高等教育,2019 (Z2):40 – 42.

③ 贺健,万果. 推进西南民族大学民族学一流学科建设 [N]. 中国社会科学报,2019 – 09 – 11 (6).

④ 滕丹. 音乐学一流学科建设探析 [J]. 高教探索,2019 (8):126 – 128.

⑤ 闫闯,蔡志良. 建设世界一流教育学的"数字化"困局及突围 [J]. 黑龙江高教研究,2019 (6):24 – 28.

一、一流大学建设评价

2019 年本部分文献关注的重点集中在一流大学建设评价的理念创新、一流大学评价体系研制等方面。

一流大学建设评价立足本土特色，创新评价理念、评价方法、评价策略。北京理工大学王战军等认为教育评价要坚决克服"四唯"的顽瘴痼疾，提出创新"双一流"建设评价理念，涵盖"服务战略、创新驱动、科学客观、世界一流"的指导思想；"融通中外、简约可行"的评价策略；开放评价维度、多元价值判断、客观数据监测、多元评价主体的评价体系；以"互联网＋"为理念、大数据驱动为核心、动态监测平台为支撑，充分运用现代信息技术，全面、科学、客观评价我国"双一流"建设成效。① 南京师范大学王建华认为世界一流大学排名评价主要围绕大学的科研职能展开，强调论文发表和科研获奖的重要性，忽视经济社会建设以及人的发展的真正价值，需以创业思维重新定义世界一流大学。② 苏州大学孔晓明等认为发展性原则是解决"双一流"建设评价问题的重要原则与方法，评价指标体系应注重体现中国特色；评价主体应注重多元主体、多方参与；评价方法应结合形成性评价与总结性评价；评价内涵应注重内部质量文化建设。③ 湘潭大学黄华伟认为构建具有中国特色的"双一流"评价体系要立足中国国情，扭转不科学的评价导向，坚持立德树人成效根本标准，把握核心使命、突出服务需求、注重内涵发展、实施分类评价、关注特色发展、参考国际表现。④ 南京航空航天大学葛少卫等基于研究文献提出世界一流大学建设评价要结合显性指标与隐性因素、共性特征与个性特色、宏观布局与微观过程、群体评价与个体评价。⑤ 宁波大学张宝歌论述了"双一流"建设成效评价策略，包括立足本土的"中国评价标准""共生—共建—共评"机制、"一流院系"为平台的"三位一体"评价体系、成立"新型第三方"评价组织。⑥ 北京理工大学王战军等分析了日本"全球顶级大学计划"中期评估的方

① 王战军，刘静，乔刚. 清理"四唯"呼唤"双一流"建设评价创新 [J]. 中国高等教育，2019 (1)：16 - 19 + 26.
② 王建华. 大学排名的风险与一流大学的建设 [J]. 高等教育研究，2019，40 (2)：1 - 9.
③ 孔晓明，周川. "双一流"建设评价的发展性原则及其方法 [J]. 江苏高教，2019 (12)：55 - 61.
④ 黄华伟. 构建科学的"双一流"评价体系 [N]. 中国社会科学报，2019 - 03 - 05 (1).
⑤ 葛少卫，杨晓江. 世界一流大学建设的评价视角与价值判断——基于研究文献的分析 [J]. 研究生教育研究，2019 (02)：78 - 84.
⑥ 张宝歌. 我国高校"双一流"建设成效的评价策略 [J]. 国家教育行政学院学报，2019 (5)：22 - 28.

法、过程和成效，提出我国"双一流"建设评价应加强顶层设计、加快信息化建设、构建评估体系。① 厦门大学刘康宁认为国际上对世界一流大学评价的通用方法是量化排序，最终指向是"全球性"认可的潜在特征，具体表现为全球性声誉、全球问题研究能力、适应全球变革的战略、参与全球竞争的能力，以及立足本土的全球性价值。②

部分文献研制了一流大学建设评价指标体系。上海交通大学冯倬琳等在著作《世界一流大学评价与建设》中针对世界一流大学的原创研究、经济贡献、品牌影响和学术大师4个关键方面展开评价指标构建及实证研究。其中，原创研究指标包括突破性研究论文、国际权威刊物论文，以及前沿研究方向的活跃度；经济贡献指标包括高管及股东校友创业上市企业市值、大学技术转让、大学专利转让；品牌影响指标包括世界一流大学、第三方评价、媒体视角下品牌的国际影响；学术大师指标包括全球高被引科学家、重大国际奖项获得者，以及国际权威学术刊物/学术组织负责人。③ 武汉大学邱均平在著作《世界一流大学和一流学科评价研究报告 2018—2019》中构建了世界一流大学评价指标体系，包括师资力量、教学水平、科研能力、声誉影响力等主要指标，评选出2018年世界一流大学综合竞争力和中国一流大学竞争力排行榜，发现我国高水平大学建设成效明显，但在高质量论文数量、世界影响力科研成果上与世界强国相比差距较大，需进一步加强建设。④ 北京师范大学冯用军等以高等教育的两大基本功能和现代大学五大核心职能为基础，构建了中国特色世界一流大学建设成效评价体系，主要包括人才培养、科技研发、社会影响、国际声誉4个元指标，分解为16项一级指标和16项二级指标，并以"双一流"建设高校为样本展开实证分析。⑤

二、一流学科建设评价

2019年，本部分入选文献关注一流学科建设的评价理念以及第三方评价。

部分文献提出一流学科建设评价需变革评价理念，创新评价要素。北京理

① 王战军，雷琨. 日本"全球顶级大学计划"中期评估及启示 [J]. 中国高等教育，2019（22）：62-64.
② 刘康宁. 如何认识与评价世界一流大学的"全球性"潜在特征 [J]. 江苏高教，2019（9）：29-34.
③ 冯倬琳，刘念才. 世界一流大学评价与建设 [M]. 上海：上海交通大学出版社，2019.
④ 邱均平. 世界一流大学和一流学科评价研究报告 2018—2019 [M]. 北京：科学出版社，2019.
⑤ 冯用军，赵雪，朱立明. 中国特色世界一流大学建设成效评价体系理论建构与实践验证 [J]. 江苏高教，2019（1）：20-26.

工大学王战军等认为中国特色的世界一流学科形成逻辑和外在表征要求不能沿用传统的学科评价思路，需要确立一套符合我国一流学科成长路径的评价理念，具体应结合学术实力评价与服务效果评价、显性内容评价与隐性内容评价、结果性评价与成长性评价，构建以达成度、贡献度、支撑度、影响度、引领度为核心要素的建设成效评价体系。[①] 清华大学张务农等将监测评估引入一流学科建设，其评价涵盖学科发展的"表征条件""制度条件"和"文化条件"3 个层面，表征条件监测指标包括师资队伍、人才培养、学科影响、科研产出，以及学科投入；制度条件监测指标包括师资管理、学科组织、绩效管理、服务水平，以及学科投入制度；文化条件监测指标包括价值体系、知识生产模式与承接模式、研究习惯与生产方式、规范体系与知识生产过程的控制、社会文化环境与物理环境。[②] 中国刑事警察学院袁广林比较了世界一流学科的发展性评估和水平性评估，认为发展性评估着重客观分析学科发展的基础、环境和态势，关注学科发展水平和过程，以提升学科发展潜力为主，超越外部主导的水平性评估的竞争性、功利性。[③] 清华大学李志民提出"双一流"建设评价不能依赖于 ESI 学科排名，需建立符合我国实际学科设置的衡量标准，尤其重视人才培养质量。[④]

部分文献基于第三方评价研究一流学科建设评价。上海交通大学杨昭等运用解释结构模型分析了第三方学科评价指标体系，构建了世界一流学科评价多级递阶结构模型，发现一流学科建设的深层影响因素是师资队伍与资源、产业收入；表层影响因素是学术声誉、雇主声誉、社会服务与学科声誉。[⑤] 燕山大学王伟伟使用 ESI 数据库分析了"双一流"建设高校的学科建设绩效，结果显示建设绩效差异显著、建设绩效与学科规模强正相关、存在"重规模"和"轻质量"问题。[⑥] 三峡大学张继平探析了"双一流"建设中第三方学科评估服务的困境，面临制度阙如、独立性羸弱；法规缺失、合法性贫血；人员匮乏、专业性打折；理论滞后、公信力不足，需要确立独立身份；保证合法地位；提升

① 王战军，杨旭婷. 世界一流学科建设评价的理念变革与要素创新 [J]. 中国高教研究，2019 (3)：7-11.
② 张务农，娄枝，李永鑫. 国内高校世界一流学科建设引入监测评估的行事逻辑 [J]. 中国高教研究，2019 (4)：33-39.
③ 袁广林. 我国高校世界一流学科发展性评估探析 [J]. 中国高教研究，2019 (6)：21-26.
④ 李志民. "双一流"建设不能只关心学科排名 [N]. 中国科学报，2019-09-25 (4).
⑤ 杨昭，潘卫. 世界一流学科评价指标结构分析及启示 [J]. 黑龙江高教研究，2019 (6)：57-60.
⑥ 王伟伟. 基于 ESI 的一流大学学科建设绩效评价及发展策略 [J]. 黑龙江高教研究，2019，37 (11)：35-38.

专业水准；增强实际效果。①

第四节　世界一流大学发展与比较

2019 年，本节继续围绕世界一流大学发展与世界一流大学比较两个主题进行综述，入选文献共 39 篇（部），含期刊论文 35 篇、著作 4 部，比 2018 年增加 2 篇（部）。研究方法主要有比较研究、定量研究、文本分析和个案研究等。从国别上，2019 年的入选文献研究对象涉及美国、英国、德国、日本、澳大利亚、新加坡、瑞士、丹麦等国家。

一、世界一流大学发展

本节文献的研究对象总体上分为美国和其他国家两大类。其他国家涵盖德国、日本、澳大利亚、新加坡、瑞士、丹麦。

1. 美国世界一流大学发展

2019 年，本部分文献研究聚焦美国世界一流大学发展经验、世界一流学科发展影响要素等方面。

部分文献研究美国世界一流大学的发展历程、发展经验。中国人民大学刘军伟将美国世界一流大学发展划分为崛起、巩固和新阶段 3 个时间段，发展经验归结为持续得到联邦政府的经费资助、积极服务国家和社会发展、坚持教育国际化，进而提出我国"双一流"建设应优化经费资助模式、调整大学评价机制和提升教育国际化的质量。② 沈阳师范大学王凤玉等认为美国一流大学群体崛起在于重视大学创新文化范式、营造多元和开放的办学体制、提供雄厚的财力支撑、善于抓住历史机遇、任用具有卓越领导力的校长，提出我国"双一流"建设要创新教育模式，建构大学—政府—社会的良性互动关系，建立充足、稳定和多元的投资渠道，重视遴选和培养卓越的大学领导者。③ 厦门大学邬大光实地调研了芝加哥大学的办学历史和当代风貌，认为芝加哥大学取得成功的

① 张继平. 学科评估服务"双一流"建设：第三方评估的困境与突围 [J]. 研究生教育研究，2019（2）：85–90.

② 刘军伟. 美国世界一流大学的发展历程及经验启示 [J]. 中国高教研究，2019（10）：47–52.

③ 王凤玉，都本伟. 第二次世界大战前美国一流大学群体崛起的原因及其启示 [J]. 教育科学，2019，35（3）：61–66.

关键是大学校长发挥作用和芝加哥学派形成。① 厦门大学邬大光提出哈佛大学得以矗立于世界一流大学之巅的根基是本科教育文化、通识教育文化、管理的服务文化、校长们的"遗产"文化、社会各界的捐赠文化、教授的"夫人文化"。② 西安体育学院刘子实等剖析了美国斯坦福大学建设世界一流大学的经验：学术氛围宽松自由、办学理念独树一帜、师资队伍创新一流、科研平台互利共赢、政府社会制度保障，提出我国世界一流大学创建应坚守理念、具有中国特色、引进人才、创造一流的师资队伍，加强管理、形成内外部共同治理、创新思路、打造独具特色的学科品牌。③ 北京大学柏豪从品牌定位、品牌维护、人才培养、学科建设方面总结了麻省理工学院品牌建设经验，发现其发展遵循品牌校长、学科品牌建设、国际化战略，提出我国"双一流"建设大学应重视品牌建设；注重一流人才的引进和培养；注重跨学科建设；明确品牌定位，发挥品牌效应。④

部分文献剖析了美国世界一流学科的发展历程、影响因素、路径演变。武汉大学殷朝晖等基于哈佛大学学科建设实践分析了知识生产模式转型与一流学科建设的逻辑关系，发现一流学科建设顺应知识生产模式转型、学科发展理念顺应知识生产目的转变、建设主体顺应知识生产主体转变、组织形式顺应知识生产方式转型，提出我国高校应从促进学科隐性知识的转化、加强学科回应社会需求的能力、提高学科组织知识管理的能力等方面加强建设。⑤ 中国教育科学研究院刘贵华等在其著作《"双一流"建设突破研究》中探析了哥伦比亚大学学科布局、斯坦福大学工科、芝加哥大学社会学科等发展路径，认为世界一流学科处于实现制度化和去制度化的矛盾与张力之中，包括学科知识专门化和系统化学科规训；跨越学科边界的知识汇集和人才汇集。⑥ 北京师范大学李佳哲等从师资力量、高层次人才培养、科研成果3个显性指标解析哈佛大学、芝加哥大学、麻省理工学院、普林斯顿大学拥有世界一流经济学科，论证其发展路径是特色的课程设置和学术自由、学派模式和荣誉、名校联盟与协同合作，提出我国打造世界一流经济学科应具有国际视野；核心目标是培养高层次人才；

---

① 邬大光. 芝加哥大学之旅：纪念杜威访华100年 [J]. 复旦教育论坛, 2019, 17 (3)：104 - 112.

② 邬大光. 走近哈佛：世界一流大学的治校文化 [J]. 复旦教育论坛, 2019, 17 (6)：105 - 112.

③ 刘子实, 平雪花. 斯坦福建设世界一流大学的经验及其启示 [J]. 中国高等教育, 2019 (1)：62 - 64.

④ 柏豪. 麻省理工学院品牌建设的经验及其对中国双一流大学建设的启示探析 [J]. 外国教育研究, 2019, 46 (8)：79 - 96.

⑤ 殷朝晖, 郑雅匀. 知识生产模式转型与一流学科建设探索——基于哈佛大学学科建设的实践 [J]. 教育发展研究, 2019, 39 (Z1)：37 - 44.

⑥ 刘贵华. "双一流"建设突破研究 [M]. 上海：华东师范大学出版社, 2019.

根本路径是内涵式发展；主要着力点是跨学科合作、国内国际科研合作和课程合作。① 华中农业大学陈新忠等研究了康奈尔大学世界一流学科实践探索，揭示其农业科学经历了初创、兴盛和拓展3个时期及存在缘业而兴、业变随变、科研促进、政府助推的规律，认为我国农业院校应通过主导农技推广服务、广而精的教育内容、前瞻的科技研究、完善的法律政策等方面建设世界一流学科。② 陕西科技大学武建鑫选取密歇根大学、麻省理工学院、佐治亚理工学院、加州理工学院，分析工程学科的组织成长特征及演化路径，研究表明学科组织成长遵循组织生命周期、拓宽学科组织外围、提升领导型学者关键行动力等特征，依据"学科互涉—组织开放"二维坐标系解构了学科的组织演化路径，提出"双一流"建设高校需考虑在大学组织层面建构"学科群落"；以应用研究引领基础科学，激活学术组织创新活力。③

部分文献探究了美国一流大学经费问题，涵盖经费收入与支出、经费筹措等。北京理工大学王战军等整理了2010—2019年美国排名前50位的一流高校经费收入数据，运用分类与回归决策树算法探讨收入来源中与高校排名关联程度最高的因素，发现公立学校的相关因素包括附属组织捐赠的礼品、当地经营补助金和合同、医院销售和服务、州经营补助金和合同四项经费收入；私立高校的相关因素包括联邦补助金和合同、独立经营收入、投资回报经费收入，提出我国"双一流"建设应继续保持政府资金投入、鼓励多渠道筹资、激励社会资金投入、重视问责。④ 浙江大学林成华在其著作《财富与使命：美国一流大学"大宗筹款运动"理论与实践》中分析了美国一流大学大宗筹款运动的历史与现状、理念与实践等，总结了其先进的筹款理念、浓厚的教育慈善文化传统、完备的法律政策体系、成熟的行业服务与行业自律、专业化与职业化的筹款经验。⑤ 浙江工业大学毛建青等使用36所美国世界一流大学16年的面板数据研究大学经费规模、收支结构与科研产出的关系，结果显示美国世界一流大学的收支规模庞大、种类繁多、结构较为均衡；经费规模对科研产出数量与影响力有显著的正向影响；收入结构中的政府拨款、资助与合同、学杂费对科研产出有

① 李佳哲，胡咏梅. 世界一流经济学科建设：概念、指标与实现路径［J］. 清华大学教育研究，2019，40（3）：21－32.

② 陈新忠，王地. 世界一流学科的演进规律及启示——基于康奈尔大学的实践探索［J］. 现代教育管理，2019（03）：26－31.

③ 武建鑫. 世界一流学科的组织成长特征及演化路径研究——以工程学科为例［J］. 国家教育行政学院学报，2019（6）：34－42.

④ 王战军，蓝文婷，布莱恩·麦考尔. 美国一流高校经费收入特征及其对我国"双一流"建设的启示［J］. 高等教育研究，2019，40（10）：96－102.

⑤ 林成华. 财富与使命：美国一流大学"大宗筹款运动"理论与实践［M］. 北京：人民出版社，2019.

显著影响；支出结构中的工资对科研产出有最为显著的正向影响。建议我国"双一流"建设大学多渠道筹措经费、扩大收支规模、优化支出结构、增补研究工资。①

　　部分文献研究了美国世界一流高校人才培养相关问题。北京航空航天大学张惠等以美国佐治亚理工学院 VIP 项目为例分析了世界一流大学工程跨学科人才培养路径，总结了跨学科的交互协作、垂直整合的团队建设、真实世界的工程实践、创新能力的激发培养等培养经验，提出我国高校工程跨学科培养应打造真实工程环境、完善学分与课程互认机制、吸引优秀教师参与、健全教学评估体系、寻求多渠道经费支持等。② 武汉大学刘亚敏等认为美国一流大学博士生培养过程管理具有招生选拔制度灵活、跨学科课程设置、导师遴选标准严格、科研训练多元化、导师制与指导小组相结合的指导方式、逐级考核与淘汰制度等特征，提出我国博士生培养应优化招生制度，注重非认知能力考查；拓展学科视野，推进跨学科课程体系建设；探索团队指导模式，构建学术研究共同体；强化质量核心，健全导师遴选标准；加强科研训练，提高科研能力；加强过程考核，完善评价机制；完善评审制度，提高学位论文质量。③ 华东师范大学杨青分析了康奈尔大学博士生分流淘汰制度的运行机制，提炼出其具有学术逻辑主导的考核过程、考核责任主体权责分明、具备法律效力的保障制度等典型特征，认为我国博士生培养制度改革可从完善制度约束，遵从学术逻辑核心地位；推进贯通式培养方式、分类嵌入分流淘汰制度等方面展开。④ 辽宁师范大学傅维利等选取了进入 2017 年 QS、USNews、THE 世界大学排名榜前 1000 名的 115 所美国世界一流大学，样本高校的生师比使用黄金分割比例划分出世界顶尖大学、世界高水平知名大学、世界高水平大学、世界知名大学 4 个层次，结果显示生师比越低，进入世界千名的比例越高，并且比例提高呈现加速的态势；生师比均值与大学层次之间呈现反比例关系；较低的生师比是建设世界一流大学的必要条件。建议我国应适时调整生师比的计算方式、适度降低生师比、不同层次大学生师比控制在不同数值区间。⑤ 清华大学陈乐探析了哈佛大学、耶鲁

　　① 毛建青，陈文博. 世界一流大学经费规模、收支结构与科研产出的关系研究——基于 36 所美国大学 16 年间的数据分析 [J]. 教育发展研究，2019，39 (19)：34 - 43.

　　② 张惠，雷庆. 世界一流大学工程跨学科人才培养路径探析——以佐治亚理工学院 VIP 项目为例 [J]. 高教探索，2019 (5)：32 - 38.

　　③ 刘亚敏，王声平，关荆晶. 美国一流大学博士生培养过程管理：特征与启示 [J]. 研究生教育研究，2019 (3)：93 - 97.

　　④ 杨青. 美国一流大学博士生分流淘汰制度的运行机制及启示——以康奈尔大学为例 [J]. 中国高教研究，2019 (10)：91 - 98.

　　⑤ 傅维利，贾金平. 美国世界一流大学生师比的特征 [J]. 比较教育研究，2019，41 (1)：24 - 31.

大学、斯坦福大学、芝加哥大学、普林斯顿大学、哥伦比亚大学等世界一流大学通识教育的基本理念、培养目标、组织架构、课程体系、教与学5方面，体现出"同一性"和"多样性"，提出我国可从宏观上构建中国模式的通识教育；中观上依托住宿制度构建新型组织框架；微观上强化"互动性"的教与学。①

部分文献研究了美国世界一流大学的科研创新和应用转化。首都师范大学沈蕾娜以哈佛大学和麻省理工学院的跨校合作为例剖析了世界一流大学之间的协同创新，提出关键因素在于互补性和相容性、关系网络中的"结构洞"和亲密度、外力介入形成的耗散结构，其协同机制在于学科与跨学科的互动、科研创新与城市发展、全球资源优化配置。② 武汉工程大学向美来等探析了美国佐治亚理工学院与其科技园之间的共生关系，提出世界一流大学和科技园互利共生、建设一流大学科技园是迈向世界一流大学的必由之路。③ 扬州大学李浩等阐述了美国一流大学科技成果转化的成功要素在于文化理念、政策法规、组织机构，其路径是基础牢固的大学科技园和孵化器建设、方式多元的专利成果转让路径、可持续的高素质人才培育，提出我国大学科技成果转化需从政府、学校、企业和个人层面共同发力，树立新理念、营造新政策环境、打造新组织架构。④

2. 其他国家世界一流大学发展

2019年，本部分文献论述了日本、丹麦、澳大利亚、德国、新加坡、瑞士等国家建设世界一流大学的发展理念、发展路径、发展政策等。

部分文献从国家角度阐述世界一流大学的实施政策、建设路径和动因。中国人民大学李金烁将日本"COE计划"分成初步探索、逐步拓展和成熟完善3个阶段，带有国家主导性、多阶段连续性、多计划互补性3个特征，总结出以下经验：提升门槛，实行竞争性遴选与考核，促进评审结果公正权威；使用第三方评估机制，摆脱行政干预，改善社会参与；提供优越的环境培养世界顶尖的年轻人才。⑤ 同济大学张照旭等全面解析日本"全球顶尖大学计划"建设世界一流大学的行动路径，包括建立以校长为核心的决策管理系统、构建辅助校

① 陈乐. "多样"与"同一"：世界一流大学通识教育理念与实践 [J]. 现代教育管理，2019 (4)：43 – 48.

② 沈蕾娜. 世界一流大学之间的协同创新——以哈佛大学和麻省理工学院的跨校合作为例 [J]. 中国高教研究，2019 (2)：21 – 26.

③ 向美来，易伟松. 世界一流大学与一流大学科技园共生关系研究——以佐治亚理工学院与科技广场为例 [J]. 中国高校科技，2019 (S1)：92 – 94.

④ 李浩，尤玉军，马吉骁. 美国一流大学科技成果转化经验和启示 [J]. 中国高等教育，2019 (9)：62 – 64.

⑤ 李金烁. 日本"COE计划"阶段演变的特点及启示 [J]. 中国高校科技，2019 (4)：19 – 21.

长科学决策的支持体系、引入戴明循环提高决策管理质量；强化终身教职制度的正面激励作用、发挥交叉聘任制度的协同服务功能、建立以绩效贡献为导向的薪酬体系；提高教务管理国际化水平、打造世界一流的课程体系、推行"以学生为中心"的教学模式；搭建国际性跨学科研究平台、提升国际学术影响力、构建强有力的科研支援系统。① 厦门大学胡天助将丹麦 UNIK 计划创建世界一流大学的经验总结为：择优式、合并式建设路径并举；政策制定过程取向与政策因果取向兼顾；赋予科研机构相对独立的管理权；采纳项目资金式资助类型。② 江西理工大学叶前林等探析澳大利亚八校联盟通过高校联盟机制创建世界一流大学，得出其成功的经验在于联盟成员具有共同战略愿景、严格准入机制、内部有效组织架构、外部发展环境。③ 青岛大学辛斐斐等指出德国"卓越计划"充实了科研经费、促进了科研产出、营造了竞争文化、引领了欧洲大学进步，但在绩效拨款效果、追逐高度分化的发展模式方面备受争议，提出我国"双一流"建设应拓宽建设筹资渠道，构建多元支持的长效机制；建立绩效为导向的科学评价体系，提升财政资金的使用效益及效率；支持普通院校发展，提升大学系统的"底座"质量。④

部分文献从大学角度论述了世界一流大学的发展，总结国外大学具体建设经验。中国人民大学公钦正分析了新加坡国立大学世界一流大学建设经验，总结出强调国际化、加强研究与应用、高站位的品牌战略、政府主导下的大学自治。⑤ 南京农业大学薛珊等剖析了新加坡国立大学和南洋理工大学两所典型的"后发型"世界一流大学建设路径，包括主动对接国家战略，推动国家创新发展；加强战略规划，打造优势学科；强化科学研究，推进技术创业教育；国家拨款与自筹经费相结合；革新管理理念，发扬民主化治理；推进国际化，构建强大的国际网络；打造一流的师资队伍，培养具有国际视野的精英人才，提出我国可秉承"创业型"大学的发展理念，塑造创新创业文化；制定长远的战略规划，建设一流的师资队伍；深入推进国际化办学，将"引进来"与"走出

① 张照旭，李玲玲，蔡三发. 日本建设世界一流大学的多维行动路径——基于"全球顶尖大学计划"A 类大学的研究 [J]. 比较教育研究，2019，41（10）：3-10.

② 胡天助. UNIK 计划：丹麦创建世界一流大学的经验及其启示 [J]. 现代教育管理，2019（5）：34-40.

③ 叶前林，翟亚超. 高校联盟：域外创建世界一流大学的新机制——以澳大利亚八校联盟（G_O8）为例 [J]. 中国高校科技，2019（Z1）：76-79.

④ 辛斐斐，范跃进，孙盘龙. 德国高校"卓越计划"实施的反思——兼论对中国"双一流"建设的启示 [J]. 中国高校科技，2019（8）：42-45.

⑤ 公钦正. 新加坡世界一流大学建设经验与思考——以新加坡国立大学为例 [J]. 中国高校科技，2019（4）：25-27.

去"相结合。① 河南理工大学武学超等探讨了瑞士苏黎世大学作为地方大学创建世界一流大学的学术卓越生成逻辑,包括追求卓越为价值取向的价值逻辑、多主体分层协同治理的治理逻辑、多样化组织推动科研创新的组织逻辑、多方融资保障科研经费的经济逻辑,提出我国地方高校"双一流"建设应营造卓越价值文化孕育世界一流学术、多主体协同推进学术治理现代化、全方位协同促生卓越科研创新、多元融资渠道确保资金充足。②

二、世界一流大学比较

2019 年,本部分文献比较了国内外世界一流大学的发展理念、发展模式、战略规划及世界一流学科的发展。

部分文献对比分析了国内外世界一流大学的发展要素,诸如人才培养、管理与治理、文化与价值、经费投入等。华南理工大学郑石明选取了加拿大英属哥伦比亚大学、加拿大多伦多大学、美国哈佛大学、美国普林斯顿大学、美国麻省理工学院、英国牛津大学、新加坡国立大学 7 所世界一流大学,比较分析了跨学科人才的培养层次、方式、学制、师资队伍、教学方式、培养模式等,提出我国研究型大学应打破学科壁垒,建立学科群;建设跨学科师资队伍,提高培养质量;改革教学方式,实施小班教学;多元化资助体系,增加跨学科教育的投入。③ 北京教育科学研究院王铭等通过研究美国哈佛大学、美国普林斯顿大学、美国加州理工学院、新加坡国立大学、新加坡南洋理工大学、英国剑桥大学 6 所世界一流大学的跨学科人才培养路径,总结出本科跨学科专业、研究生跨学科学位、高校跨学科研究中心、多校跨学科项目 4 种形式的培养途径,提出我国高校跨学科人才培养需突破理念、管理、制度、师资、课程建设等方面。④ 南京大学汪霞等在其著作《世界一流大学学生事务管理研究》中选取美国、英国、加拿大、澳大利亚和新加坡 5 个国家的 13 所世界一流大学,全方位考察了学生的学习指导、社会实践、社团组织、日常管理、生涯辅导、就业支持、心理咨询、健康服务、管理队伍等方面,认为学生事务管理之道在于以服

---

① 薛珊,刘志民."后发型"世界一流大学建设的路径及启示——以新加坡两所大学为例 [J].高校教育管理,2019,13(4):27–38.

② 武学超,薛奥.瑞士地方大学如何走向世界一流——苏黎世大学学术卓越的生成逻辑及启示 [J].研究生教育研究,2019(1):92–97.

③ 郑石明.世界一流大学跨学科人才培养模式比较及其启示 [J].教育研究,2019,40(5):113–122.

④ 王铭,黄瑶,黄珊.世界一流大学跨学科人才培养路径研究 [J].高教探索,2019(4):61–67.

务学生学习与发展为理念；以人文化关怀为导向；以扁平化、少层级为组织架构；以实践活动与服务为平台；以全程化服务为保障；以共情式管理为路径；以专业化队伍为重点。① 河南师范大学张永富等选取了美国普林斯顿大学、英国牛津大学、新加坡国立大学和澳大利亚国立大学 4 所世界一流高校作为样本，发现样本高校战略规划普遍呈现出外扩属性，愿景与使命表述集中在大学定位的世界引领性、公共决策的跨国影响力、人才培养的国际一流性、科学研究的全球示范性等方面，行为策略体现在加强人员对外交流、形成全球智力中心；构建跨国科研网络、增强知识创新能力；扩大社会服务范围、着力提升大学影响；推进质量世界顶尖，成为大学治理典范等方面。② 清华大学刘路等在其著作《"后发型"世界一流大学内部治理研究》中选取了国内外 14 所"后发型"世界一流大学为研究样本，从大学价值、制度和行动 3 个维度分析"良性治理"的内在机理，提出完善中国大学内部治理应宣传治理文化，保障学术自由制度；重塑政府与大学关系格局，更新治理手段和方式；加强决策咨询制度，强化决策过程监督。③ 山东大学韩萌研究了美国、英国、加拿大、澳大利亚等国家世界顶尖大学校训，依据其属性与渊源将校训文化分为"神谕""求真""服务""个性化" 4 种主流类型，体现出发展性、学术性、公益性、共同性的价值目标。④ 南京农业大学高铭等选取了德国、美国、澳大利亚、英国、荷兰、比利时等国家的 10 所"后发型"世界一流大学，分析 2009—2017 年样本高校在THE、QS、ARWU 三大排行榜中的排名和政府投入间的灰色绝对关联度，实证分析结果显示两者之间的关联性并不紧密，原因在于政府投入只是大学经费来源的一部分；经费使用效率与公开透明度对大学排名提升的作用不同。⑤

部分文献对比了国内外世界一流学科发展逻辑。武汉理工大学李志峰等以加州大学伯克利分校和清华大学的材料学科为案例分析世界一流学科组织化建设策略，主要从培养目标、课程体系、师资团队、科研基地、学术治理结构等投入要素分析建设共性与特性，包括鲜明的文化浸入、要素耦合、环境融合，提出需合理配置投入要素；科学测量投入产出效率；兼顾国家文化与国际标

① 汪霞. 世界一流大学学生事务管理研究［M］. 南京：南京大学出版社，2019.

② 张永富，徐辉. 例析世界一流大学战略规划中的"外扩性"［J］. 黑龙江高教研究，2019，37（12）：1 - 5.

③ 刘路，刘志民. "后发型"世界一流大学内部治理研究［M］. 南京：东南大学出版社，2019.12

④ 韩萌. 世界一流大学校训文化的属性、类型及价值目标［J］. 教育科学，2019，35（1）：68 - 74.

⑤ 高铭，刘志民. 政府投入与大学排名关联性分析——以"后发型"世界一流大学为例［J］. 高教发展与评估，2019，35（6）：11 - 19 + 28.

准。① 铜仁学院白强研究了芝加哥大学社会学学科与清华大学生物学学科的生长史，发现两者有着世界一流学科生成逻辑的共性，即知识生产为逻辑起点、人才培养为逻辑主线、组织创新为逻辑支点、社会服务为逻辑归宿，提出我国世界一流学科建设关键要遵循学科生成逻辑，加大学科组织建设、学科文化培育、学科生态打造、服务社会提质改革，突出创新驱动。②

第五节　文献分布及其特点分析

本专题涉及"双一流"建设的基本理论、实践、评价以及发展与比较，研究内容包括"双一流"建设的理念与逻辑、路径、关键要素；"双一流"建设的区域实践、高校实践；一流大学和一流学科建设评价；世界一流大学发展与比较。

一、检索文献分析

2019 年，本专题检索文献 502 篇（部）。其中，期刊论文 275 篇、报纸文章 185 篇、学位论文 16 篇、著作 26 部。

1. 文献年度分析

如图 9 – 1 所示，自 2015 年国务院发布《统筹推进世界一流大学和一流学科建设总体方案》以来，"双一流"建设研究成果丰硕。从文献类别看，期刊论文、报纸文章是"双一流"建设研究的主体文献。从文献数量来看，与 2018 年相比，2019 年期刊论文、报纸文章和学位论文分别减少了 86 篇、185 篇和 36 篇，而学术著作增加了 15 部。从文献比例看，2019 年期刊论文、报纸文章、学位论文、著作分别占总文献量的 54.8%、36.8%、3.2% 和 5.2%，与 2018 年相比，期刊论文和学位论文分别下降了 8.7% 和 3.3%，报纸文章和学术著作分别上升了 8.2% 和 3.8%。

① 李志峰，梁言. 文化浸入与要素耦合：世界一流学科组织化建设策略——以中美两所大学材料学科为比较案例［J］. 江苏高教，2019（3）：113 – 118.

② 白强. 世界一流学科的生成逻辑与建设路径——基于中外两所大学两个一流学科生长史的考察［J］. 大学教育科学，2019（4）：47 – 52 + 65.

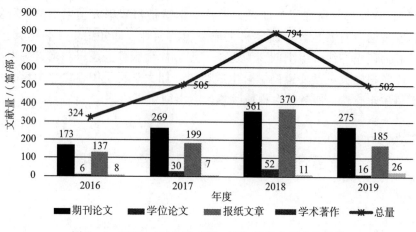

图 9 - 1 2016—2019 年"双一流"建设文献变化趋势

2. 研究热点年度分析

"双一流"建设研究分为"双一流"建设基本理论、"双一流"建设实践、"双一流"建设评价、世界一流大学发展与比较四大主题，继而分解为"双一流"建设理念与逻辑、"双一流"建设特征、"双一流"建设路径、"双一流"建设关键要素、区域"双一流"建设实践、高校"双一流"建设实践、一流大学建设评价、一流学科建设评价、世界一流大学发展、世界一流大学比较 10 个研究议题。从表 9 - 1 来看，2017—2019 年"双一流"建设文献研究议题基本保持一致，区别在于各研究议题的文献量存在差异。

表 9 - 1　2017—2019 年"双一流"建设研究主题

研究议题	2017 年	2018 年	2019 年
"双一流"建设理念与逻辑	✓	✓	✓
"双一流"建设特征	✓	✓	
"双一流"建设路径	✓	✓	✓
"双一流"建设关键要素	✓	✓	✓
区域"双一流"建设实践	✓	✓	✓
高校"双一流"建设实践	✓	✓	✓
一流大学建设评价	✓	✓	✓
一流学科建设评价	✓	✓	✓
世界一流大学发展	✓	✓	✓
世界一流大学比较	✓	✓	✓

3. 期刊论文作者统计

2019 年的文献中，发表 2 篇及以上期刊论文的第一作者共 17 人，见表9－2，比 2018 年减少 5 人，但在期刊论文发表数量上有所增加。其中，发表期刊论文最多的是北京理工大学王战军，2019 年共发表 7 篇，比 2018 年发表期刊论文最多的东北师范大学杨朔镔多 3 篇。陕西科技大学武建鑫等 2 人发表 4 篇、教育部马陆亭等 4 人发表 3 篇、天津大学胡德鑫等 10 人发表 2 篇。

表 9－2　2019 年发表 2 篇及以上期刊论文的第一作者统计

篇数	作　　　者
7	王战军
4	武建鑫、周光礼
3	马陆亭、毛建青、眭依凡、王建华、
2	胡德鑫、韩萌、李春林、林杰、孙科技、邬大光、闫建璋、叶前林、周文辉、张务农

注：发文数量相同的按姓氏音序排列

4. 期刊论文作者机构统计

表 9－3 统计了 2019 年发表 5 篇及以上"双一流"建设研究期刊论文的第一作者所在研究机构。统计显示，厦门大学发文 13 篇，位居第一；北京理工大学、清华大学、中国人民大学均发文 9 篇，排名第二；华东师范大学和浙江大学发文 7 篇，排名第三。

表 9－3　2019 年发表 5 篇及以上期刊论文的第一作者所在机构统计

发文数量	研　究　机　构
13	厦门大学
9	清华大学、中国人民大学、北京理工大学
7	华东师范大学、浙江大学
5	北京大学、大连理工大学、陕西科技大学

注：发文数量相同的按院校代码排列

5. 期刊论文载文期刊统计

表 9－4 统计了 2019 年"双一流"建设研究领域刊载论文数量 5 篇及以上的期刊。统计显示，《中国高等教育》《现代教育管理》和《中国高教研究》的载文数量位居前三名，《中国高校科技》排名第四，《黑龙江高教研究》和《江

苏高教》排名第五，排名前五的期刊论文载文均在 20 篇及以上。2019 年，排名前十的期刊载文数量共计 161 篇，占期刊论文总数的 58.5%。

表 9 - 4　2019 年刊载 5 篇及以上论文的期刊统计

篇数	期　刊　名　称
27	中国高等教育
25	现代教育管理
23	中国高教研究
21	中国高校科技
20	黑龙江高教研究、江苏高教
11	高教探索、学位与研究生教育
10	现代大学教育、研究生教育研究
9	国家教育行政学院学报
8	高校教育管理
7	教育发展研究
6	高等工程教育研究、中国大学教学
5	大学教育科学、复旦教育论坛、高等教育研究

注：发文数量相同的按期刊名称音序排列

二、研究总结

本专题采纳文献数量为 148 篇（部），含期刊论文 121 篇、报纸文章 20 篇、著作 7 部。入选文献以期刊论文为主，占 81.8%；其他类型文献依次为报纸文章占 13.5%、著作占 4.7%。

本专题分为 4 节，分别为"双一流"建设基本理论、"双一流"建设实践、"双一流"建设评价、世界一流大学发展与比较。其中，基本理论文献数量最多，共 56 篇，占全部入选文献的 37.8%；建设实践文献 35 篇，占 23.6%；建设评价文献 18 篇，占 12.2%；发展与比较文献 39 篇，占 26.4%。

2019 年，"双一流"建设的研究热度持续稳增，本专题文献呈现以下特点。

第一，"双一流"建设理论研究从价值导向上始终坚持党的领导，坚持中国特色社会主义办学方向，坚持立德树人的根本任务。2019 年的文献中有关治理的研究凸显，比如大学治理体系和治理能力、学科治理能力等。

第二，"双一流"建设实践研究针对区域，特别是省域的研究依然是热点。

另外，一流学科建设高校实践研究有所弱化。

第三，随着"双一流"建设进入第一轮末期，"双一流"建设评价的重要性更为凸显，其研究更加聚焦，例如部分研究提出创新评价理念等。

第四，世界一流大学发展与比较研究依旧是"双一流"建设研究的热点，文献量较大，文献研究范畴较广。2019年研究较为有特色的是关于大学经费的研究，对"双一流"建设高校具有一定的启示。

三、研究展望

结合文献分析与研究总结，本专题试图提出"双一流"建设研究的展望。

（1）研究者将继续研究"双一流"建设的基本理论，只有理论研究深入，才能有效指导建设实践，其中"双一流"建设的特征应引起关注。

（2）"双一流"建设首轮面临结束，亟待全面总结。关于区域"双一流"建设的研究热点应会延续，其中定量研究将占据相当分量。此外，有关"双一流"建设高校的首轮实践研究或经验总结将会增多。

（3）2019年，教育部提出"要求开展'双一流'建设中期自评工作"。"双一流"建设高校开展了中期自评检查评估，撰写了"双一流"建设中期自评报告，并进行了公开公示。这些报告构成了一定的数据材料，可见未来将会有研究围绕"双一流"建设高校中期评估数据展开。

关于推荐百篇年度优秀文献的说明

　　为了集中展示研究生教育研究现状、汇聚研究生教育研究成果、引导研究生教育研究方向、提高研究生教育研究水平，从 2020 年开始，中国学位与研究生教育学会进展报告编写委员会推出百篇年度优秀文献，分享给读者。希望读者在阅读过程中更好地把握研究生教育研究的热点领域与重点问题，收获新知识、新理念和新思想；希望读者提高认识与站位，把握研究生教育研究前沿和趋势，找出研究生教育研究的空白，在现有研究的基础上，不断拓展研究领域，提高研究水平。

　　百篇年度优秀文献推荐原则、流程，以及相关规定说明如下。

　　1. 推荐原则：百篇年度优秀文献推选坚持三大原则，一是聚焦学术前沿、把握时代热点；二是优中选优、宁缺毋滥；三是坚持创新性、价值性、理论联系实际。

　　2. 推荐流程：各专题按专题文献总数的 10% 进行初选、推荐，编委会对各专题推荐的文献进行最后审定。

　　3. 排序规则：百篇年度优秀文献按发表时间的先后排序；发表于同一月份的文献，按姓氏拼音排序；姓氏相同的按文献标题首字母排序。

　　4. 入选优秀文献数量：优秀文献的遴选严格根据推荐程序和原则执行，入选优秀文献数量根据实际情况确定，一般不多于 100 篇（部）。

中国学位与研究生教育学会进展报告编写委员会

2020 年 9 月 23 日

百篇 2019 年度优秀文献

一、期刊论文

1. 耿有权. 论研究生教育高质量发展诸矛盾 [J]. 研究生教育研究，2019（1）：14 – 18 + 63.

2. 黄宝印，王顶明. 继往开来 坚定自信 促进研究生教育高质量发展——纪念研究生教育恢复招生 40 周年 [J]. 研究生教育研究，2019（1）：3 – 7.

3. 刘晓璇，林成华. 研究型大学研究生跨学科培养模式的要素识别与模式构建——基于内容分析法的多案例研究 [J]. 中国高教研究，2019（1）：66 – 71.

4. 陆根书，刘秀英. 优化研究生科研经历提高研究生教育质量——基于陕西省高校 2017 年度毕业研究生的调查分析 [J]. 研究生教育研究，2019（1）：19 – 26.

5. 赵沁平. 研究生教育领域仍需摸着石头过的三条河 [J]. 研究生教育研究，2019（1）：1 – 2.

6. 周详，杨斯喻. 学位的功能、结构与学位授予权的本质——兼论《中华人民共和国学位条例》修订的基本问题 [J]. 复旦教育论坛，2019，17（1）：17 – 23.

7. 包水梅，杨冰冰. 基于内容分析法的研究生导师指导风格概念模型构建 [J]. 学位与研究生教育，2019（2）：12 – 18.

8. 陈洪捷，李澄锋，沈文钦，高耀，李敏. 研究生如何评价其导师和院校？——2017 年全国毕业研究生调查结果分析 [J]. 研究生教育研究，2019（2）：35 – 42.

9. 郭友兵. 研究生师生关系的异化困境及其伦理超越 [J]. 学位与研究生教育，2019（2）：6 – 11.

10. 马臻. 研究生师生矛盾及化解对策 [J]. 学位与研究生教育，2019（2）：1 – 5.

11. 王建华. 大学排名的风险与一流大学的建设 [J]. 高等教育研究，

2019，40（2）：1-9.

12. 谢和平. 以党的十九大精神为指引 全面加快新时代世界一流大学建设步伐［J］. 中国高等教育，2019（2）：31-33.

13. 闫广芬，张先璐. 研究生成长进阶之路：点、线、面的渐进与共构［J］. 研究生教育研究，2019（2）：57-60.

14. 周海涛，胡万山. 研究生有效教学的特征——基于教育学研究生课程收获影响因素的调查分析［J］. 学位与研究生教育，2019（2）：24-29.

15. 高耀，杨佳乐. 博士毕业生就业歧视的类型、范围及其差异——基于2017年全国博士毕业生离校调查数据的实证研究［J］. 学位与研究生教育，2019（3）：45-51.

16. 洪流. 江苏研究生教育40年回顾与未来展望［J］. 江苏高教，2019（3）：9-12.

17. 洪大用. 扎根中国大地加快建设研究生教育强国［J］. 学位与研究生教育，2019（3）：1-7.

18. 李澄锋，沈文钦，陈洪捷. "海归"博导比"本土"博导的博士生指导水平更胜一筹吗？——基于中国博士毕业生调查数据的分析［J］. 清华大学教育研究，2019，40（2）：126-132.

19. 李立国，杜帆. 中国研究生教育对经济增长的贡献率分析——基于1996—2016年省际面板数据的实证研究［J］. 清华大学教育研究，2019，40（2）：56-65.

20. 刘亚敏，王声平，关荆晶. 美国一流大学博士生培养过程管理：特征与启示［J］. 研究生教育研究，2019（3）：93-97.

21. 马陆亭，刘承波，鞠光宇. 扎根中国大地建设"双一流"［J］. 现代大学教育，2019（3）：11-16.

22. 毛景焕. 为思维而教 构建研究生课程教学"金课"［J］. 研究生教育研究，2019（3）：60-65.

23. 沈文钦，左玥，陈洪捷. 哪些博士毕业生在企业就业？——基于2016年13所高校的调查分析［J］. 学位与研究生教育，2019（3）：29-35.

24. 王嘉毅，张晋，彭勇. 论新时代中国特色世界一流大学建设——学习习近平总书记关于教育的重要论述［J］. 教育研究，2019，40（3）：4-11.

25. 王战军，杨旭婷. 世界一流学科建设评价的理念变革与要素创新［J］. 中国高教研究，2019（3）：7-11.

26. 张淑林，钱亚林，裴旭，李金龙. 产教融合标尺下我国工程硕士联合培养的现实审视与推进路径——基于全国108家联合培养基地的实证分析［J］.

中国高教研究, 2019 (3): 77 - 82.

27. 周统建. 价值生态视角下一流学科建设高校弱势学科发展战略思考 [J]. 江苏高教, 2019 (3): 44 - 49.

28. 李海生. 导师指导中不当行为的主要表征及防范对策——基于对 4521 名研究生导师的问卷调查 [J]. 学位与研究生教育, 2019 (4): 12 - 20.

29. 李莉方, 李威. 扩招与限度——博士人才培养规模的测度 [J]. 研究生教育研究, 2019 (4): 8 - 14.

30. 刘志, 刘健康, 许畅. 研究生导师立德树人评价需要平衡三对矛盾冲突 [J]. 学位与研究生教育, 2019 (4): 8 - 12.

31. 杨佳乐, 王传毅. 研究生招考中综合审核何以实现——来自美国的经验 [J]. 研究生教育研究, 2019 (4): 84 - 90.

32. 王茜. "课程思政"融入研究生课程体系初探 [J]. 研究生教育研究, 2019 (4): 64 - 68 + 75.

33. 林杰, 晁亚群. 师门对研究生发展的影响——基于非正式组织理论的质性研究 [J]. 研究生教育研究, 2019 (5): 1 - 8.

34. 马永红, 刘润泽, 于苗苗. 专业学位研究生教育质量指数研究 [J]. 研究生教育研究, 2019 (5): 9 - 15 + 37.

35. 吴小林, 曾溅辉, 岳大力, 许博. 以工程实践与创新能力为核心 推进研究生培养模式改革 [J]. 高等工程教育研究, 2019 (5): 103 - 109.

36. 尤政. 建设世界一流工科 引领工程教育发展 [J]. 清华大学教育研究, 2019, 40 (3): 1 - 7 + 20.

37. 郑文力, 张翠. 基于心理契约视角的"导师 - 研究生"关系构建研究 [J]. 研究生教育研究, 2019 (5): 16 - 20.

38. 郑石明. 世界一流大学跨学科人才培养模式比较及其启示 [J]. 教育研究, 2019, 40 (5): 113 - 122.

39. 高耀, 陈洪捷, 沈文钦. 学位与研究生教育主动服务需求的动态调控机制研究——基于学位授权审核的视角 [J]. 中国高教研究, 2019 (6): 87 - 93.

40. 邝宏达, 李林英. 理工科博士生入学前后学术职业志趣变化特征及教育对策 [J]. 研究生教育研究, 2019 (6): 26 - 34.

41. 刘晓喆. 研究生导师立德树人职责何以"全面落实" [J]. 学位与研究生教育, 2019 (6): 6 - 12.

42. 吴雪萍, 袁李兰. 美国研究型大学研究生创新人才培养的基础、经验及其启示 [J]. 高等教育研究, 2019 (6): 102 - 109.

43. 殷朝晖，黄子芹. 知识生产模式转型背景下的一流学科建设研究［J］. 大学教育科学，2019（6）：61－66＋122.

44. 张学谦，李金龙，裴旭，万明. 我国一流大学建设高校硕士研究生入学机会平等性测度及表现［J］. 学位与研究生教育，2019（6）：38－44.

45. 郑忠梅. 立德树人：研究生导师职责的学术逻辑及其实现［J］. 学位与研究生教育，2019（6）：1－5.

46. 高耀，沈文钦，陈洪捷，刘瑞明. 贯通式培养博士生的学位论文质量更高吗——基于2015、2016年全国抽检数据的分析［J］. 高等教育研究，2019，40（7）：62－74.

47. 贺芬. 地方高校"双一流"建设：机遇、困境和出路［J］. 国家教育行政学院学报，2019（7）：36－42.

48. 黄宝印，王顶明. 探索构建研究生教育质量指数 创新研究生教育质量监测与评价方法［J］. 学位与研究生教育，2019（7）：1－4.

49. 阎凤桥. 立功与立言可否融通：综合大学中教育学科发展的机遇与挑战［J］. 清华大学教育研究，2019，40（4）：11－15.

50. 杨斌，康妮. 亟须激发活力：非全日制研究生教育发展的若干思考［J］. 学位与研究生教育，2019（7）：49－53.

51. 杨守鸿，杨聪林，刘庆庆. 新时代研究生导师立德树人的现实路径研究［J］. 学位与研究生教育，2019（07）：26－30.

52. 张炜. 基于高等教育现代化视角的学科评估思考［J］. 中国高教研究，2019（7）：1－5＋46.

53. 周文辉，黄欢，牛晶晶，刘俊起，2019年我国研究生满意度调查［J］. 学位与研究生教育，2019（7）：5－12.

54. 李澄锋，陈洪捷，沈文钦. 博士研究生学术职业选择的群体差异——基于中国博士毕业生调查数据［J］. 学位与研究生教育，2019（8）：36－41.

55. 秦惠民.《学位条例》的"立""释""修"——略论我国学位法律制度的历史与发展［J］. 学位与研究生教育，2019（8）：1－7.

56. 王战军，杨旭婷，乔刚. 研究生教育学：教育研究新领域［J］. 中国高教研究，2019（8）：94－101.

57. 夏祥伟，沈继章，刘单. 我国高校研究生全面健康问题的实证研究［J］. 国家教育行政学院学报，2019（8）：89－95.

58. 李明磊，王战军. 改革开放以来中国研究生教育管理：成就与挑战［J］. 清华大学教育研究，2019，40（5）：105－111.

59. 梁传杰. 研究生教育质量保障模式：理想愿景、内涵特征与实现路径

［J］．江苏高教，2019（9）：21 – 28.

60．马永红，杨雨萌，孙维．博士生内部人身份感知何以影响其创新能力——基于学习投入和导师督导的视角［J］．中国高教研究，2019（9）：80 – 86.

61．彭湃．情境与互动的形塑：导师指导行为的分类与解释框架［J］．高等教育研究，2019，40（9）：61 – 67.

62．瞿振元．知识生产视角下的学科建设［J］．中国高教研究，2019（9）：7 – 11.

63．唐丽．基于区块链的研究生教育监测评估模式［J］．现代教育管理，2019（9）：113 – 117.

64．王战军，张微．70 年探索奋斗：中国研究生教育发展规律与启示［J］．学位与研究生教育，2019（9）：43 – 48.

65．杨斌，王传毅．创新学位体系 支撑高质量发展［J］．中国高等教育，2019（17）：28 – 29.

66．蔡小春，刘英翠，顾希垚，熊振华，倪霓．工科研究生培养中"课程思政"教学路径的探索与实践［J］．学位与研究生教育，2019（10）：7 – 13.

67．刘军伟．美国世界一流大学的发展历程及经验启示［J］．中国高教研究，2019（10）：47 – 52.

68．刘凌宇，沈文钦，蒋凯．一流大学建设高校博士毕业生企业就业的去向研究［J］．学位与研究生教育，2019（10）：48 – 54.

69．王战军，蓝文婷，布莱恩·麦考尔．美国一流高校经费收入特征及其对我国"双一流"建设的启示［J］．高等教育研究，2019，40（10）：96 – 102.

70．黄达人，王旭初．组织建设视角下的学科建设［J］．中国高等教育，2019（22）：18 – 20.

71．蒋凯，朱彦臻．伯顿·克拉克学术职业理论评析［J］．清华大学教育研究，2019，40（6）：33 – 41 + 63.

72．李明磊，黄雨恒，周文辉，蓝文婷．校外导师、实践基地与培养成效——基于 2013—2017 年专业学位硕士生调查的实证分析［J］．中国高教研究，2019（11）：97 – 102.

73．梁传杰．高校研究生教育综合改革模式：审视与重构［J］．学位与研究生教育，2019（11）：1 – 7.

74．罗英姿，李雪辉．我国专业学位博士教育面临的问题与改进策略——基于"全国专业学位博士教育质量调查"的结果［J］．高等教育研究，2019，

40（11）：67 – 78.

75. 翁铁慧. 加快推进"双一流"建设 努力建设高等教育强国 [J]. 中国高教研究，2019（11）：1 – 4.

76. 陈一远. 法治化：实现研究生教育内涵式发展的有力保障 [J]. 学位与研究生教育，2019（12）：56 – 61.

77. 高迎爽，郑浩. 法国博士生教育职业化改革：逻辑、措施与启示 [J]. 学位与研究生教育，2019（12）：67 – 72.

78. 李枭鹰，齐小鹍. 生成整体论视域中的一流学科建设 [J]. 学位与研究生教育，2019（12）：25 – 29.

79. 蔺伟，赵汐. "互联网 +"研究生思想政治教育新模式探究——基于北京理工大学"五微一体"的教育实践 [J]. 学位与研究生教育，2019（12）：51 – 55.

80. 王建富. 试论研究生科研不端行为治理的法理基础及其方法 [J]. 学校党建与思想教育，2019（12）：71 – 73.

二、著作

1. 王战军，周文辉，李明磊，陈雁. 中国研究生教育 70 年 [M]. 北京：中国科学技术出版社，2019.

2. 周文辉，赵军. 专业学位论文写作指南 [M]. 北京：中国科学技术出版社，2019.

3. 王战军，周文辉，马永红. 研究生教育概论 [M]. 北京：北京理工大学出版社，2019.

4. 刘宏伟，王新影，李雪梅. "四个统一"视域下研究生导师立德树人案例汇编 [M]. 北京：人民出版社，2019.

后　记

　　2020 年 6 月，编写组在认真总结前 8 年《中国研究生教育研究进展报告》编写经验的基础上，完善方案、改进方法，启动了《中国研究生教育研究进展报告 2020》的撰写。编写组继续秉承研究生教育年度报告的定位——"汇聚研究生教育研究成果、展现研究生教育研究状态、引导研究生教育研究方向、提高研究生教育研究水平"，搜集 2019 年度发表、出版的学术成果，比较全面地反映了我国研究生教育年度研究的全貌。

　　经过"目录定刊""词语定文""人工鉴别"3 个检索步骤，编写组广泛搜集和整理了 2019 年的学术成果。与 2018 年相比，2019 年度关于研究生教育的学术期刊论文数量、博士学位论文数量均有不同程度的增加。

　　《中国研究生教育研究进展报告 2020》在紧跟时代热点，展现研究生教育研究现状的基础上，根据文献情况将原有的 10 个专题调整为 9 个专题。各专题由引言、主要内容、文献分布及特点分析 3 部分组成，各部分之间紧密联系，客观描述研究内容，提炼研究成果。为了展示近年来研究生教育研究发展情况，本报告各专题根据前 7 年研究生教育研究报告的研究积累，对 2011—2019 年相关主题问题中研究重点、研究方法、引用作者群进行比较分析，并用数据对比、图表展示等方式进行表述。

　　希望读者在阅读过程中，收获新的知识、新的理念和新的思想；更希望读者从中获得启发，开阔视野、提高认识，找出研究生教育研究的空白及新的方向，在现有研究基础上，不断提高研究水平，推进研究教育研究不断前进。

　　本报告由中国学位与研究生教育学会原会长赵沁平院士筹划和指导，由北京理工大学研究生教育研究中心、学位与研究生教育杂志社、中国科技大学研究生教育研究编辑部共同撰写。分工如下：

　　文献概述：王战军　于　妍　张　微

　　专题一　研究生教育基本理论问题研究：王战军　杨旭婷

　　专题二　研究生教育质量研究：王战军　张　微

　　专题三　研究生培养研究：黄志广　赵强强

　　专题四　研究生导师队伍建设研究：黄志广　张　静

　　专题五　研究生招生与就业研究：周文辉　曹镇玺

专题六　研究生德育研究：周文辉　陆晓雨

专题七　学科建设研究：王战军　于　妍

专题八　研究生教育管理研究：王　晴

专题九　"双一流"建设研究：李明磊

北京理工大学研究生教育研究中心主任王战军教授负责全书统稿工作。北京理工大学研究生教育研究中心科研助理于妍、博士生张微在王战军教授的指导下负责 2019 年度全部文献的搜集、分析，并承担编写组秘书工作。鉴于编写组水平有限，本报告肯定存在疏漏和不当之处，恳请读者批评指正。

最后，感谢学位与研究生教育学会副秘书长赵忠升、董渊参与了本报告的统稿会议并提出了宝贵意见，中国科学技术出版社及王晓义主任对本报告的出版提供了大力支持。在此，向他们表示衷心的感谢！

中国学位与研究生教育学会研究进展报告编写组
2020 年 9 月